무비 스님의
전심법요 강설

무비 스님의

전심법요 강설

조계종
출판사

『전심법요』는 조계정전의 전통 선 사상을 이해하는 데
가장 긴요한 어록으로 평가받고 있습니다.

강의를 시작하며

『전심법요傳心法要』를 공부하게 되었습니다. 그 전에 먼저 임제 스님과 황벽 스님에 관한 일화 하나를 소개해 드립니다. 임제 스님이 처음 황벽 스님을 만나서 삼도발문三度發問에 삼도피타三度被打를 하고 대우 스님에게 가서 비로소 눈을 뜬 후 한 말이 매우 재미있습니다.

'황벽불법黃檗佛法 무다자無多子', '황벽 스님의 가르침이 별 볼일 없다.'는 말입니다. 아무것도 잘못한 게 없는데, 황벽 스님이 세 번이나 죽도록 후려쳐서 무슨 큰 잘못이 있는지를 모르고 대우 스님에게 가서는, 대우 스님이 한 말 아래 눈이 열려 '황벽 불법이 별 볼 일 없고 너무 쉽고 간단해서 아무것도 아니다.'라고 말한 겁니다. 임제 스님의 '황벽불법 무다자'라는 표현의 의미를 찾아서 가슴에 사무치도록 새겨야 합니다.

공부할 책이 마음의 도리를 전하는 데 있어 요긴한 것, 『전심법요傳心法要』라 했습니다. 여기서 '전한다'라는 말은 물건을 전해 주듯 무언가를 '주고받다'란 의미가 아닙니다. 가르침을 통해 마음의 도리를 깨우친다는 겁니다. '아, 마음의 이치가 이런 것이구나.'라는 것을 깨우치는 것이 바로 마음을 전하는 것이라고 볼 수 있습니다.

본문에 들어가기 전에 『전심법요』의 대지大旨에 대해 살펴보겠습니다. 『전심법요』에 대한 전체적인 뜻을 한마디로 간추리면 '유전일심 갱무별법唯傳一心 更無別法'이라고 요약할 수 있습니다.

임제 스님의 법문이 담겨 있는 『임제록』의 대지는 뭐죠? '삼도발문 삼도피타'라고 말할 수 있습니다. 그 속에 임제 스님의 불법과 사상, 『임제록』 전체의 정신이 다 담겨 있습니다. 『화엄경』은 '통만법 명일심通萬法 明一心', '만법을 합하여 한마음을 밝힌다.'라고 표현하죠. 『법화경』은 '회삼승 귀일승會三乘 歸一乘', '삼승을 모아서 일승으로 돌아간다.'라고 할 수 있습니다. 불교는 공부가 매우 뛰어난 분들이 3,000년이란 긴 세월 동안 갈고 닦아 발전해 온 과정을 통해 정리되어 있기 때문에 이렇게 표현을 요약하여 근기에 맞추어 알아듣기 쉽게 잘 정리해 놓았습니다.

'황벽불법 무다자', 별것 아닌 것이 결국은 '유전일심 갱무별법', '오직 한마음만 전할뿐 다른 법은 없다.'는 마음에 대한 이치인 것입니다. 마음이 전체의 중심이고 주인이기 때문입니다. 나의 살림살이와 인생이 왜 이 모양이야 하는 것은 마음이 만들었지 그 누구에게도 책임이 없습니다. 걸핏하면 가족, 자식, 남편에게 책임을 지우고, 거슬러 올라가면 죄도 없는 선대에게마저 책임을 떠넘기는 식으로 팔자를 이야기하거든요. 천만의 말씀입니다.

불교를 공부한 사람은 절대 이렇게 생각해서는 안 돼요. 일체 책임은 본인에게 있어요. 마음을 어떻게 쓰느냐에 따라서 본인의 인생이 어떻게 되는 것이지, 누구한테 책임이 있겠습니까? 예를 들어 아주 형편없는 집안에 태어났다고 합시다. 스스로의 업으로 그 집과의 인연을 지었기 때문에 태어난 게 결국은 본인 책임이지 부모 책임입니까?

'유전일심' 못지 않게 '갱무별법'이란 말 역시 대단히 중요합니다. 오직 일심一心뿐이지 다른 법이 없다는 거잖아요. 정말 무다자無多子입니다. 이 얼마나 간단합니까? 한마음 없는 사람이 어디에 있습니까? 한마음 속에서 살아가고 한마음의 이치로 인생을 운영해 가고 있습니다. 그러므로 일심의 문제는 평생 공부해야 할 문제입니다. 아무리 해도 더욱더 넓고 깊게 공부해야 할 것이 일심의 문제입니다. 부처님의 깨달음이나 조사 스님의 가르침을 공부해 갈수록 가장 근원이 되고 중심이 되며, 옷으로 치면 옷깃과 같고, 그물로 치면 벼리와 같고, 집으로 치면 용마루와 같은 일체의 뿌리가 되는 것이 일심입니다.

부처님이나 조사 스님들은 이를 확연히 깨달아 가나오나 일심의 문제를 표현하고 가르쳤습니다. 다만 그 방법이 사람 따라서 다를 뿐이었죠. 매우 논리적으로 장황하게 설명하는 사람도 있고, 어떤 이는 손가락 하나 간단하게 세웠지요. 손가락 하나에 팔만대장경八萬大藏經이 없다고 누가 말할 수 있습니까? 그 속에 팔만대장경이 다 있는 겁니다. 간단하다면 간단하고, '무다자', 별것 아니라면 별것 아니고, 그러면서 전체라면 전체인 그것이 바로 일심입니다.

　이렇게 중요한 것을 깊이 인식해야 합니다. 이것이 나이고, 내가 우주의 주인공이며, 인생살이나 가정 살림, 회사나 나라를 운영하는 일의 주인공이 전부 나 하나라는 것, 이것 하나 깨우쳐 마음을 자유자재로 쓸 줄 알면 끝납니다. 하근기下根機 중생을 인도한다고 열어 놓은 온갖 방편方便에 꺼들리며 헤맬 필요가 없습니다. 부처님 오신 지 3,000년이나 되었으면 아무리 미련한 중생이라도 철들 때가 되었잖아요. 주인이 누구인지 이제는 알만하잖아요.

　장자의 말을 인용하여 공부의 중요성에 대해 말씀드리겠습니다.

　장자왈(莊子曰) 사수소(事雖小)나 부작(不作)이면 불성(不成)이요
　장자가 말씀하시길 비록 작은 일일지라도 하지 않으면 이룰 수 없다.

　예를 들어 공부하는 것은 아주 작은 일이라고 할 수 있습니다. 여기 와서 한 시간 공부하나 집에서 노는 것이 별 차이가 없다고 생각하는 사람이 있습니다. 그렇지만 비록 작은 일일지라도 하지 않으면 이루어지지 않습니다. 정말 기가 막힌 말입니다. 밥을 입에 떠 넣는 것은 아주 쉬운 일이죠. 그렇지만 떠먹지 않고 상에만

차려 놓으면 아무 소용이 없습니다. 밥을 먹지 않으면 배가 부르지 않는 겁니다.

자수현(子雖賢)이나 불교(不敎)면 불명(不明)이니라
비록 어질다고 하나 공부하지 아니하면 밝은 이치를 알 수 없다.

'자子' 자는 모두를 뜻합니다. 부처의 소질을 가지고 있고 인간으로서 매우 위대한 존재라 하더라도 그 누구 할 것 없이 성인의 가르침을 공부하지 않으면 밝아지지 않습니다. 어린아이의 경우 가르침을 받지 않으면 정상적인 인간으로 성장하지 못합니다. 오늘날 이 시대에도 문명의 혜택이 전혀 없는 오지의 사람들은 보고, 듣고, 배운 것이 없기 때문에 원시 시대의 사람처럼 살잖아요. 공부한다는 사실이 얼마나 중요한지를 알 수 있습니다. 다만 질이 높고 우수한 성인의 가르침을 공부해야 마음이 밝아집니다. 아무 공부나 한다고 마음이 밝아지지 않아요.

지락(至樂)은 막여독서(莫如讀書)요
지극히 즐거운 일은 독서하는 것만 같지 못하다.

지요(至要)는 막여교자(莫如敎子)니라
지극히 중요한 일은 자식을 교육시키는 것만 같지 못하다.

이러한 말 속에는 중요한 뜻이 있습니다. 이 세상에서 지극히 즐거운 것은 무엇입니까? 『전심법요』를 펼쳐 황벽 스님과 마주하는 겁니다. 『임제록』을 펼쳐 임제 스님과 마주하고, 『금강경』을 펼쳐 부처님과 수보리를 마주하며 같은 도반이 되어 주고받는 겁니다. 이보다 더 즐거운 일이 어디 있습니까? 독서는 책을 통해 성인을 만나는 일이니까요. 또한 오늘날 학교 교육은 전부 경제 활동을 위한 것이지 사람 가치를 위한 교육이 아니기 때문에 나이 들어서도 계속 공부해야 할 이유가 여기에 있습니다.

황벽 희운 스님의 전등계보를 보면 다음과 같습니다.

서천 제28조, 동토에선 초조인 보리 달마菩提達磨 스님이 있고, 그 아래로 제자 혜가慧可 스님, 승찬僧璨 스님, 도신道信 스님, 홍인弘忍 스님 그리고 혜능慧能 스님이 있습니다. 혜능 스님은 동쪽에선 6조, 서쪽에선 33조이죠. 그 다음으로 청원 행사靑原行思 스님이 있지만 임제종 황벽 스님 계통을 밟자면 남악 회양南岳懷讓 스님이, 그 밑에 마조 도일馬祖道一 스님이라는 매우 뛰어난 도인이 있습니다. 마조 스님은 '마구답살 천하인馬駒踏殺 天下人', '말 마馬 자 든 스님이 세상에 나와서 천하의 사람을 다 밟아 죽일 것이다.'라고 옛날 사람이 한 예언의 주인공입니다. '대사각활大死却活'이라고 중생으로서 죽어야 비로소 사람다운 사람이 살아난다는 의미입니다. 『금강경』의 「의법출생분依法出生分」은 '법에 의해서 거듭 태어나야 한다.'는 가르침을 담고 있습니다. 법에 의해서 항상 새롭게 출발해야 된다는 의미입니다. 이와 마찬가지로 '죽인다'는 말 또한 현재의 나를 부정해야 보다 더 잘나고 발전된 나, 지혜가 밝아 어디에도 구애받지 않는 자유자재한 나의 삶이 비로소 드러난다는 의미입니다. 선가에서 '죽인다'는 말은 죽어야 진짜 훌륭한 부처로 다시 살아난다는 말입니다. 그런 인연과 표현이 따라다니는 마조 도일 스님입니다.

마조 도일 스님 밑에 '전백장 후백장前百丈 後百丈'이라는 유명한 이야기가 따라다니는 분이 백장 회해百丈懷海 스님입니다. 이 백장 스님 밑에『전심법요』의 주인공 황벽 희운黃檗希運 스님이 있습니다. 황벽 희운 스님 밑에 임제 의현臨濟義玄 스님, 흥화 존장興化存奬 스님, 남원 도옹南院道顒 스님 등으로 내려옵니다.

선가에서는 일화오엽이라는 말이 있습니다. '일화오엽一花五葉', '꽃 한 송이에 다섯 잎이다.'라는 뜻이죠. 이는 옛날부터 아름다운 표현으로 쓰이고 있습니다. '일화'는 육조 혜능 스님을 말하고 혜능 스님 밑에 임제종, 위앙종, 운문종, 법안종, 조동종을 '오엽'이라 합니다. 임제 스님의 몇 대손으로 내려가면 다섯 종파의 선종이 크게 세상을 떨쳤습니다. 중국불교를 완전히 사로잡았어요. 일화오엽을 잘못 이해하는 이들은 달마 스님을 일화로 그 밑에 혜가, 승찬, 도신, 홍인, 혜능까지를 오엽으로 치는 사람도 있습니다. 이는 잘못 해석된 것입니다. 물론 육조 스님 밑으로 다섯 줄기가 바로 내려간 것은 아니죠. 남악 스님과 청원 스님의 양대 줄기로 내려가서 한쪽엔 두 줄기, 한쪽엔 세 줄기로 퍼져 결과적으로 유명한 다섯 선종이 이루어졌다고 해 일화오엽이란 표현을 씁니다. 황벽 희운 스님은 바로 오엽 가운데 임제종 종맥을 이은 대종장이십니다.

　황벽 스님에 대한 전등 맥을 대강 짐작하고 공부를 해야 합니다. 『전심법요』는 당신의 깨달음을 일체 모든 선지식으로부터 검증을 거친 소견의 법문입니다. 때문에 이것을 믿고, 그 믿음 아래서 공부를 해야 소득이 있습니다. 사찰이나 어딜 가서 공부를 하든 다도를 배우든 혹은 서예나 그림을 배우더라도 전통과 족보가 제대로 있어 맥을 이어 온 사람에게 배워야 정상적이고 제대로 배울 수 있습니다. 혼자만 특별하고 잠깐 유명하다고 해서 현혹되어 배워서는 안 됩니다.

　특히 절에서는 더욱 그렇습니다. 불교계에서 유명하고 뛰어나 잘하는 것이 많아도, 그 스님이 어떤 전통을 밟고 검증을 받았는지를 살펴야 합니다. 이는 그 사람의 소견을 믿을 수 있는가 아닌가를 보통 사람으로서 점검할 수 있는 유일한 길이기 때문입니다. 소견이 툭 트여 대화를 통해 바로 알면 좋지만, 그것이 어려우니 전통을 보고 그 사람을 이해하는 것입니다. 이력을 중요하게 여기는 이유가 여기에 있습니다. 이런 뜻에서 황벽 스님이 이어 온 맥을 살펴본 것입니다.

　『전심법요』를 엮은 이는 배휴裴休입니다. 배휴 거사는 매우 뛰어난 학자로 벼슬은 자사刺史(조선 시대의 고을원, 군수·도지사)이고 황벽 스님의 제자가 된 인물입니다. 황벽 스님을 만나 불법에 눈을 뜨게 된 배휴 거사는 스님의 법문을 정리하고, 그 당시 법문을 들은 스님들에게 보여서 기록을 바르게 했는지 물어, 인가를 받아 비로소 나오게 된 것이 『전심법요』입니다.

　배휴 거사와 황벽 스님과의 인연은 아주 유명하여 잘 알고 있으리라 생각이 듭니다. 앞서 소개한 배휴라는 사람은 중국 하동 사람으로 황벽 스님과의 첫 인연은 스님이 황벽산黃檗山 대안정사大安精舍에 객으로 와서 청소도 하고, 마당도 쓸고, 나무도 하는 등 허드렛일을 하며 뒷방에 살고 있었을 때입니다. 그때 불행佛行이 깊어 큰스님들을 많이 찾아뵙던 배휴는 하동의 자사로서 대안정사를 찾아 부처님 전에 향을 사르고 법당을 돌아보았습니다. 주지 스님이 하동 자사니까 절 안내를 했어요.

　조사전에 조사 스님과 고승들의 진영을 걸어 놓잖아요. 부처님부터 33조며, 그 이후로 산중의 큰스님 등의 진영을 걸어 놓지요. 배휴 거사가 그 조사전에 들어가 살펴보다가 주지 스님에게 물었습니다. 진영은 참 볼 만한데, "이 고승高僧들은 지금 어디에 있습니까?" 하니 주지 스님이 대답을 못했습니다. 배휴 거사는 그 순간 인연이 되려고 했는지 진영은 있는데 이 사람 어디에 있느냐고 특별한 질문을 한 것입니다. 아무나 못하는 질문을 했어요. 보통은 그냥 돌아보고 말잖아요. 그래도 꼭 알고 싶었던지 주지 스님이 대답을 못하니, "혹시 이 절에 참선하는 스님이 있습니까?" 하고 물었습니다. "이전부터 살던 스님은 없고 근래에 어떤 스님이 와서 사는데, 허드렛일을 하며 사는 그 스님이 아마도 참선하는 스님 아닌가 싶습니다." 하고 간단하게 대답을 했습니다. 그럼 그 스님을 청해서 물어볼 수 있는지 주지 스님에게 부탁을 하니, 사람을 시켜서 황벽 스님을 데리고 왔습니다.

두 사람은 스승과 제자가 되려는 인연이 있었던지 배휴 거사가 기분이 좋아 흔연한 기분으로 황벽 스님을 바라보았다고 역사는 기술하고 있습니다. 그러면서 방금 전 주지 스님에게 물었던 질문을 다시 한 번 묻고 싶다면서 아주 멋진 표현을 합니다. "주지 스님에게 물었는데 말씀을 아끼셨습니다."라고 말한 것이죠. 대답을 못 하더라고 하지 않고 '말씀을 아끼더라'라고 했습니다. 이 대목을 보고 배휴 거사의 인격이 대단하다는 생각을 했어요. 주지 스님과 다른 스님들이 있는데 대답해 달라고 했더니 말을 아끼더라. '인사吝辭', '말씀을 아끼다'에서 아낄 인吝, 말씀 사辭입니다. 아, 이런 대단한 표현을 했습니다. '주지 스님과 다른 스님들은 대답을 못 하더라.'고 하지 않고, '대답을 아끼셔서 스님께 물어 보려고 모셨습니다.' 이런 표현입니다. '인격자란 이렇게 말하는구나.' 하고 감동했어요. 말하는 방법을 배워야 합니다. 그러니 '스님이 대신 대답 좀 해 주십시오. 하나도 무시하지 않고 대답을 못 한 것이 아니고, 할 줄은 알지만 겸손해서 말씀을 아끼시니 스님이 대답을 해 주십시오.' 이렇게 한 겁니다.

황벽 스님이 "상봉께서는 물으시오." 하니 배휴 거사가 그대로 물었습니다. "여기 옛날 조사 스님들의 진영은 볼만한데, 이 고승들은 지금 어디 있습니까?" 이렇게 묻자마자, 아주 낭랑한 음성으로 황벽 스님이 "배휴." 하고 불렀어요. 천하에 자기 이름을 함부로 부를 사람이 없거든요. 그런데 그렇게 조심스럽고 겸손한 분위기에서 스님이 다시 설명해 주시라고 했는데, '배휴.' 하고 가슴에 박히도록 이름을 부르는 겁니다. 이에 엉겁결에 "예." 하고 대답을 해 버렸습니다. 연달아서 "어디 있느냐?[재심마처(在甚麼處)]"고 물으니, 그 말에 다른 대답도 없고 '그 순간 그 자리에서 그 뜻을 알아차렸다[당하지지(堂下之知)].'고 했습니다. 이게 영원한 숙제입니다. 숙제를 풀어야 합니다.

우리는 부르면 다 대답할 줄 알지요. 물론 부를 줄도 압니다. 그런데 무엇이 들어서 대답합니까? 분명히 여기 있는데, 어디 있느냐니요? 뭔가를 보여 줘야 될 거 아닌가요? 여기 있는 것까지는 짐작을 했어요. 여기 있을 것 같으면, 마치 컵처럼 분명히 보여 줘야 되는 거잖아요. 내가 여기 있으면 진짜 나를 보여 줘야 되는 겁니다. 배휴 거사는 보여 주는 그 순간 알아차렸어요. 내가 여기 있음을 알아차렸습니다. 그 순간 그 자리에서 알아차렸다는 것입니다.

그러고는 그 순간의 기분을 표현합니다. 왕이 왕위를 계승할 때 상투에 매우 훌륭한 구슬을 얹는데, 마치 그와 같은 구슬이 머리에 얹어지는 것과 같았다고 했어요. 이것은 최고의 벼슬을 상징하거든요. 왕위를 상징하는 구슬을 얻은 것과 같았다는 거죠. 그리고 말하길, "우리 스승님은 참으로 훌륭한 선지식이다. 비밀스럽고 어렵고 극적인 것을 어쩌면 이렇게 잘 보여 줄 수 있는가." "하골몰어차왈何汩沒於此日", "어찌 이 문제에 대해서 이렇게 골몰했던가." 이렇게 쉽게 보여 주는데, 그동안 경전과 어록 등을 찾아 헤매며 그 얼마나 골몰했었던가 하면서 소회를 밝힙니다.

그러한 연유로 스승과 사제가 되어 계속 공양 올리고, 시내 관

청에 대중을 불러 법문을 청하고, 시간 있는 대로 스님에게 오르내리면서 법문 듣고, 중요한 내용은 기록하면서 『전심법요』와 『완릉록』이라는 어록을 역사에 남기게 됩니다. 멋진 제자를 얻음으로써 황벽 스님이 세상에 드날리게 된 거죠. 절을 마련해 법을 펼 수 있도록 주선을 한 인물도 배휴 거사입니다. 벼슬도 높지만 거부장자로써 황벽 스님이 경제적으로 어려움이 없도록 후원한 인연이 있습니다.

부처님은 기타祇陀태자와 급고독給孤獨장자와의 인연으로 기원정사祇園精舍를 짓지 않았습니까. 급고독장자가 장사하러 갔다가 부처님을 만난 후 편안히 모시기 위해 건립한 절이 기원정사입니다. 기원정사는 불교 역사상 가장 아름답고 멋진 절입니다. 그 공사 감독을 목건련目犍連과 사리불舍利佛 두 분이 했죠. 알고 보면 이와 같은 아름다운 역사들이 많습니다. 역사적으로 보면 후원자들이 많이 있었어요.

다섯 가지 인연을 갖추어야 법을 펼 수 있다고 했어요. 첫째는 외호연外護緣, 정치적으로 외호해 주는 사람이고, 둘째는 단월연檀越緣, 시주하는 사람으로 배휴 같은 이는 단월연과 외호연을 다 겸한 사람입니다. 셋째는 납자연衲子緣, 아무리 법이 높아도 공부하는 사람이 없으면 소용없지요. 대중들이 모여야 되는데 황벽 스님 밑에는 천 명이 모였다고 합니다. 넷째는 토지연土地緣도 있어야 됩니다. 다섯째는 도연道緣, 즉 공부 인연이 있어야 합니다. 납자연, 단월연, 외호연, 토지연, 도연 등등의 인연들을 갖추어야 합니

다. 부처님이나 임제 스님 등과 같은 과거 훌륭했던 조사 스님들
은 모두 훌륭한 인연이 있었습니다. 그래서 불법佛法이 오늘날까
지 내려오게 된 것입니다.

차례

전심법요 강설

서문 序門

황벽산단제선사전심법요 당하동배휴집병서
黃蘗山斷際禪師傳心法要 唐河東裵休集并序

황벽산 단제 선사의 심법을 전하는 요점을 당나라 하동 배
휴가 모으고 아울러 서문을 쓰노라.

'황벽黃蘗'은 황벽 스님이 살았던 산 이름입니다. 워낙 출중한 분
이 살다 보니 산 이름이 단제 선사 황벽 스님의 호가 되었습니다.

『전심법요』란 '심법心法'을 전하는 요점, 마음의 도리와 이치를
공부하는 요점이라는 뜻입니다.

하동 지방에 자사로 와 있었던 배휴 거사가 스님이 법문하는
것을 일일이 적어 책을 낼 때 서문까지 썼습니다. 배휴 거사는
『화엄경』에도 밝았을 뿐 아니라 위산 영우 스님, 화림 선각 스
님, 규봉 종밀 스님, 청량 징관 스님 등과의 인연이 깊었으며 큰
스님들의 저술에 서문을 많이 썼습니다. 당시에 워낙 권위 있는

인물이라 이분의 서문을 받으면 책을 인정받았던 것이죠. 그래서 보통은 다른 사람의 서문을 꼭 받습니다.

유 대 선 사　　　법 휘　　희 운
有大禪師하야 **法諱**는 **希運**이라

주 홍 주 고 안 현 황 벽 산 축 봉 하
住洪州高安縣黃檗山鷲峰下하니

선의 종장이시며 참선의 큰 스승이 계셨으니 존경스럽게 받드는 법휘는 희운이시며, 홍주 고안현 황벽산 축봉 기슭에 머무셨다.

'휘諱'는 그 이름을 함부로 부를 수 없는 분에게 붙입니다. 또 왕이 내리는 이름을 '시호'라 합니다. 이런 것은 도반 이상 되는 사람은 부를 수 있지만 그 외의 사람들은 함부로 부를 수 없습니다. 본래 이름이 황벽산 희운인데 밑에 사람은 함부로 부를 수 없는 법휘 희운 선사라 붙여서 부릅니다.

'홍주洪州'는 지명으로 고안현 황벽산 축봉 아래에 머물렀다는 겁니다. 이곳의 '대안정사大安精舍'라고 하는 절에 있었던 것 같습니다.

내 조 계 육 조 지 적 손
乃曹溪六祖之嫡孫이요

백 장 지 자　　서 당 지 법 질
百丈之子며　**西堂之法姪**이니라

스님은 조계 육조의 적손이요, 백장의 제자이시며, 서당의
조카이시다.

　조계 육조 스님의 정맥을 이은 적자라는 말입니다. 마조 도일
스님 밑에 무수 도인이 있었지요. 특히 백장 스님이 있었고, 그
사제로 서당 스님이 있습니다. 황벽 스님은 백장 스님의 제자이
면서 서당 지장 스님의 조카라는 말입니다. 족보는 이렇게 밝혀
놓는 것이 중요합니다. 전통을 중요시한 것은 그만큼 법이 믿을
만하다는 것입니다. 다시 말해 법을 제대로 계승한 분이라는 의
미를 담고 있습니다.

　독 패 최 상 승 이 문 자 지 인
獨佩最上乘離文字之印하고

유 전 일 심　　갱 무 별 법　　심 체 역 공
唯傳一心이요 **更無別法**이니 **心體亦空**이라

스님께서는 심원하신 근사한 도장을 홀로 차고, 최상승의 법
문으로 문자가 없는 법을 설하시며, 오직 한마음만 전해 가
르치고 그 이외 법은 일체 없으니, 심체의 근원은 공성이라.

전통은 그러한데 법은 어떠냐? 근사한 도장을 홀로 차고 있다는 거죠. 무슨 도장이냐? 이 세상에서 제일가는 가르침의 도장인데, 아무런 문자가 없는 도장입니다. 이런 도장을 홀로 차고, 앞에서 설명했던 '오직 한마음만 전해 가르치고, 그 외에 다른 법은 일체 없다.'라는 것입니다. 이게 『전심법요』의 종지이며 가장 중심 되는 근본 취지입니다. '전傳'은 여러 가지 뜻으로 표현됩니다. 공부하는 입장이면 '공부하다'라는 뜻이 되고, 가르치는 입장이면 '가르치다'라는 뜻이 됩니다.

일심 일심 하지만, 일심이라는 것이 존재하는 건가요? 컵이나, 마이크나, 책상이나, 주머니와 같이 실질적으로 눈에 보이는 존재가 아닙니다. 그렇다고 없는 것이냐 하면 그렇지 않아요. 매우 크게 있어요. 크게 있으면서도 공空입니다. 마음의 본질은 공의 성품을 가지고 있습니다. 그런데 마음 때문에 그 무게에 짓눌려 감당을 하지 못하잖아요. 아무것도 없는데 마음의 무게가 너무 무거워 위장병, 신경 과민 같은 병이 생깁니다. 모두 마음의 병입니다. 없으면서도 작용을 다 하고 있는 게 공성입니다. 그래서 있으면서 없고, 없으면서 있는 겁니다. 공한데 묘하게 있어요. 묘하게 있으면서 또한 공해요. 마음만 그런 것이 아니고, 일체 사물도 그렇습니다. 사대육신 인연의 힘이 남아 있으니 말도 하지만 있는 힘 다하면 금방 없어지고 맙니다. 항상 있으리라고 믿으면 안 됩니다. 제 자신부터가 그렇고 여러분들도 서로서로가 다 똑같습니다.

근래에 범어사 스님들이 몇 분 돌아가셨는데, 남아 있는 사람

들은 그 스님이 어떻게 해서 갔다고, 10년을 같이 산 사람이 찾아
가도 아프다 하더니 갔다고 합니다. 제가 가도 그렇게 말할 겁니
다. 그러니까 가슴이 서늘해지더라고요. 제가 그 사람에 대해 말
하듯이 남아 있는 사람들이 '아! 그 사람 아파서 몇 년 고생하면
서 중국도 몇 번 오가며 치료하더니 갔네요.' 이겁니다. 이걸로
끝입니다. '그 사람 아프다더니 갔네.', '언제 갔나?', '장례는 지냈
는가?', '사십구재는 지냈는가?' 이러면 끝입니다.

　여러분도 똑같습니다. 인생 무게를 혼자 짊어졌을 때는 이 우
주의 무게보다 더 무겁고 크지만, 객관적으로 볼 때는 그렇게 가
벼운 겁니다. 인생사가 그런 겁니다. 무겁게 생각하고 크게 생각
하면 우주보다도 더 큰 게 인생인데 알고 보면 텅 비어 본래부터
없는 겁니다. 그래서 '심체역공心體亦空'이고 공성입니다. 마음만
공한 것이 아니고 물질은 더 공합니다.

　미운 감정, 사랑하는 감정이 보이지는 않지만 얼마나 크게 작
용합니까? 아주 크게 작용합니다. 이 세상 존재하는 모든 것이
그렇습니다.

만 연　　구 적
萬緣이 **俱寂**하야

여 대 일 륜　　승 허 공 중
如大日輪이 **昇虛空中**하야

광명　　조요　　　정무섬애
光明이 照曜하야 淨無纖埃니라

만연(卍)으로 보이는 모든 것이 함께 고요하여, 큰 태양이
허공중에 떠올라 환하게 비춰서 티끌 하나 먼지 하나 없는
것이 우리 마음과 같다.

심체가 안이라면, 만연은 밖이라 볼 수 있습니다. 온갖 인연들
이, 즉 밖에 나타난 현상이 함께 다 고요해요. 마음만 공한 것이
아니라 눈에 보이는 현상도 공하다는 것이죠. 공하기만 한 것이
아니라 있기도 해요. 그것도 매우 크게 있어요.

　할 일 없이 태양을 두고 설명했겠습니까? 마음을 두고 하는
거지요. 환하게 밝은 것이 태양보다도 더 밝은 겁니다. 추우면
춥다고, 더우면 덥다고 야단법석을 떠는 것이 태양보다도 더 밝
으니 그런 겁니다. 이 물건이 얼마나 신기한지 모릅니다.

　차 안의 에어컨을 켜고 한참 가다가 옷을 가볍게 입고 있는 사
람을 보면 저 사람 춥지 않은가, 나는 추운데 하는 생각에 빠질
때가 있어요. 마음의 능력이 참 신기한 것입니다. 심법! 마음의
도리를 본격적으로 공부하는 대목이니 아무리 공부해도 부족함
이 넘치지 않아요. 왜냐하면 일체의 근본이고, 중심이고, 인생과
우주의 생명이기에 그렇습니다. 마음을 어디에 비유해도 만족스
럽진 않지만 저 태양과 같아 환하게 비춰서 티끌 하나 먼지 하나
없는 것, 마음이 그와 같다는 겁니다. 마음이 그와 같아서 조금
만 싫은 소리 하면 그냥 토라지고, 좋은 소리 하면 헤헤 하는 등

얼마나 뛰어난 능력을 가지고 있습니까? 태양은 이처럼 못해요.
태양은 마음보다 모자라지요.

증 지 자　　무 신 구 무 천 심
證之者는 無新舊無淺深하고

설 지 자　　불 립 의 해
說之者는 不立義解하며

깨달은 사람은 새것과 옛것도 없으며 깊고 얕음도 없고, 이
를 설명하는 사람은 의해를 세우지 않는다.

황벽 스님은 이것을 증명하고 알아냈어요. 증득한다는 것은
깨닫는다는 뜻도 됩니다. 깨닫고 나면 역사를 초월하는 존재가
되기 때문에 새것이다 옛것이다, 어제다 오늘이다, 깊다 얕다 등
이 없어요. 다만 깨닫지 못했으니 옛날이 어떻고 지금이 어떻다
고 하지요. 제대로 살림살이가 되면 그런 일이 없습니다.
'의해義解'는 논리적이고 알음알이일 뿐 생각을 깊이 할 것이
아니라는 겁니다. 황벽 스님이 임제 스님께 어떻게 보였지요?
삼도발문에 바로 삼도피타 했잖아요. 세 번 물었는데 세 번 맞았
지요. 물을 때마다 후려쳤지 마음이 어떤 것이라고 설명했습니
까? '불법적적대의佛法的的大意'를 물었는데, 불법은 어떤 것이고,
석가모니는 어떤 것이라고 하지 않았잖아요. 이렇게 하지 않는
것이 의해입니다. 그냥 손가락을 들어 보이든지, 꽃을 들어 보이

든지, 후려쳐서 보이든지 하여 곧바로 우주의 중심, 우주의 주인을 들어 보이는 거죠.

불 립 종 주　　불 개 호 유
不立宗主하며 **不開戶牖**하야

직 하 변 시　　동 념 즉 괴
直下便是라 **動念卽乖**니라

으뜸 되는 것을 세우지 않으며, 문을 열지 아니하여, 바로 이 순간 이 당체에 생각을 움직이면 곧 어긋나느니라.

으뜸이 무엇이고, 지엽이 무엇이라는 것도 없죠. 중요한 것과 중요하지 않은 것이 없으며, 차별과 분별이 전혀 없는 상태입니다. 문도 열지 않아요. 문이 있을 수도 없는 겁니다. 참선을 하고, 경을 읽고, 기도를 하고, 주문을 하는 등 따로 찾아 들어가는 문이 없다는 겁니다. 온 우주가 그러하니 무엇을 별도로 구할 필요가 없습니다. 방 안에 있는 것이라야 문을 열고 찾아 들어갈 텐데, 방 안에 있는 것이 아니라 방 안이고 방 밖이고 온통 그것뿐이기에 문이 있을 수가 없는 것입니다. 온통 그것뿐이기에 주인도 없고 객도 없는 것입니다. '종주宗主'가 없어요. 종주를 세우지 않음이 그 뜻입니다. 그러니 스스로 할 뿐입니다. 스승도 없고 제자도 없으며, 또 주인이니 나그네니 하는 것도 없습니다. 왜냐 온통 한마음 하나이기에 그렇습니다.

'유전일심 갱무별법'이라 했잖아요. 알고 보면 그러한데 그런 살림살이가 못 되니 차별하고, 나눠 놓고, 순서를 가리고, 육바라밀을 닦아서 문을 열고 들어가는 온갖 방편의 문이 많아요.

'불개호유不開戶牖'란 온갖 방편의 문이 없어지는 겁니다. 문이 있어야 문을 열지, 문을 열지 않는다는 것은 문이 없다는 뜻입니다. 알고 보니 주인과 객, 높고 낮음을 나눌 수가 없습니다. 통째로 한 덩어리입니다. 전단나무를 가지고 불상을 조각하는데, 잘려 나온 것도 전단 향기가 나고, 남아 있는 불상에서도 전단 향이 나고, 코나 머리에도 전단 향이 납니다. 그와 같은 입장의 이야기가 이렇게 표현되는 것입니다.

'직하直下'란 바로 이 순간, 이 당체를 뜻합니다. 말하고 보고 듣는 것, 덥고 추운 것, 글씨를 쓰고 글을 보는 것 등이 바로 직하입니다. 바로 이 순간, 이 자리예요. 달리 한 걸음도 나갈 수 없는 이것이 바로 그것입니다. 방편을 가세할 것도 없고, 올라갈 것도 없고, 내려갈 것도 없습니다.

무엇을 알려고 일부러 육바라밀을 닦고, 참선 염불 기도를 하고, 절을 한다는 그런 생각을 하면 바로 어긋납니다. 생각을 움직이는 그 자체, 일심에 접근하려는 어떠한 방편의 마음을 일으킬 때 곧 멀어지고 어긋나 버립니다.

연후   위 본 불 고
然後에 爲本佛故로

기 언   간   기 리 직   기 도 준
其言이 簡하며 其理直하고 其道峻하며

기 행   고   사 방 학 도   망 산 이 추
其行이 孤하야 四方學徒가 望山而趨하며

그런 후에 본래불을 위한 고로 그 말이 간단하며, 그 이치
는 곧고 그 도는 고준하며, 그 행은 고고해 사방의 학도들
이 산을 보고 달려와 모이며

황벽 스님은 본래불의 입장이 되었기 때문에 그와 같은 자리
에서 살아요. 앞서 설명한 '동념즉괴動念卽乖'한 가풍으로 사는 거
죠. 그 때문에 누구나 마음이 부처고 부처가 마음이며, 하나도
움직일 것 없고 털끝만큼도 건드릴 것이 없는 본불입니다. 그와
같은 본불을 위한 까닭에 그 말이 간단하지 않을 수가 없는 겁니
다. 또 그 이치는 너무너무 곧고 그 도는 높아요. 매우 간단하니
그 도는 고준한 거죠. 무엇을 하라는 것이 있고, 육바라밀을 닦
으라 하면 쉬울 텐데, 이것은 너무 높아서 알아들으면 척 알아듣
지만 알아듣지 못하면 너무 높은 겁니다. 손가락 하나 딱 세우면
그 속에 다 있으니까요. 그것으로 표현을 다 했으니까요. 부처님
팔만대장경을 설명한 것이나 구지 선사 손가락 세운 것이나 황
벽 스님이 임제 스님을 세 번 후려친 것이 모두 똑같다고요. 하
나도 다를 것 없이 똑같습니다. 그래서 그 말이 간단합니다.

'배휴.' 하고 황벽 스님이 불렀는데 '예.' 하니까 '어디 있느냐?' 라고 했어요. 저만 해도 저 진영을 두고 누가 질문을 하면, 아! 이건 황벽 스님 진영인데, 스님은 당나라 때 어쩌고저쩌고 쓸데 없는 소리만 틀림없이 할 겁니다. 절 안내하듯 한두 시간 설명하고 있을 텐데, 그럴 필요 없는 것이죠. 그것은 아무 쓸모없는 것이기 때문입니다.

그렇지만 하근기는 친절한 설명이 있을 때 조금 친근감이 나고 가까워지는 것이 사실입니다. 이것저것 챙겨야 따르는 사람도 많고 이야기가 될 텐데, 보여 주고자 하나 보여 줄 것이 있어야 말이죠. 일체가 언행이 이러하니 너무 고고합니다. 그런데도 사방의 학자들이 산을 바라보듯 황벽 스님을 찾는다는 것입니다.

도 상 이 오   왕 래 해 중   상 천 여 인
觀相而悟하야 往來海衆이 常千餘人이니라
황벽 스님의 모습만 보고도 깨달으니 오고가는 바다 같은 대중들이 항상 천여 명이니라.

황벽 스님의 모습만 보고도 깨달아요. 아침 예불하고 나서 행선 축원할 때 '문아명자 면삼도聞我名者 免三道 견아형자 득해탈見我形者 得解脫'이라는 말이 있습니다. '내 이름만 들어도 삼도의 고통을 면하고, 내 모습만 봐도 해탈을 얻어지이다.'라는 뜻의 발원문이죠.

'도상이오觀相而悟', '이분의 모습만 봐도 깨달음을 얻는다.'는
겁니다. 이분은 체격이 크고 그 형상이 매우 특이했답니다. 이마
에 육계상肉髻相이 돋아 매우 특별한 얼굴이었다고 해요. 스님의
도와 법이 높으니 문학적으로 표현한 거죠.

여 회 창 이 년   염 우 종 능
予會昌二年에 廉于鍾陵할새

자 산 영 지 주   게 용 흥 사   단 석 문 도
自山迎至州하야 憩龍興寺하야 旦夕問道하고

내가 회창 2년에 종능이라는 지방에 관찰사로 재임하면서,
황벽 스님을 산중으로부터 홍주에 영접하여 용흥사에 계
시도록 해 아침저녁으로 도를 묻고

'회창會昌'은 당나라 무종의 연호로 이때는 서기 842년에 해당
합니다. '종능鍾陵'은 강서성 홍주 남창 부근의 지명입니다. 그 지
방의 관찰사로 재임했을 때입니다. '염廉' 자는 살필 염 자인데
재임을 했다는 뜻으로 풀이합니다.
  황벽산에서 황벽 스님을 모시고 홍주 용흥사에 왔다는 말입
니다. '주州' 자는 홍주입니다. '게憩' 자는 휴게 게 자로 머무시게
했다는 뜻입니다. 배휴 거사는 황벽 스님을 용흥사에 모시고 아
침저녁으로 도를 물었습니다.

대중 이 년　　　염 우 완 릉　　　부 거 예 영 지 소 부
大中二年에 廉于宛陵할새 復去禮迎至所部하야

안 거 개 원 사　　　단 석 수 법　　　퇴 이 기 지
安居開元寺하야 旦夕受法하야 退而記之하니

대중 2년 완릉 지방에 관찰사로 재임할 때, 예로써 받들어
관사에 모시고 개원사에 안거하시도록 하여 아침저녁으로
법을 받아 물러나서 그것을 기록하니

대중 2년은 당나라 선종 때로서 서기 848년에 해당합니다. 그
때 배휴 거사가 완릉이라는 지방에 관찰사로 와 있었죠.

'소부所部'는 자기가 머무르는 곳으로 관사를 뜻합니다. 관사에
모셨다는 겁니다. 또 안거 때는 개원사에서 나도록 했다는 것입
니다. 여기 개원사는 홍주의 개원사와는 다릅니다. 당시 불교가
이러고저러고 해도 옛날 군주국가 시대에 도지사 정도 되면 그
권위가 오죽했겠습니까. 그래서 개원사에 안거하시게 해 아침저
녁으로 법을 받아 그것을 기록했다는 것이죠.

십 득 일 이　　　패 위 심 인　　　불 감 발 양
十得一二라 佩爲心印하고 不敢發揚이러니

열 개를 들었는데 하나둘만 기록으로 남기고, 이를 마음도
장에 새겨 차고 지녀 보물처럼 감히 드러내지 아니하니라.

열 개를 들었는데 기록해서 남기는 것은 하나나 둘 정도로 십분의 일이었다는 거죠. 그래도 많이 기록한 겁니다. 그리고 마음의 도장으로 삼아 보물처럼 간직하고만 있었지 세상에 드러내지를 않았습니다. 감히 발행하지 못했다는 거죠.

금 공 입 신 정 의   불 문 어 미 래
今恐入神精義가 **不聞於未來**하야

수 출 지   수 문 하 승 대 주 법 건
遂出之하야 **授門下僧大舟法建**하야

지금에 와서 정신에 들어 있는 정미로운 이치를 미래 사람들이 듣지 못할까 염려가 되어, 드디어 꺼내어 다시 정리해 문하 스님이신 대주 스님과 법건 스님께 주어서

황벽 스님에게 들은 법문이 매우 좋다고만 생각했는데 가만히 생각해 보니 염려가 되더라는 거죠. 무엇을 염려하는가? 정신 세계에 들어 있는 아주 중요하고 정밀한 뜻을 미래의 사람들이 듣지 못할까 그게 염려가 된다는 말입니다. 배휴 거사는 드디어 기록해 놓았던 것을 모두 꺼내어 이를 다시 정리해 황벽 스님의 제자 대주 스님과 법건 스님에게 주었어요. 한 사람에게 주면 가져가서 잘못될까 싶어 두 사람을 불러 기록물을 건네준 겁니다.

귀 구 산 지 광 당 사　　　　문 장 로 법 중

歸舊山之廣唐寺하야 **問長老法衆**하야

여 왕 일 상 소 친 문　　　　동 이 여 하 야

與往日常所親聞으로 **同異如何也**로라

옛 산의 광당사로 돌아가 장로들과 청법 대중에게 물어 친히
듣던 것과 같고 다른 것이 어떤 것인가를 증명하게 했다.

'광당사廣唐寺'는 홍주의 황벽산에 있는 절입니다. 광당사에 돌
아가서 연세 많은 큰스님들과 법을 들은 대중들에게 황벽 스님
의 법문을 기록한 것이 올바른지 틀린지를 물어서 확인하게 했
다는 것이죠.

　이 법문 내용은 직접 들어서 기록했고, 그것을 다시 검토를 하
고, 그 다음에 당시 직접 들었던 큰스님들에게 가서 전부 검사를
받아 비로소 세상에 내놓게 되었다는 뜻입니다. 그러니 이 책은
황벽 스님의 정신과 사상에서 털끝만큼도 잘못됨이 없고 그대로
황벽 스님의 법문이라는 것이죠. 비록 배휴 거사가 기록했지만
이와 같은 과정을 거쳐 책을 편찬했기 때문에 황벽 스님의 법문
임을 증명하고자 하는 뜻으로 이렇게 이야기합니다.

당 대 중 십 일 년 십 일 월 초 팔 일 서
唐大中十一年十一月初八日序 하노라

당나라 대중 11년 11월 초여드렛날에 쓰노라.

대중 11년은 당나라 선종 때로서 서기 857년입니다. 책을 내
면서 서문을 쓴 것입니다.

1. 한마음 깨치면 부처

불교는 역사가 대단히 오래된 종교입니다. 그 세월 동안 불교가 전파된 곳의 민족과 풍토가 다르고, 사람들이 살아가는 관습이 다르다 보니 각각의 필요에 의해 역사를 거듭하며 많은 방편이 첨가되었습니다.

그래서인지 지금 다시 생각해 보면 불교가 상당히 어수선합니다. 여기 가면 이 말 저기 가면 저 소리요, 별별 행사에 불교를 공부했다는 사람들의 주장이 가지각색으로 난무합니다. 오랜 세월 불교와 인연 맺어 공부하다 보면 정리가 되기도 합니다만 그럼에도 불구하고 갈팡질팡하는 사람들이 많습니다. 어떤 이들은 처음 인연 맺은 불교에 푹 빠져서 옆 사람은 어떤 불교를 하는가, 다른 절에서는 어떤 불교를 하는가에 대해 도무지 관심을 쓰지 않고 10년 20년을 고수하고 있는 경우도 적지 않아요. 그게 정법일 것 같으면 참 좋은데, 정법이 아닐 경우엔 큰 손해라고요. 어느 기간 동안 마음에 의지는 됐을지 모르나 정법이 아닐 경우엔 상당히 실망스럽고 소득도 적어요. 정법일 때 비로소 소득이 크고, 이것이 부처님의 진정한 법이라는 것을 마음으로 느끼게 되면 그 환희심은 대단하거든요. 지금 같이 정보가 넘쳐나고 조금만 마음 쓰면 다 알아볼 수 있는 시대에 살면서 헤맨다든지 잘못된 방편의 가르침에 오랫동안 빠져 편협한 외골수 불자가 되기에 안타깝지요. 그것은 불자들이 소극적인 편이라 여러 사람에게 정법을 전해 주려는 적극적인 생각이 부족해서 그래요. 자신은 감동하여 대단히 심취해 야단이지요. 그런데 도대체 자기 방을 조금도 벗어나지 못합니다. 온 정성과 능력을 다 기울여 신심에 도취해 있으면서도 그 이상은 벗어나지 못하는 경우를 많이 봅니다. 밥 못 먹는 사람들에게 밥 한 끼 대접하는 것과 부처님 법을 한 끼 대접하는 것을 비교할 수 있겠습니까? 안 될 일이거든요. 이처럼 훌륭한 일임에도 불구하고 부처님 법으로 사람들에게 대접하는 일을 중요하게 생각하지 않아요. 이 점이 불자들의 큰 약점이며 가장 먼저 보완해야 할 일이죠. 이렇게 시급한 일을 특정인에게만 미룰 것이 아닙니다. 보다 바람직한 대승불교의 가르침은 승속, 남녀노소, 동서가 따로 없습니다.

불교는 알고 보면 어수선한 것이 아닙니다. '부처님의 가르침은 활과 같고, 조사는 활줄과 같이 바로 직선으로 가르친다.'라고 옛 조사 스님들이 평을 했습니다. 부처님은 큰 바다의 고래만 건지는 것이 아니라 조그마한 멸치 한 마리까지도 다 건지려는 마음을 갖고 있기 때문에 별별 방편을 펼쳐 놨어요. 『화엄경』에 '큰 가르침의 그물을 펼쳐서 사람들과 천신들의 물고기를 건져

올린다[장대교망 녹인천어(張大敎網 漉人天魚)].'라 했습니다. 원효 스님도 잘 쓰셨던 말씀입니다. 이것이 불교의 큰 가르침이고, 큰 사상입니다. 그러다 보니 복잡하고, 어수선하고, 어려운 불교가 되어 버렸죠.

조사 스님들의 가르침을 보면 어수선하지 않고 매우 깔끔합니다. 잘 정돈되고, 복잡하지 않으며, 간단명료하여 쉽습니다. 그와 같은 길이 있다고요. 예를 들어 부처님도 영산회상에서 꽃을 들어 보였다든지 등의 쉬운 불교를 많이 했어요. 그런데 쉽게 납득이 되지 않으니 다른 방편을 펼치게 됐지요.

지금 공부하는 황벽산 단제 선사의『전심법요』는 가을 하늘처럼 청명한 불교를 담고 있다 할 수 있습니다. 예전에 제가 가을 하늘이 하도 맑고 푸르고 좋아서 욕심을 내고 용기를 내어 계명암을 등정했어요. 평생 처음으로 계명암을 찾았습니다. 건강한 사람에겐 별것 아니겠지만, 저에겐 보통 역사적인 일이 아니었어요. 청명한 가을 하늘은 그렇게 사람을 감동시킵니다.

단제 선사 황벽 스님의『전심법요』를 공부하면서 '우리나라 가을의 청명한 하늘과 같은 가르침이구나.' 하는 생각이 문득 들었습니다. 그래서 다른 복잡다단하고 어수선한 방편문의 불교와는 차별화를 시켜 쉽게 이해할 수 있도록 강의를 해 봐야겠다는 다짐을 하게 됐죠.

우리나라 가을 하늘은 세계 어느 나라, 어떤 계절의 기후보다도 좋다 하지 않습니까? 미국 서부는 1년 내내 계절이 좋고, 사람 살기 좋다지만 우리나라 가을하곤 비교가 안 돼요. 어떻게 보면 1년 내내 그런 곳이 좋을지 모르나 우리나라 가을만 가지고 따진다면 어느 나라 어느 계절도 따라올 수가 없어요.

황벽 스님과 임제 스님으로 이어지는 인류사 최고의 사상과 가르침엔 이것으로 비유가 부족하지만 '우리나라의 청명한 가을 하늘과 같은 가르침이다.'라고 정리해 드리고 싶습니다.

사 위 휴 왈
師謂休曰

황벽 스님께서 배휴에게 말씀하셨다.

황벽 스님과 배휴와의 인연은 앞서 말씀드렸지요. 『전심법요』는 배휴 거사가 황벽 스님의 법문을 정리한 것입니다. 출가한 스님이 정리한 것이 아닙니다. 누구든지 실력 있고 스님의 사상을 제대로 전할 수 있는 사람이면 가능한 것이에요. 임제 스님도 황벽 스님의 법을 이었지만 배휴 거사도 이었다고 할 수 있습니다.

전법은 옛날 스님들과 비교하면 그 능력이 천 분의, 만 분의 일도 안되지만 그래도 이 시대에서는 어쩔 수 없이 우리가 그 일을 담당해야 합니다. 이 일은 승려에게만 해당되는 것이 아니며, 재가자도 똑같이 해당되는 겁니다. 여기 보십시오. 배휴 거사가 황벽 스님의 법을 잇고, 황벽 스님이 법을 펴는 데 가장 중요한 역할을 하지 않았습니까.

제 불 여 일 체 중 생　　유 시 일 심　　　갱 무 별 법
諸佛與一切衆生이 唯是一心이오 更無別法이니라

모든 부처님과 일체중생이 오직 한마음이요, 다시 다른 법은 없느니라.

『전심법요』의 대지가 '유전일심 갱무별법'이라 했지요. 여긴 '유시일심 갱무별법唯是一心 更無別法'이라 했는데 같은 뜻입니다. 오직 이 한마음이에요. 부처가 됐든지, 중생이 됐든지, 남자 여자, 동양 사람 서양 사람, 옛날 사람 지금 사람, 늙은 사람 젊은 사람, 유식한 사람 무식한 사람, 몸이 성한 사람 성치 못한 사람, 그 어떤 사람이든 '유시일심 갱무별법'입니다. 오직 한마음뿐입니다. 사람일 뿐이라고 해도 됩니다. 그 속에 마음도 포함되어 있고, 몸도 포함되어 있고, 일체가 포함되어 있어요.

임제 스님 이후로는 마음 심心 자보다는 사람 인人 자를 바로 쓰잖아요. '무위진인無位眞人'이라 했습니다. 심 자 법문도 많이 하셨지만 사람 인 자로 대체하죠. 사람이 마음이고, 곧 마음이 사람입니다. 마음이 있으므로 사람이지 마음이 없으면 송장에 불과합니다. 사람이라고 할 수 없어요. 또 마음만 돌아다니면 뭐죠? 바로 귀신이잖아요. 사람이 마음이라는 말보다 더 좋아요. 더 구체적이죠.

여기서는 심心 자를 중심으로 법문을 합니다. '갱무별법'이라, 오직 한마음이요, 더 이상 다른 법이 없다는 겁니다. 얼마나 간단명료합니까? 복잡하지 않아 매우 깔끔하고 쉬워요. 온갖 거품과 방편을 다 잊어버리세요. 모든 것이 불교가 아니라고 해도 좋아요. 그동안 자기가 익혀 온 불교는 잊고, 이 공부하는 동안은 이것에만 심취하는 것이 중요합니다.

차심 　 무 시 이 래 　 부 증 생 부 증 멸
此心이 **無始已來**로 **不曾生不曾滅**하며

이 마음이 시작함이 없는 그때서부터 지금까지 옴으로 생하
거나 멸하지 아니했으며,

'무시無始'라는 말은 시작이 없다는 뜻으로 수억만 겁이라고 해
도 부족한 말입니다. 수억만 겁일지라도 시작이 있으면 무시라
는 말보다는 짧은 시간이죠. 시작이 없다는 말이 가장 긴 과거거
든요. 그럼 시작이 없는 수억만 겁 이전부터 지금까지 이 마음이
라는 것은 무엇이냐는 것입니다.

마음은 일찍이 생기는 것도 아니고 없어지는 것도 아니면서, 끊
임없이 생기고 없어진다는 뜻이죠. 어제 좋았던 사람이 오늘은 밉
고, 오늘 미운 사람이 내일은 좋을 수 있습니다. 그건 그래도 약과
예요. 어린아이들을 보세요. 싸우고 헤헤 거리는 게 10분이 채 가
질 않아요. 크게 보면 어른도 마찬가지입니다.

그런데 그 가운데 생하지도 않고, 멸하지도 않는 게 있으니 이
런 모양으로 생겼다가, 저런 모양으로도 생기는 겁니다. 금을 녹
여서 관세음보살상, 문수보살상, 지장보살상도 만들었다가, 반
지, 귀걸이, 시계도 만들었다가 별별 모양을 다 만들죠. 금에 생
멸이 있습니까? 바로 그것입니다. 모양만 생멸이 있는 것을 아
시겠죠. 산다는 것이 이것뿐이지 다른 게 없습니다.

부처니, 조사니, 중생이니 해도 모두 이 범주 안에서 벗어나
있는 것은 아무것도 없습니다. 이보다 뛰어난 더 이상의 것은 아

무엇도 없다고요. 아! 얼마나 간단명료하고 쉽습니까?

그러면 마음을 어떻게 쓰면 된다는 답이 불을 보듯 하잖아요. 그 얘기를 굳이 할 필요가 없는 거죠. 생멸이 없다고 설명해 놓고 보니 끊임없이 생하고 멸한다는 것을 달리 표현하면 '중도中道'라고 하죠. 생멸이 없으면서 끊임없이 생멸합니다. 여기 왔을 때는 모두 반 성인이 되어 열심히 공부하지만 돌아서면 중생이 되어 엉망진창이 되고, 또 이래서는 안 되지 하여 염불도 하고, 경 한 자라도 읽고 쓰면 금방 성인으로 돌아갑니다. 사실 성인도 중생도 아닙니다. 본래 자리는 형태만 왔다 갔다 하는 거지요. 형태만 왔다 갔다 하는 것을 편의상 부처다 중생이다 하는 겁니다. 사실은 부처도 중생도 아니에요. 그 형상을 가지고 부처다 중생이다 하는 겁니다. 외형만 가지고 남자다 여자다, 늙었다 젊었다 하는 것과 마찬가지죠. 남자다 여자다 하지만 마음 자리에는 전혀 다른 게 아녜요. 여자 옷을 입었으니 그 마음을 여자처럼 쓰는 거지요. 남자 옷을 입으면 남자같이 마음을 쓴다고요. 그것도 참 묘하긴 묘합니다. 그러나 절대 정해져 있는 것이 아닙니다. 언제든지 변화무쌍한 것이 사람이며, 마음이고, 일심입니다. 이것이 바로 중도이며, 공이고, 연기緣起입니다.

불 청 불 황　　　무 형 무 상
不靑不黃하며 **無形無相**하며

푸른 것도 누런 것도 아니며, 형상도 없고 모양도 없으며,

푸른 것도 아니고 누런 것도 아니면서, 누런 것 보면 누렇게 되고 푸른 것 보면 푸르게 됩니다. 이는 푸른 것을 잘 알아 얼굴이 파랗게 된다는 게 아니라 푸른 것과 누런 것을 십분 이해한다는 것이죠. 마음이 누렇게 되고 파랗게 되니까 누런 것을 이해하고 파란 것을 이해하게 됩니다. 외형은 그래요. 그러면서 마음 자리는 누런 것도 아니고 파란 것도 아니에요. 얼마나 명쾌합니까? 『전심법요』가 불교의 많은 전적들 중에서 명저인 이유를 아시겠죠?

보통 '형상'이라 하죠. 예를 들어 불상은 부처님 모양을 했을 때 '형'이라 합니다. 어떠한 형이 됐든지 상이 있습니다. 금덩어리를 녹여 뭉치면 뭉쳐 둔 형도 되고 상도 되는 거예요. 그래서 형상이 붙어 다니는데 여기서는 나눠서 이야기를 하고 있습니다. 각각 다른 외형의 모습을 '형'이라 하고 그 외형이 어떻든 간에 그것은 '상'이 있기 마련입니다. 마치 사람들의 얼굴이 각각 다른 걸 형이라 하고, 다르지만 그대로 하나의 공통된 것을 상이라고 하는 것과 같습니다. 상으로 보면 공통점이고 형으로 보면 개별적인 것이죠. 간단히 '형상'이라고 합니다. 이 말은 어떤 것이든지 간에 그 나름의 상이 있고 개별적으로 형체가 있다는 뜻입니다. 그런데 이 마음은 그런 것이 없으면서도 각양각색입니다.

불 속 유 무　　불 계 신 구
不屬有無하며 **不計新舊**하며

있는 것에도 속하지 않고 없는 것에도 속하지 않으며, 새롭거나 오래됨을 따질 수도 없으며,

　유에도 속하지 않고 무에도 속하지 않으니, 있는 것도 아니고 없는 것도 아니라고 말할 수 있어요. 그러면서 있잖아요. 그런데 또 찾아보면 없어요. 이것이 사람의 도리이며, 마음의 도리입니다. 옛날 스님들은 마음 연구를 많이 했습니다. 그런데 그 연구는 지금처럼 과학적으로 분석해 낸 것이 아니고 '확철대오廓撤大悟', 즉 크게 깨달아서 마음을 설명했기 때문에 아주 시원시원합니다. 유에 속하지 않으면서도 있고, 무에 속하지 않으면서도 없잖아요. 그런데도 얼마나 큰 작용을 합니까? '혼대유渾大有', 온 우주에 가득 차 있을 정도죠. 따지고 보면 이 세상에 오직 나뿐입니다. 나뿐인 세계에 다른 사람이 들어올 겨를이 있나요? 나라는 세계에 다른 사람은 들러리로 붙어 있을 뿐입니다. 그만큼 나라는 존재는 크다고요.

　마음은 새로운 것이 없습니다. 늙으니까 생각과 형은 다르더라도 마음의 본체는 똑같습니다. 젊을 때나 지금이나 하나도 변하지 않고 똑같아서 사람들이 60~70대가 되어도 어떤 면에서는 철딱서니가 없습니다. 왜 그러냐. 마음은 변화가 없으니 그렇습니다. 그러니 잘못된 게 없습니다. '나이가 들었으니 체면 차려야지.'라고 잠깐 외형을 꾸미면 나이 든 것 같이 보일 뿐입니다.

나이 든 것처럼 보이지만 그 본심은 하나도 변한 게 없는 거죠.

<ruby>非<rt>비</rt></ruby><ruby>長<rt>장</rt></ruby><ruby>非<rt>비</rt></ruby><ruby>短<rt>단</rt></ruby>하며 <ruby>非<rt>비</rt></ruby><ruby>大<rt>대</rt></ruby><ruby>非<rt>비</rt></ruby><ruby>小<rt>소</rt></ruby>하며

긴 것도 아니고 짧은 것도 아니며, 큰 것도 아니고 작은 것
도 아니며,

몇억 광년 밖의 별을 보면 그만큼 마음이 넓어졌다고 할 수가
있습니다. 수억 광년 밖의 별을 보면 그 별빛이 여기까지 오듯이
내 마음도 거기에 가는 것이죠. 그만큼 마음이 넓어지고 길어졌
어요. 그런데 사실은 길어진 게 아니잖아요. 길어진 흔적이 있습
니까? 반면 바로 눈앞의 것만 보고 분별한다면 짧아졌다고 할 수
있겠는데 짧아진 것도 아니죠. 짧아진 흔적이 없잖아요. 이렇듯
마음은 참으로 신통방통해요.

마음은 큰 것도 아니고 작은 것도 아니면서, 커지기도 하고 작
아지기도 합니다. 크기로 하면 온 우주를 감싸고도 남고, 작아지
기로 하면 바늘 끝 하나도 용납할 수 없습니다. 큰 것도 아니고
작은 것도 아닌 것이 마음인데 대인과 소인을 구별하여 표현하
는 것은 외형에 불과하죠.

바람이 불면 파도가 일어나는데, 큰 바람이 불면 크게 물결치
고 작은 바람이 불면 작게 물결치죠. 그것도 저것도 없으면 물결
은 잔잔합니다. 그런데 그 물 자체에는 어떠한 변화도 없어요.

바람이 불어 큰 물결이 쳐도 그 물이고, 작은 물결이 쳐도 그 물이지요. 그 물인 것이 마음이고, 그 마음은 바람에 의해서 큰 물결 작은 물결, 동쪽으로 가는 물결 서쪽으로 가는 물결, 남쪽으로 가는 물결 북쪽으로 가는 물결 등 온갖 물결이 일어날 수 있습니다. 물결은 각각 다릅니다. 마음도 어떤 상황에 사는가, 어떤 교육을 받았는가, 가정 형편은 어떠한가, 주변 생활 환경으로부터 어떠한 영향을 받았는가에 따라서 항상 다르죠. 천차만별입니다. 상황과 입장은 살아온 환경, 부모와 선조, 지역과 교육, 가족과 친구, 절에 다닌다면 그 사찰 스님의 법문 등으로부터 영향을 받습니다. 그러한 환경이 알게 모르게 영향을 미치게 되는 거죠.

어느 날 어떤 이가 사십구재 법문을 청하기 위해 와서는 자기 나름의 불교를 이야기하더군요. 불교에 대해서 많이 알고 있었어요. 그런데 딱 들어 보니 어떤 스님 법문의 영향을 받았더라고요. "그 스님 법문 많이 들었네요?" 하니 아무 말도 못해요. 이렇듯 자기표현이라는데도 주변의 영향이 그대로 나타나 버려요. 유교 경서 『계몽편啓蒙篇』 「인편人篇」에 '생아자 부모 성아자 붕우 生我者 父母 成我者 朋友', '나를 탄생시킨 사람은 부모이지만 나를 나 되게 한 사람은 벗이다.'라고 했어요. 특히 옛날에는 벗과 보낸 시간이 제일 많았잖아요. 친구의 영향에 의해 저절로 물들어 버리는 거지요.

마음은 파란 것도 아니고 노란 것도 아니지만, 금방 파랗게도 되고 노랗게도 된다는 것을 알아야 합니다. 이러한 이치를 잘 알게 되면 집안의 아이들, 형제자매, 이웃 사람이 왜 나와 다르게

행동하는지 그 원인을 쉽게 알 수가 있습니다. 그래서 처방도 쉽
게 나올 수가 있습니다.

초 과 일 체 한 량 명 언 종 적 대 대 　　당 체 변 시
超過一切限量名言縱跡對待하야 **當體便是** 라

일체 한계와 분량, 이름과 말, 종적과 상대성을 뛰어넘어야,
그 당체가 곧 마음이다.

　마음은 궤도처럼 정해진 대로 가는 게 아니에요. 그 사람 변했
다고 그러지요. 그런데 변하게 되어 있는 것이 마음이고 사람입
니다. 그 변화에 늦고 빠름의 차이가 있을 뿐이죠. 또 변해야 합
니다. 그것이 발전이거든요. 잘못 변할 수도 있지만 어차피 변하
게 될 것이 마음이라면 좋은 방향으로 변해야 합니다.

　'대대對待'는 상대를 뜻합니다. 이 조건에는 이래야 된다는 것
이 상대거든요. '종적縱跡'은 정해져 있다는 뜻입니다. 종적을 뛰
어넘고, 자취를 뛰어넘어야 합니다. 예를 들면 커피에 설탕만 넣
어 먹어야 된다는 법이 있습니까? 설탕을 넣지 않고도 먹을 수
있고, 또 다른 것을 얼마든지 넣어도 되거든요. 그와 마찬가지로
내가 이런 마음을 쓴다고 상대 역시 그래야 한다거나 푸른 하늘
을 보고 산에만 가야 한다고 고집해서도 맞지 않습니다. 이런 날
앉아서 공부하지 왜 산에 쫓아다니냐는 주장도 맞잖아요. 산에
가야 한다는 사람도 맞고, 앉아서 공부해야 한다는 사람도 맞고,

이럴 땐 놀기 좋다고 전화해서 친구 불러 만나는 것도 맞습니다. 날씨 좋다고 꼭 이래야 된다는 법은 세상에 없습니다. 부슬비 오면 부지런한 사람은 일하기 좋고, 게으른 사람은 놀기 좋습니다. 다 맞잖아요. 이러저러한 상황에서 꼭 이러저러해야 한다는 것은 혼자만의 생각입니다. 그것은 그 사람 생각이고, 이것은 나의 생각이라는 것이죠. "아! 그럼 알겠습니다."라고 알고, 이해하고, 받아들이면 집안이 평안하죠. 나는 이와 같은 생각을 하는데 당신은 왜 그와 같은 생각을 하는지 참 이상하다고 하면 그만 어긋나고 서로 빗나갑니다. 마음은 전부 뛰어 넘어 상대가 없기 때문에 마음 쓰기에 달렸습니다. 어떤 문제를 해결하는 방법이 여러 가지가 있듯, 세상을 살면서 고정된 생각에 얽매일 필요가 절대 없다는 거죠. 그 모든 것을 초월한 게 사람이고, 사람의 마음입니다.

바로 지금 이 순간 말하고, 듣고, 보고, 메모하는 이 작용이 곧 그것이라는 겁니다. 그것이 사람이고, 마음이기 때문에 또한 가장 간단합니다. 지금까지는 종잡을 수가 없었고 도대체 뭐가 뭔지 혼란스러웠죠. 말장난 같지만 또 설명을 들어 보면 그럴 듯하나 정작 허무맹랑하고 허황되어 종잡을 수가 없었던 거죠. 그렇다고 사람 공중에 띄워 놓고 마느냐? 그게 아닙니다. 더할 수 없이 가까이 있고, 매우 쉽고 간단합니다. 지금 이렇게 말하고 듣는 이것이 바로 그것이기 때문입니다. 멀리 가서 찾으면 안 된다 이거죠. '당체'라는 것은 지금 말하고 듣고 작용하는 것이며, 곧 마음이라는 말이에요. 너무나도 쉽고 간단합니다.

동 념 즉 괴 　　 유 여 허 공
動念卽乖니라 猶如虛空하야

무 유 변 제 　　 불 가 측 탁
無有邊際하며 不可測度니라

마음을 움직이면 곧 어긋남이니, 마치 허공과 같아서 변제
가 없으며 가히 헤아릴 수가 없다.

마치 어떤 물건을 찾듯 마음을 확인하기 위해 생각을 움직이면
벌써 어긋나 버립니다. 십만 팔천 리나 도망가 버려요. 끝이 없는
허공과 같습니다. 동쪽이면 동쪽으로만 수억만 광년을 가도 끝이
닿지가 않잖아요. 어느 쪽으로 가도 마찬가지입니다. 수억만 광
년을 계속 한쪽으로만 달려도 돌아오지 않습니다. 마음이 그렇습
니다. 끝없이 가는 거예요. 도저히 측량하고 헤아릴 수가 없죠.
'度'은 도라 읽지 않고 헤아릴 탁으로 새깁니다. 이 마음이 어디
까지이며 무엇이 마음인지 도대체 요량이 안된다는 말이죠.

유 차 일 심 　 즉 시 불 　 불 여 중 생 　 갱 무 별 이
唯此一心이 卽是佛이니 佛與衆生이 更無別異어늘

단 시 중 생 　 착 상 외 구 　 구 지 전 실
但是衆生이 著相外求하야 求之轉失이로다

오직 이 한마음이 곧 부처이니, 부처와 중생이 다시 다른
것이 아니거늘, 다만 중생이 상에 집착해서 밖으로 구하므

로 구할수록 더욱 멀어진다.

한마음으로 보고 듣고 쓰고, 덥다 춥다 시원하다를 분별합니다. 이것이 바로 부처입니다. 부처면 성공이잖아요. 이보다 더 큰 무엇을 얻을 것이 있나요?

그런데 그만 소소한 일에 목을 매는 거예요. 부처라는 대의명분이 있는데도 그것은 뒷전이고, 몇 푼어치 안되는 것에 목을 매어 죽느니 사느니, 내가 옳고 네가 그르니 합니다. 그러다가도 공부 좀 한 사람은 부처끼리 너무 그러지 말자는 한마디 하면 끝납니다. 그때 한번 돌이켜 보면 좋은 방편이 되는 거예요. 마음이 싹 사그라지는 거죠. 이렇게 마음 쓰는 이 능력 이대로가 보물이며, 바로 부처입니다. 달리 다른 곳에 부처가 있지 않습니다. 이렇듯 쉽고 간단한데 부처도 아닌 곳에 가서 부처라고 예배하며 속아 넘어갑니다. 불교, 이제 바로 알았으면 좋겠어요. 제일 안타까운 게 이겁니다. 제대로 깨달으신 분의 법문을 듣고 정법인 줄 바로 알아 마음 깊이 새겼으면 합니다.

예를 들어 금으로 부처님을 조성하면 불상이고, 코끼리를 만들면 코끼리상이죠. 불상이니 코끼리상이니 하는 형상은 다를지 몰라도 똑같은 금입니다. 1톤짜리 불상을 만들고, 2톤짜리 코끼리상을 만들면 코끼리상이 불상보다 더 비싸죠. 왜냐하면 금이 2톤이니까요. 금이라는 관점에서 보면 불상이고 코끼리상이고 하는 것은 중요하지 않습니다. 금이라는 사실이 중요하죠. 외형보고 부처다, 중생이다 말자는 겁니다.

배휴는 재상을 지낸 대단한 인물입니다. 그런데 이 인물이 황벽 스님의 법문만 들은 게 아닙니다. 화엄학의 대가인 규봉 스님 밑에서 『화엄경』 공부를 많이 했으며, 그러한 인연으로 그분의 책 서문을 쓸 정도로 일체 경학에 박식한 사람이었습니다.

'사람이 부처님이다.'가 불교의 궁극적 결론이라고 여러 차례 말씀드렸습니다. 『법화경』이 경 중의 왕이라고 했는데 결국은 '사람이 부처님이다.'가 핵심 요지입니다. 이 한마디를 전하기 위해서 『법화경』이 있는 것입니다. 『화엄경』도 물론 마찬가지입니다. 부처님이 깨달으시고 나서 일체중생을 널리 관찰해 보니 '여래의 지혜와 덕상을 모두 갖추고 있구나.'라고 하셨잖아요. 바로 '사람이 부처님이다.'라는 이야기입니다.

그런데도 이 기도처가 영험이 있을까, 저 기도처가 영험이 있을까, 관음 기도가 좋을까, 지장 기도가 좋을까, 산신 기도가 좋을까, 독성 기도가 좋을까 하고 밖을 향해서만 구하고 있습니다. 이 법당 저 법당 쫓아다니는 그놈이 부처인데도 다른 영험 있는 부처 찾는다고 왔다 갔다, 또 근기 맞춘다고 이 방법 저 방법을 동원해 봅니다. 물론 많은 그물을 펼쳐 놓아야 그중에 한 마리의 물고기라도 걸려들지만 너무 많은 방편에 치우쳐서 그것에 놀아나면 본질을 잃어버리게 됩니다. 눈 있는 사람이 볼 때는 너무나 안타깝습니다. 정력과 시간뿐만 아니라 인생을 낭비하게 됩니다. 상에 집착해서 내내 헤매지 않습니까. 이삼십 년을 절에 다닌 사람들이 '그 짓'만 합니다. 결국 업이 된다고요.

사 불 멱 불   장 심 착 심
使佛覓佛하며 **將心捉心**하면

궁 겁 진 형   종 불 능 득
窮劫盡形하여도 **終不能得**이라

부처를 사용해서 부처를 찾으며, 마음을 가져서 마음을 찾으면, 세월이 다하고 이 몸이 다하도록 마침내 얻을 수 없다.

이 사찰 저 사찰 쫓아다니고, 이 기도처 저 기도처 찾아 헤매는 '그놈'이 부처인데, 부처를 사용해서 부처를 찾는다고 했습니다. 또한 마음이 그대로인데 조작을 해 마음을 잡으려고 한다는 겁니다. 이렇게 어리석은 짓을 한다는 거죠. 찾는 '그놈'이 마음이고, 활용하는 '그놈'이 부처를 가지고는 다른 부처 찾고 다른 마음을 찾으려니 찾을 수 없는 겁니다. 불교는 어수선하고 복잡한 것이 아닙니다. 간단명료한 것, 이게 진짜 불교예요.

『임제록』에 '그대가 살아 있는 문수다.'라고 했잖아요. 문수보살을 찾아가는 그가 문수지, 오대산에는 문수보살이 없다고 했어요. 설령 오대산에 문수보살이 있다고 합시다. 그런데 찾아가는 그 문수보다는 영험이 없어요. 찾아가는 그 사람이야말로 진짜 영험 있는 문수고, 부처라고요. 꼬집으면 아픈 줄 알고, 부르면 대답하고, 한 끼만 굶어도 배고픈 줄 아니 얼마나 영험 있고 신통묘용하며 대단해요.

부 지 식 념 망 려　　　불 자 현 전
不知息念忘慮하면　**佛自現前**이로다

생각을 쉬고 생각을 잊으면 부처가 저절로 앞에 나타남을
알지 못함이로다.

생각을 쉰다는 것은 밖으로 구하는 생각을 쉰다는 것입니다.
부처니 아니니 하는 것을 구하겠단 온갖 사량분별을 다 쉬어 버
린다는 말입니다. 마음을 쉬는 방편으로 좌선이 좋습니다. 그런
데 몸만 앉고 마음은 천리만리 떠다니는 것을 앉았다고 하지 않
습니다. 경전이나 어록에서 '앉았다'는 말은 몸도 마음도 다 앉아
있다는 말이에요. 앉아 있는 건 뭡니까? 아무 생각 없이 몸도 마
음도 다 쉬었다는 겁니다. 밖을 향해 부처를 찾으려는 것을 쉬었
다는 것이죠. 그렇게 되면 부처가 저절로 드러난다는 겁니다.

차 심　　즉 시 불　　불 즉 시 중 생
此心이　**卽是佛**이며　**佛卽是衆生**이니

위 중 생 시　　차 심　　불 감
爲衆生時에　**此心**이　**不減**하며

위 제 불 시　　차 심　　불 첨
爲諸佛時에　**此心**이　**不添**하며

내 지 육 도 만 행　　하 사 공 덕　　본 자 구 족
乃至六度萬行과　**河沙功德**이　**本自具足**하야

_57

불 가 수 첨
不假修添이라

이 마음이 곧 부처이며 부처가 곧 중생이니, 중생이 되었을 때 이 마음이 감하지도 않으며 부처가 됐을 때도 이 마음은 첨가되지도 않으며, 내지 육도만행과 항하의 모래수와 같은 공덕이 본래 저절로 구족해서 닦거나 첨가함을 빌리지 않는다.

『화엄경』에 '심불급중생 시삼무차별心佛及衆生 是三無差別'이라 했습니다. 즉 '마음과 부처와 중생이라는 이 세 가지는 결코 차별이 있는 것이 아니다.'라는 것입니다. 각양각색의 근기를 가진 중생들을 이해시키기 위해 편의상 나눠 놓았을 뿐 사실은 차별이 없는 하나입니다. 마음이 곧 부처요, 부처가 곧 중생입니다. 나 또한 부처와 동일하기 때문에 이 마음을 드러내야겠다는 광대한 서원을 내기만 하면 못할 것이 없습니다.

아무리 중생이라 해도 중생이 아닙니다. 설사 중생이라 합시다. 중생이라 해도 이 마음은 '불감不減'입니다. 석가모니 부처님보다 0.0001밀리미터도 작은 것이 아닙니다. 털끝만큼도 작은 것이 없어요. 그럼 부처님이라 합시다. 혹은 문수보살, 관세음보살, 아미타불, 석가모니 부처님 모두 좋습니다. 그래도 그들의 그 마음이 우리보다 보태어지거나 불어나거나 더 좋은 것은 아닙니다.

물결이 치든 파도가 치든 그냥 똑같은 물일 뿐입니다. 금을 가지고 불상을 만들었든 코끼리상을 만들었든 금일뿐이죠. 전단나무를 가지고 불상을 깎았든 보살상을 깎았든 코끼리나 개 모양으로 깎았든 전부 전단 향기가 나잖아요. 외형을 가지고 이야기 하지 말자 이겁니다. 물건 속은 보지 않고 포장만 가지고 이래 따지고 저래 따지지 말자는 거지요.

손에 잡히지 않고 눈에 보이지 않더라도 항하의 모래수와 같은 공덕을 본래부터 구족하고 있습니다. 기도를 많이 해서 생긴 것도 아니고, 참선을 많이 해서 생긴 것도 아니며, 어디 가서 뼈 빠지게 노력 봉사해서 생긴 것도 아니죠. 그렇게 해서 생긴다면 참 답답한 일입니다. 그런 것을 안 해도 본래 갖추어져 있다는 말입니다. 본래 그런 것을 다 갖추고 있다니 얼마나 좋습니까. 본래 다 구족되어 있어 더 이상 아무것도 필요치 않습니다. 자기 안에 있는 것을 활용하면 되는 것을 사람이라는 위대한 존재의 가치를 몰라 공덕을 닦느니 하는 거죠. 세상에 필요한 모든 행복과 평화, 성공이 자신 안에 전부 갖추어져 있습니다. 행복이나 평화 등 온갖 것이 해결되고 성취됐다 하더라도 그것이 밖에서 성취되거나 해결되는 것은 아니죠. 스스로 성취하는 것인데 밖을 향해서 자꾸 찾는 겁니다.

부처가 되었다고 해 보죠. 부처가 되었더라도 마음이라는 법에는 털끝만큼도 첨가되는 것이 없습니다. 못난 중생이라고 해 보죠. 못난 중생이라도 마음에는 석가, 달마보다도 부족한 점이 조금도 있는 게 아니죠. '부증불감不增不滅'이라, 즉 더하지도 않고 덜하지도 않습니다.

우연 즉 시   연 식   즉 적
遇緣卽施하고 **緣息**하면 **卽寂**하나니

인연을 만나면 베풀고 인연이 다하면 곧 고요해지니

이 책은 거듭 말하지만 마음의 이치를 가르치며 그것을 깨우치는 요체입니다. 글이 아주 간결하면서 많은 뜻이 담겨 있습니다. 부처님의 깨달음을 한마디로 표현하면 '마음을 깨달았다.'라고 할 수가 있습니다.

아주 오래된 초기경전이더라도 마음의 문제를 떠나서는 이야기가 되지 않습니다. 우리나라와 일본 그리고 중국은『금강경』을 선호하지만 유럽 등 세계적으로 가장 널리 알려지고 많이 읽히는 경전은『법구경』입니다.

『법구경』첫 구절에 마음 이야기를 해 놓았어요.

심위법본(心爲法本)

심존심사(心尊心使)

중심염악(中心念惡)

즉언즉행(卽言卽行)

죄고자추(罪苦自追)

거력우철(車轢于轍)

마음은 모든 것의 근본이 되며

마음이 주인이 되어 마음이 시키나니

마음으로 악한 일을 생각하면

그 말과 그 행동이 곧 악하게 되어

허물과 고통이 뒤따르게 된다

마치 수레의 자국이 수레바퀴 뒤에 남듯

마음은 비단 초기경전뿐만 아니라 대승경전에 이르러 더욱 중요해집니다. 『화엄경』은 '일체유심조一切唯心造' 이야기 아닙니까. 선불교에 오면 더 말할 나위 없습니다. 천하에 총명한 분들이 피나는 수행을 통해 궁극적으로 큰 깨달음을 성취해서 보니 또 마음의 문제였죠. 마음이야말로 이 세상 모든 것의 근본입니다. 일체 문제 해결이 마음 쓰는 데 있어요.

인연을 만나면 곧 베푼다고 했어요. 우리는 이 시간 공부하려는 인연으로 만났습니다. 이 인연은 저절로 이루어진 게 아니에요. 본인 스스로의 의지에 의해서 인연이 펼쳐진 겁니다. 인연은 운명론하고는 전혀 달라요. 공부하고자 하는 의지가 개입이 된 거지요. 이런 게 인연입니다. 그래서 공부하게 되었잖아요. 인연을 만난다는 말에는 인연을 만들고자 하는 원력과 기대도 포함돼 있습니다.

사람과 만나는 과정에서 얼마든지 인연을 지어갈 수가 있습니다. 지나가는 사람이 마음에 들 때 그냥 스쳐 지나 버릴 수도 있지만 마음에 드니까 말 한마디 걸어 보는 거예요. 그러고 보면 인연이 있어요. 같은 동네에 산다든지, 사돈의 팔촌이라도 되든지 해요. 그것이 인연이 되어 다시 한 번 만나게 되면 또 반갑고 해서 사업도 같이 하게 되기도 하고, 아니면 다른 더 깊은 인연이 맺어져 발전한다고요. 이렇듯 조그마한 씨앗이 연緣에 의해서 매우 큰 결과를 가져오기도 합니다. 이것을 인연이라고도 하고 인과因果라고도 하지요.

인연이 쉬면 곧 고요해진다고 했습니다. 아무리 노력해도 인연이 다하면 어쩔 수 없는 거예요. 나뭇잎이 오래오래 매달려 있고 싶어도 떨어질 인연이 되면, 즉 매달려 있을 인연이 다하면 끝나는 거죠. 공부가 아무리 재미있고 좋더라도 시간이 되면 쉬어야 된다고요.

사리불존자가 부처님을 만나는 인연이 5비구 중 한 사람인 마승 비구를 만났기 때문입니다. 사리불존자가 보기에 그 인품이 매우 뛰어나 "당신은 어찌하여 인품이 뛰어납니까? 어떤 스승을 모시고 어떤 가르침을 배웁니까?"라고 물었던 거죠. 무엇인가를 알고 싶은 마음이 가득했던 사리불존자가 마승 비구를 보고 물었던 것입니다. "나는 출가해서 성도를 한 석가모니 부처님을 스승으로 모시고 삽니다. 그래서 그분의 가르침을 배웁니다."라고 했어요. "그분의 가르침이 뭡니까?"라고 물으니 다음과 같이 대답합니다.

제법종연생(諸法從緣生)
제법종연멸(諸法從緣滅)
아불대사문(我佛大沙門)
상작여시설(常作如是說)
모든 것은 인연에 의해서 생기고

모든 것은 인연에 의해서 소멸한다.
우리 부처님 큰 사문께서는
항상 이러한 말씀을 하신다.

사리불은 총명하여 이와 같은 가르침은 존재의 실상을 꿰뚫는
세상에 없는 가르침이라고 깨닫고는 바로 안내해 달라고 마승
비구를 앞세워 부처님께 귀의하게 되는 역사가 있지 않습니까.

약 불 결 정 신 차 시 불 　　이 욕 착 상 수 행 　　이 구 공 용
若不決定信此是佛하고 **而欲著相修行**하며 **以求功用**이면

개 시 망 상 　　여 도 상 괴
皆是妄想이라 **與道相乖**니라

만약 이 마음이 바로 부처라는 사실을 믿지 아니하고, 형상
에 집착하며 수행으로써 복이나 공덕을 구하려 한다면, 모
두 다 망상에 빠지게 되고 진리의 길에서 어긋나게 된다.

많은 불자들은 여러 가지 능력을 지니고 있는 이 마음이 부처
라는 사실을 믿지 않고, 절에 와서 절하고, 경 읽고, 기도하고,
관세음보살을 목 놓아 부르는 등 특별한 수행을 통해 공덕의 결
과를 구하려고 합니다. 요즘은 어디서나 설법과 강의를 들을 수
있어서 불자들의 불교 지식이 향상되었고 깨우침도 높아졌지만,
대개들은 절에 가서 절하고 기도하면 좋은 것이라고 생각합니

다. 좋은 마음이지만 꼭 무엇을 얻으려고 하지요. 그런데 바라던 결과가 돌아오지 않으면 그만 영험이 없다고 생각하여 다른 종교로 개종합니다. 이러한 종교관은 어디를 가나 똑같습니다. 바위 밑이나 당나무 밑에 물 떠 놓고 비는 것도 그렇고, 다른 종교의 신에게 비는 것도 그렇고, 산신이나 불상이나 관세음보살한테 비는 것도 똑같아요. 믿는 대상이 누구든 관계없이 이러한 모습은 비슷하게 나타납니다.

『전심법요』의 법문은 대승불교를 거쳐 선불교에 있어서도 최상승의 가르침입니다. 마음의 이치를 제대로 이해하고 환하게 눈뜨면 설사 부처가 천만 배 뛰어넘는 능력을 가지고 범접할 수 없는 경지에 있다손 치더라도 그것은 비교가 안 된다는 겁니다. 마음의 경지가 이 세상 최고의 경지인데 더 이상 바라고 찾을 게 있겠냐는 자부심이 생긴다는 거죠.

차 심　　　즉 시 불　　　갱 무 별 불　　　역 무 별 심
此心이 卽是佛이오 更無別佛이며 亦無別心이니

차 심 명 정　　　유 여 허 공　　　무 일 점 상 모
此心明淨이 猶如虛空하야 無一點相貌라

이 마음이 곧 부처이며 다시 다른 부처는 없으며 달리 마음도 없으니, 이 마음은 밝고 고요한 것이 마치 허공과 같아서 한 점의 형상도 없다.

세상에서 부처가 위대하고 좋다 하는데 바로 마음이 부처입니다. 마음의 능력보다 뛰어난 다른 것이 어디 있겠어요. 마음 밖 부처님의 능력을 믿고 무언가 원하는 것을 받으려 기도하는 게 아닙니다. 스스로의 능력을 알아서 그 능력을 한껏 부린다면 그게 바로 '지 부처'가 행세를 하는 것이고 온갖 결과를 가져오는 거지요. 이것이야말로 진짜 살아 있는 부처이고, 영험 있는 부처이며, 위대한 부처입니다. 팔만사천 공덕이 그 속에 있는 것이고, 신통묘용神通妙用이 거기에 있는 것이지 이 부처 말고 무엇이 신통묘용을 갖고 있겠어요.

혹 어디서 누구의 사리가 방광放光을 했다고 합시다. 그것이 나에게 무슨 의미가 있습니까? 아무런 의미가 없어요. 한번 빛나는 게 어쩌란 말이에요. 우리는 항상 방광하고 있잖아요. 보고, 듣고, 싸울 일 있으면 싸우고, 웃을 일 있으면 웃고, 슬퍼할 일 있으면 통곡하는, 이보다 더 큰 방광이 어디 있습니까? 이 모든 것이 달리 다른 곳에 있는 게 아니고 바로 마음에 있습니다.

허공에 구름과 해가 떠 있지만, 단지 해이고 구름일 뿐이지 허공 그 자체는 아무런 티가 없습니다. 마음도 그와 같은 거죠. 마음에 이런저런 인연과 업에 의해서, 또는 스스로 만든 집착과 기준이나 틀에 의해서 이것저것 많이 끼여 있어요. 그 끼여 있는 것을 뚫고 본래심에 들어가면, 아니, 들어가는 사람이 따로 있는 것이 아니기에 본래심을 회복하면 마치 마음은 허공과 같아서 먼지만한 형상도 있는 것이 아니라는 거죠.

거 심 동 념　　즉 괴 법 체　　즉 위 착 상
擧心動念하면 **卽乖法體**며 **卽爲著相**이니

무 시 이 래　　무 착 상 불
無始已來로 **無著相佛**이니라

마음을 일으켜 생각을 움직일 것 같으면 곧 법체가 어긋나
서 형상에 집착하나니, 무시이래로 부처는 형상에 집착하지
않았던 것이다.

'법체法體'는 마음이 가지고 있는 실상, 즉 마음이 가지고 있는
본래의 모습이라 할 수 있습니다. 마음은 상이 아니니까 일점상
모一點相貌도 없다고 했잖아요. 티끌만한 형상도 없는데, 그와 같
은 마음의 이치를 어길 것 같으면 곧 상에 집착하게 됩니다. 마
음의 실체를 잘 이해하여 깨달으면 더욱 좋지만 그렇지 못할 경
우 먼저 깨달은 분의 가르침을 통해서 알음알이로라도 이해하고
궁극적으로는 계합이 되어야겠지요.

　자고로 상에 집착하는 부처는 없습니다. 부처가 상에 집착하
면 부처라 할 수 있겠어요? 본래 마음이 상에 집착하고 있지 않
으면 상이라는 게 없는데 이런저런 인연에 의해서 생기고, 상이
생긴 인연에 집착하는 것이죠. 그것은 본얼굴이 아니라는 겁니
다. 그러니 본얼굴이 진짜 부처이기에 상에 집착한 부처는 없다
는 거지요.

수 육 도 만 행　　욕 구 성 불
修六度萬行하야 **欲求成佛**인댄

즉 시 차 제　　무 시 이 래　　무 차 제 불
卽是次第니 **無始已來**로 **無次第佛**이니라

육도만행을 닦아서 부처를 구해 이루고저 한다면, 이것은
차례가 있는 것이니 무시이래로 차례가 없어야 부처이다.

　보시, 지계, 인욕, 정진, 선정, 지혜와 같은 육도만행 등을 많
이 수행하면 성불할 수 있다는 것이 일반적으로 알고 있는 불교
죠. 불교에 이런 이야기가 얼마나 많습니까? 이러한 방편도 필
요합니다. 왜냐하면 이러한 방편이라야만 이해하는 근기가 있으
니까요. 본마음이 부처라 하지만, 사실 구름 잡는 이야기 같잖아
요. 닦을 것 없이 본래 부처라는 것이야말로 깊이 있는 최고 수
준의 가르침인데도 쉽게 이해가 안 되는 것이 현실입니다. 삼천
배 · 사천 배 · 백만 배를 하든지, 주력을 하든지, 염불을 하든지
등 수행을 통해 얻어지는 것만 눈에 들어오는 거죠. 그런데 그
러한 것은 다함이 있는 것이거든요. 함이 있는 것만 눈에 들어
오는 수준이 있는 거죠. 대부분의 사람들이 이러한 수준에 머물
러 있습니다. 그것이 우리들의 수준이니 그 수준에 맞춘 가르침
이 있을 수밖에 없는 거겠죠. 그래서 부처님은 그와 같은 근기의
중생을 제도하기 위해 육도만행을 닦아 성불한다고 가르치는 겁
니다. 어쩔 수 없습니다. 그렇게 해서 또 한 단계 올라가면, "아,
이게 아니구나! 본래 닦으나 마나 한 것을 닦아서 부처되는 것도

아니고, 부처가 되고 보니 굳이 닦지 않아도 되는 부처를 몰라서 닦았구나."라고 하는 거죠.

그냥 살아온 삶일 뿐 닦고 쌓아서 부처를 만드는 것이 아닙니다. 예를 들어 불상을 100미터 높이로 만드는데 흙을 한 짐 져다 놓으면 한 짐만큼 되어 있고, 두 짐 부려 놓으면 두 짐만큼 되어 있고, 트럭으로 10대 쏟아 부으면 10대 쏟아 놓은 만큼 되는 게 순서이고 차제입니다. 그런데 마음에는 결코 그러한 이치가 없습니다. 마음의 이치가 이러함을 이번 기회에 알아야 합니다. 당장에 마음의 이치를 깨달으면 좋지만 그렇지 못하더라도 마음이 근본이고, 마음이 모든 것이며, 그 마음이라는 것은 육도만행을 닦아 이루는 것하고는 아무런 관계없이 그대로가 부처라는 이야기를 듣고 마음에 대한 관심이 깊어져야 합니다. 마음에 대한 관심이 깊어져서 어느 순간 무릎을 치고 마음에 계합이 되는 때가 오면 더 바랄 게 없죠.

깨달음에 이르는 단계에 대해 『금강경』에서는 수다원須陀洹, 사다함斯陀含, 아나함阿那含, 아라한阿羅漢의 4단계를 이야기하고, 『화엄경』에서는 십신十信, 십주十住, 십행十行, 십회향十廻向, 십지十地, 등각等覺, 묘각妙覺의 52단계까지 이야기하고 있습니다. 이 단계는 본래 없는 것을 방편으로 펼쳐 놓으니 얼마든지 가능하죠. 삼아승지겁을 닦는다는 말이 있을 지경이니 얼마나 많은 단계이며 차례이겠습니까? 그런데 그러한 단계가 일체 없다는 겁니다. 무시이래로 차례차례 된 부처는 없다는 대단한 가르침입니다.

단 오 일 심   갱 무 소 법 가 득   차 즉 진 불
但悟一心하면 **更無少法可得**이니 **此卽眞佛**이니라

다만 한마음만 깨달으면 다시 어떠한 법도 얻을 것이 없으
니 이것이 곧 부처이다.

손에 잡힐 듯 잡히지 않는 한마음 때문에 안타깝고 속도 상하
지요. 잡힐 듯 잡히지 않고 보일 듯 보이지 않는 것 역시 마음이
고, 마음 떠나서 있는 것도 아니기에 안타까워하고 잡으려고 조
바심 내는 모든 것이 결국은 일심의 장난입니다. 이 마음 하나
알아 버리면 다른 것은 불필요합니다. 삼천 배를 하거나 다라니
를 외우는 등 일체의 것이 필요 없습니다. 다시 더 어떠한 법도
얻을 것이 없으니 이 마음이야말로 진짜 부처입니다.

백장 회해 스님의 게송을 소개합니다.

영광독요(靈光獨耀)

형탈근진(迴脫根塵)

체로진상(體露眞常)

불구문자(不拘文字)

신령스런 광명이 홀로 빛나서

육근 육진을 멀리 벗어났도다.

본체가 참되고 항상함을 드러내니

문자에 구애되지 않네.

심성무염(心性無染)

본자원성(本自圓成)

단리망연(但離妄緣)

즉여여불(則如如佛)

심성은 물들지 않아

본래 스스로 원만하나니.

다만 망령된 인연만 떠나 버리면

곧 여여한 부처라네.

'우리 마음이 그대로 부처다.'라는 이야기입니다.

불 여 중 생   일 심 무 이
佛與衆生이 一心無異함이

유 여 허 공   무 잡 무 괴
猶如虛空하야 無雜無壞하며

여 대 일 륜   조 사 천 하
如大日輪이 照四天下인달하야

부처와 중생의 한마음은 차별이 없어서 마치 허공이 섞이거
나 무너지지 않는 것과 같으며, 온 누리를 비추는 태양과도
같다.

바람이 크게 불면 큰 물결이 일며, 작게 불면 작은 물결을 이

루고, 경사가 지면 여울이 빠르고, 못에 이르면 물결도 없이 고요합니다. 부처니 중생이니 이름 지어 나누었을 뿐 본래는 한마음에서 인연 따라 이런저런 모습을 보일 뿐입니다.

물에는 바닷물, 개울물 등 여러 가지가 있지만 물이라는 성질은 똑같습니다. 그것이 일심입니다. 남자의 모습, 여자의 모습 등 외형은 각각 달라도 일심 자리는 남녀노소, 빈부귀천의 차별이 있을 수 없는 거죠. 부처, 중생도 차별이 없는데 빈부귀천이 어디 있고, 남녀노소가 어디 있겠습니까? 마치 허공과 같습니다. 허공에 분별이 있나요? 부처니 중생이니 하는 일체 차별이 없는 거죠. 또한 허공은 아무리 많은 건물을 짓거나, 차와 비행기가 지나다니거나, 설령 미사일을 쏘아 올려도 섞이거나 무너지지 않습니다. 마치 태양이 동서남북 온 천하를 환하게 비추듯 허공은 아무런 변화 없이 그대로인데 사람이 괜히 그렇게 생각할 뿐입니다.

일 승 지 시　　명 편 천 하　　허 공　　부 증 명
日升之時에 明遍天下라도 虛空은 不曾明하며

일 몰 지 시　　암 편 천 하　　허 공　　부 증 암
日沒之時에 暗遍天下라도 虛空은 不曾暗이라

해가 떴을 때는 밝음이 천하를 환하게 비추지만 허공은 밝음도 없으며, 해가 넘어 갔을 때에 어둠이 천하에 스며들지만 허공은 어두워지지 않는 것과 같다.

해가 떴을 때는 밝음이 천하를 환하게 비추죠. 구름 한 점 없다면 얼마나 밝게 비춥니까? 그런데 허공은 일찍이 밝아진 게 아닙니다. 햇빛을 통해 밝다, 어둡다 괜히 그러는 것이지 허공은 밝은 게 아닙니다.

해가 넘어가면 어둠이 천하에 가득하죠. 그래도 허공은 일찍이 어두워진 것이 아닙니다. 어둠이 어디서 몰려오는 것이 아니에요. 해의 장난일 뿐이지 허공하고는 아무런 관계가 없어요.

명 암 지 경   자 상 능 탈   허 공 지 성   확 연 불 변
明暗之境이 自相陵奪하되 虛空之性은 廓然不變하나니

불 급 중 생   심 역 여 차
佛及衆生도 心亦如此니라

밝음과 어둠의 경계는 항상 교차되면서 바뀌지만, 허공의 본성은 확연하여 변화하지 않나니, 부처와 중생의 마음도 또한 이와 같다.

허공 자체는 본래 그렇지 않는데 허공이라는 넓은 공간이 밝았다 어두웠다 합니다. 허공만 그러나요? 어린아이도 금방 울다가 눈물이 채 마르기도 전에 먹을 것을 주면 '와' 하고 웃지요. 그러다 또 금방 웁니다. 여러분도 어느 면에서는 어린애와 마찬가지입니다. 단지 속도가 조금 느려졌을 뿐입니다. 금방 토라졌다가 헤헤거려도 우리의 본심은 변함이 없습니다. 이래도 저래도

본심은 그대로입니다. 웃고, 울고, 토라지고, 돌아서는 것은 전부 그림자일 뿐입니다. 허공의 본성은 변하지 않지만, 단지 허공에 해가 떠서 밝거나 해가 져서 어두워지는 것과 똑같아요.

부처니 중생이니, 도인이니 큰스님이니, 못난 사람이니 잘난 사람이니 등등 이름이 얼마나 많습니까? 어둠과 밝음의 문제는 마음을 이해하는 데 좋은 소재가 됩니다.

옛날 송광사에서 참선을 했던 적이 있습니다. 대웅전 뒤 수선사에 참선방이 있고, 관음전 옆에 문수전이라는 작은 선방이 있었습니다. 수선사는 3년 결사한 사람들이 살고, 저는 문수전에서 제한 없이 공부하는 스님들 몇 분과 함께 살았습니다. 그때 제가 경험한 이야기입니다.

전 그때 관음전 부전 소임을 보고 있었어요. 어느 날 새벽 3시 목탁 소리를 듣고 일어나 관음전 예불을 모시러 가는데 얼마나 어두운지 늘 다니는 길이기에 아예 눈을 감아 버렸죠. 너무 어두우면 눈을 감는 게 더 편할 때가 있습니다. 마음이라도 놓는 거죠. 수곽에서 세수하고 가사 장삼 입고 나가면 작은 담이 있고, 쪽문이 하나 있는 방향으로 몸을 몇 도 틀어서 가는 거죠. 평소에 늘 하던 대로 눈을 감고 올라가면 관음전 계단으로 가져요. 늘 하던 일이라 눈 감고도 된다고요. 관음전 옆문으로 들어서서 부처님 쪽으로 몇 도 방향을 틀면 탁자에 닿도록 되어 있거든요. 일부러 각도를 재지 않아도 본능적으로 그렇게 됩니다. 걸음 수를 헤아릴 필요가 없어요. 평소에 하던 대로 이쯤이면 됐다 싶어 손을 쭉 뻗으면 한 번에 성냥 통이 잡히는 거예요. 그렇게 되더라고요.

그렇게 어두운 날이었는데, 성냥불을 붙이는 순간 그 캄캄하던 법당이 환하게 밝아지는 겁니다. 워낙 어두우니까 성냥불 하나에도 그렇게 밝아지는 거예요. 그런데 그 순간 '이 어둠이 어디 갔는가?' 하는 생각을 했어요. 문으로 나갔나 보니 나간 것도 아니에요. 그때 느낌이 왔습니다. 어둠이라는 것은 본래 존재하는 것이 아니구나! 없는 것이구나! 밝다 어둡다 하는 것은 착시일 뿐이구나! 착각에 의해서 보는 것이지 사실 그 공간은 밝은 것도 아니고, 어두운 것도 아니죠. 밝고 어두운 것이 존재하지 않잖아요. 해가 뜨면 밝고 해가 지면 어두운 거지 허공에 어둠과 밝음이 있습니까? 제가 그것을 절실히 깨달았어요.

마음에는 번뇌니 무명이니 하는 실체가 없습니다. 실체가 없는데 거기에 매여 번뇌와 망상이 어떻다고 열거를 하잖아요. 특히 불교 교리를 강의하면서 근본 번뇌에 대해서 이야기를 많이 한다고요. 물론 그와 같은 가르침을 통해 깨달음을 얻을 수도 있지만 대다수 사람들은 그것 때문에 오히려 혼란을 겪기도 합니다. 교학적인 불교는 학문으로서 의미가 있을지 몰라도 어떤 측면에서는 불필요합니다. 불교는 학문이 아니라 행복하게 살자는 것이고, 행복하게 사는 데 최상의 열쇠는 마음의 도리를 체험하는 것이기 때문입니다. 마음의 도리에도 물론 번뇌가 있지만 그 실체를 보면 번뇌는 공한 것입니다. 제가 관음전에서 그걸 철저히 깨달았어요. 번뇌 망상이라는 이야기가 얼마나 많습니까. 그런데 그것은 실재하는 것이 아니고 실체가 있는 것도 아니죠. 그 마음을 놓아 버리고 잊어버려야 합니다. 없는 것에 꺼들릴 필요가 없는 거죠. 그렇게 되면 시원해집니다. 번뇌 망상은 없다고 믿으면 걱정할 것이 없어요.

제가 경험을 해 보니 어둠이 어느 곳으로 빠져나가는 것이 아니며, 번뇌는 어느 곳으로 사라지는 것이 아니라고요. 번뇌 그대로 불성입니다. 어둠 그대로가 법당 안이며, 어둠 그대로가 하늘이고, 밝음 그대로가 하늘이에요. 어둠과 밝음 그대로가 관음전이에요. 관음전 법당이 중요한 것이지 밝고 어두운 것이 중요한 게 아니잖아요. 밝음과 어둠을 보지 말라는 거죠. 그것은 상을 보는 것이고, 외형을 보는 거죠. 상에 꺼들리지 말고 본체를 보라는 것입니다.

제 경험담 한 가지 더 말씀드리지요.

송광사 문수전에서 정진하고 있을 때, 열심히 하다 보니 일상생활이 계기가 되어 마음에 변화가 왔습니다. 정진은 평소의 관심입니다. 항상 관심을 가지는 것이 정진이에요. 몸은 좌선한다고 앉아 있지만 마음이 다른 곳에 가 있으면 정진이 아니죠. 일상생활을 하든, 청소를 하든, 사업을 하든 늘 이 문제에 대해 관심이 있는 사람은 항상 정진하는 사람이고, 몸뚱이는 선방에 앉아 있어도 이 문제에 대해서 관심이 없는 사람은 정진하는 사람이 아니죠. 항상 관심이 있는 사람은 그런 계기에 깨달을 것입니다.

약 관 불　　작 청 정 광 명 해 탈 지 상
若觀佛하되 作淸淨光明解脫之相하며

관 중 생　　작 구 탁 암 매 생 사 지 상
觀衆生하되 作垢濁暗昧生死之相하면

작 차 해 자　　역 하 사 겁
作此解者는 歷河沙劫하야도

종 부 득 보 리　　위 착 상 고
終不得菩提니 爲著相故니라

만약 부처를 보되 청정, 광명, 해탈, 이런 것들만 생각하며,
중생을 보되 구탁에 오염되어 생사와 뒤범벅이 되어 있다고
이해하는 사람이 있다면, 이런 소견을 짓는 사람은 항하의
모래와 같이 많은 겁이 지난다 하여도, 끝내 깨달음을 얻지
못함은 상에 집착했기 때문이다.

　부처님은 깨끗하고, 밝으며, 속박을 벗어났으리라는 생각을
합니다. 그러니 밝은 법당이라야 관음전이 되는 것이죠. 해가 환
하게 떠 밝음이 천하를 덮었을 때, 이게 진짜 허공이라고 생각하
는 것과 같은 거죠. 한편 중생은 때 묻고 어두우며 생사의 고통
이 있으리라는 관념을 짓는다고 생각합니다.
　부처님을 묘사할 때 '부처님은 청정한 광명의 모습이고, 해탈
의 모습이며, 열반의 모습이다.'라고 경전에서 배운 고급스러운
낱말들을 전부 동원하잖아요. 중생은 온갖 좋지 않은 망상, 번
뇌, 구탁垢濁, 암매暗昧, 생사 등을 전부 동원하여 한 짐 짊어지고

있는 것이라고 재단하는 것이 일반적인 생각입니다.

그런데 부처니 중생이니 하는 것은 그런 차원이 아니라는 겁니다. 본래의 마음에는 중생이니 부처니 하는 것이 없다는 겁니다. 굳이 이름 붙이면 부처라고 할 수 있겠지만 사실을 알고 보면 상에 대한 집착에서 나온 것입니다. 그렇게 되면 아무리 오랜 세월이 지나더라도 깨닫지 못하게 됩니다.

유차일심 갱무미진허법가득 즉심시불
唯此一心을 更無微塵許法可得이니 卽心是佛이니라
오직 한마음을 먼지만큼이라도 다른 법이 있다고 생각하면
얻을 수 없을 것이니, 곧 마음이 부처이니라.

예를 들어 허공을 1센티미터만 뜯어서 보여 줄 수 있나요? 없습니다. 허공을 손바닥만큼만 보여 달라면 보여 줄 수 있겠습니까? 허공은 그럴 수 있는 것이 아니라 온통 전체거든요. 전체이기에 손바닥 혹은 1센티미터만큼만 보여 줄 수 없듯이 본마음도 그렇습니다.

그런데 사랑하는 마음, 미워하는 마음, 슬픈 마음, 기쁜 마음 등이 얼마든지 있겠지요. 그것은 마음의 실체가 아닙니다. 잠깐 일어나는 물결이지 본마음은 아니에요. 물론 마음의 한 표현이지만 그것을 마음이라고 해 버리면 거기에서 벗어나지를 못해 진짜 마음을 보지 못하게 되는 것입니다. 현재의 이 마음, 즉 말

하고 듣고, 속으로 맞는 소리 틀린 소리라고 계속 분별하는 이 마음이 곧 부처라는 것입니다. '즉심시불卽心是佛'은 황벽 스님의 스승인 마조 스님으로부터 내려온 거죠.

즉심시불과 관련하여 마조 스님과 제자의 유명한 이야기가 있습니다. 마조 스님이 '즉심시불'이라, 즉 '이 마음이 곧 부처다.'라고 하니까 대매 법상 스님이 그 법문을 듣고 확신이 뚜렷해져 대매산에 들어가 살았습니다. 어느 날 마조 스님이 제법 괜찮은 법 그릇의 제자가 있더니 찾아보아도 안 보여 이 사람 어디 사느냐고 물었습니다. 대매산에 들어가 혼자 산다고 아뢰니, 그 사람의 살림살이와 공부가 얼마나 되는지 누가 가서 알아보라 하였죠. 시자가 가서 보니 아무 걱정 없이 잘 살고 있어서, 여쭙기를 "스님 요즘 공부가 어떻습니까?" 하니, "나야 스승 마조 스님께서 즉심시불이라 하여 부처면 됐지 더 이상 다른 게 있겠나."라고 대답합니다. 그런데 심부름 갔던 제자가 그것은 유행이 지났고, 요즘은 '비심비불非心非佛'이라고 말한 거예요. 무슨 소리를 하는지 보려고요. 법상 스님이 가만히 있다가 "마조 스님이 비심비불이라 하거나 말거나 나는 즉심시불이다."라고 합니다.

자기 소신이 확실한 거죠. 일반 불자들은 불교에 대한 소신이 뚜렷하질 못해 이상한 소리를 들으면 이게 옳은지, 또 다른 소리를 들으면 저게 옳은지 자꾸 흔들려요. 결국은 자기 문제이니 자기의 소신과 확신이 분명하여 흔들리지 않아야죠. 설사 부처님이 나타나서 말을 하더라도 그것은 부처님 일이지 나하고는 관계없다는 소신을 가지고 나갈 줄 알아야 된다고요. 법상 스님은

'마조 스님이 비심비불이라 하거나 말거나 난 즉심시불이니 너희들은 가 봐라.' 라고 이야기합니다.

시자가 돌아와 마조 스님에게 그 이야기를 고합니다. 마조 스님은 큰 대大, 매실 매梅, 대매산에 산다고 해서 "매실이 어지간히 익었구나." 하고 인가를 했죠. 참 아름다운 이야기잖아요. 불교 역사를 보면 세속에서 뛰어난 머리와 성품을 가지고 출가해 전 생애를 바쳐 일심으로 정진하는 사람들의 특이한 사연들이 참 많아요. 이런 사연은 천 번 만 번 이야기해도 재밌죠. 말 한마디에 그분들의 삶이 다 녹아 있잖아요. 가벼운 얘기가 아니거든요. 즉심시불의 뜻에 이런 사연이 있습니다.

여 금 학 도 인   불 오 차 심 체
如今學道人이 不悟此心體하고

변 어 심 상 생 심   향 외 구 불
便於心上生心하야 向外求佛하며

착 상 수 행   개 시 악 법   비 보 리 도
著相修行하니 皆是惡法이요 非菩提道니라

지금 도를 배우는 사람들이 이 마음의 도를 깨닫지 못하고, 마음 위에 또 마음을 일으켜 밖을 향해 부처를 구하며, 상에 집착하여 수행을 하니 모두가 악법이요, 깨달음의 도가 아니다.

'도道'라는 것이 무엇이겠어요? 사람이 사는 길이잖아요. 인생을 공부하는 사람들이라고 해도 좋아요. 그런데 그러한 사람들이 마음의 도를 알지 못하여 마음 위에 또 마음을 일으켜 부처가 딴 곳에 있는 양 밖을 향해 부처를 구한다는 겁니다.

일전에 불교 책을 사려고 서점에 들어서니 재가 신도가 앉아서 이런저런 이야기를 하더군요. 그중 한 사람이 지금까지 좌선한 시간을 계산해 보니 2천 몇 시간을 했다고 자랑하더라고요. 얼마나 큰 충격을 받았는지 모릅니다. 주변에는 그렇게 생각하고 수행하는 사람도 있다는 겁니다. 상에 집착해도 보통 집착한 경우가 아니죠. 절이나 기도를 몇 번 했느니 하는 것도 전부 그 속에 포함됩니다. 뭐가 있으면 한번 내놔 보면 될 텐데, 설사 그렇다손 치더라도 뭐가 있어야 말이죠. 백만 배 했다고 자랑하는 스님 있잖아요. 백만 배 한 게 뭐예요. 없잖아요. 말일 뿐이라는 이치를 알아야 된다고요.

물론 백만 배 하는 것도 좋은 일이고 훌륭한 일이지요. 그런데 상에 집착하니까 문제입니다. 그렇게 되면 그 이상의 소견이 안 트여요. 잘 아는 도반이 있는데 소견이 하나도 안 열렸어요. 소견 그대로예요. 왜냐하면 처음부터 상에 집착하고 있으니 그렇게 된 거죠. 그러한 도반들을 만나면 소견의 한계에 부딪히니 불교 이야기를 하기 부끄러워 다른 이야기만 하죠. 공부에 대한 이야기를 못하는 거예요. 도반들끼리 모이면 공부, 안목, 소견에 대한 이야기를 해야 서로 탁마가 되고 보탬이 되는데 그렇지를 못한다고요. 그렇다고 한두 마디 이야기해서 어느 순간 바뀌는 것도 아니고요. 저 스님의 공부가 얼마나 되어 있는가? 어떤 소견과 견해를 가지고 있는가? 미리 준비하고 만나는 사람과 같이 바뀔 준비가 되어 있는 사람도 있어요. 준비가 되어 있는 사람은 바뀌지만 그렇지 않는 사람은 되질 않아요.

일상생활에서도 상에 집착하면 좋은 소리 못 듣잖아요. 집에서 고생하면서 살림살이 살았다고 상 내봐요. 좋아할 가족이 누가 있냐고요. 가장 친한 사람 앞에서도 상 내면 싫어해요. 돈 좀 벌었다고 상 내봐요. 좋아할 친구가 누가 있냐고요. 또 너무한다, 더럽다는 등의 얘기를 많이 하잖아요. 상을 내면 그런 생각이 들고 그런 말이 나온다니까요. 서로가 똑같습니다. 상이라는 것은 부처가 되는 일에서나 일상생활에서나 매우 몹쓸 병입니다. 상이라는 몹쓸 병은 하루아침에 떨어져 나가는 것이 아니에요. 이렇게 훌륭한 성인의 말씀을 자주 접하고 한 순간 들을 때만이라도 '참 시원하다. 이게 사람으로서 툭 터진 아무 경계도 없는 삶이구나.'라고 생각함으로써 어느 날 우리의 살림살이가 될 수 있는 거죠.

2. 무심이 도

불교를 공부하는 목적은 부처님 공덕과 인연으로 부처님의 가르침을 통해 좀 더 현명하고 지혜롭게 살자는 것이고, 진정한 행복이 무엇인가를 깨닫고 살자는 뜻이 아닐까 싶습니다. 불교에서는 그러한 이치를 마음의 열쇠에서 찾습니다. 『전심법요』도 그러한 이치를 깨우쳐 주는 것이죠.

이제 공부할 내용이 '무심이 도다.'라고 했습니다. 마음 마음 하는데 마음의 문제가 쉬운 것이 아니죠. 불교 경전과 조사 스님들의 가르침 중에 마음을 설명하지 않은 데가 없지만 쉽게 손에 잡히지 않는 것 역시 마음의 이치입니다. 그렇더라도 끊임없는 정진을 통해 이 마음의 문제를 확실히 깨달아야 되겠죠. 깨닫기 전이라도 이러한 가르침을 잘 이해하고 느끼기만 한다면 다른 어떠한 종교나 철학을 공부하는 것보다 더 훌륭한 지혜를 얻을 수 있습니다. 또 불교를 믿되 결코 삿된 길로 들어서지 않도록 좋은 길잡이 역할도 합니다.

조사 스님들이 깨달음의 경지에 오르기 위해 기울인 정진의 시간과 노력을 모르고, 어디서나 듣고 접하고 가르치는 법문인 줄 알아 쉽게 흘려 버리는데, 사실은 한 말씀 한 말씀이 얼마나 많은 희생을 치르고 토해 낸 가르침인지 모릅니다.

우리가 잘 알듯 『본생경』에 설산동자라는 젊은 청년이 한 구절 진리의 가르침을 얻기 위해 피 끓는 젊음을 던져 가르침을 구하는 기록이 있지 않습니까. 진리에 목말라 하고 소중함을 아는 사람들은 그렇습니다. 우리가 설사 거기까지 따르지 못한다 하더라도 이러한 인연에 함께한다는 사실에 감사하고 고마운 마음이 새삼 듭니다.

제행무상 시생멸법(諸行無常 是生滅法)
생멸멸이 적멸위락(生滅滅已 寂滅爲樂)
이 세상 모든 것은 덧없이 흘러가나니
이를 가리켜 나고 죽는 이치라 하네.
나고 죽는 것 그것마저 없어져 버리면
이를 가리켜 고요한 즐거움이라 하네

공양시방제불　불여공양일개무심도인
供養十方諸佛이 **不如供養一個無心道人**이니

하고　무심자　무일체심야
何故오 **無心者**는 **無一切心也**라

시방의 모든 부처님께 공양 올리는 것이 한 사람의 무심도
인에게 올리는 공양만 같지 못하니, 왜냐하면 무심자에게는
일체 마음이 없기 때문이다.

　불공은 불자가 닦아야 할 제일 덕목입니다. '공양시방제불供養
十方諸佛'을 줄인 게 바로 '공양'입니다. 그런데 수억만 부처님께
공양하는 것이 한 사람의 '무심도인無心道人'에게 공양하는 것만
같지 못하다고 했어요. 참으로 무섭고 대단한 소리입니다. 황벽
선사가 아니면 감히 이런 말 못합니다. 우리는 겁이 나서 못해요.
　무심도인이 어떤 경지이기에 부처님께 공양하는 것보다 낫다
고 하느냐? 여기에는 마음의 도리, 즉 마음의 문제를 높이 드러
내고 가슴 깊이 각인시키자는 의도가 있습니다. 부처님께 공양
올리면 복을 많이 받는다고 생각하잖아요. 절에서 불상을 조성
한다든지 부처님을 모시는 법당을 건립하는 불사를 하면 시주가
잘되는데, 후원채를 짓는다든지, 스님들이 거주하는 요사채를
짓는다든지, 도량을 정비하는 불사에는 시주를 잘 안 하거든요.
일반적인 불자의 모습입니다. 물론 불교는 부처님이 교주이시
고, 부처님을 통해서 불교가 존재하니까 충분히 이해는 할 수 있
어요. 그러나 우리는 폭탄선언과 같은 이런 충격적인 말씀도 가

슴 깊이 새겨야 합니다.

'일체심一切心'은 시비, 선악, 진위 등의 망상과 분별을 뜻합니다. 무심도인에게는 그러한 마음이 없다는 거죠. 그대로 존재의 원리에 부합되어 버렸어요. 그런데 많은 이들은 자신만의 잣대를 가지고 그것이 옳다 그르다 계산하죠. 잣대의 평가와 기준도 믿을 수 있는 게 아니잖아요. 그럼에도 불구하고 그 잣대를 절대시하여 시비 분별을 일으키고, 지나치면 고통이 생기지요. 무심도인에게는 그러한 마음이 하나도 없다는 겁니다.

여 여 지 체　　내 여 목 석　　부 동 불 요
如如之體가 **內如木石**하야 **不動不搖**하며

외 여 허 공　　불 색 불 애
外如虛空하야 **不塞不礙**하며

여여한 본체 그대로가 안으로 나무와 돌과 같아 동요함이 없으며, 밖으로는 드넓은 허공과 같아서 막히거나 걸리지 아니하며,

물결은 바람에 의해 여러 모양으로 출렁이지만 그 젖는 성품은 변함이 없습니다. 흐린 물이든 맑은 물이든, 출렁거리는 물이든 고요한 물이든, 심지어 얼어 있는 물이라도 녹으면 그 역시 젖는 성품은 여여해요. 그것을 보라는 겁니다. 마음도 그렇습니다. 온갖 선악, 희비, 호불호, 고저장단 등의 마음 씀씀이를 활용

하고 있지만 그 마음은 분별심이 전혀 없고 한결같아 여여하죠.

인생은 마음의 여여한 본체를 가지고 있으면서도 한편 움직이고 흔들리면서 성숙합니다. 그러면서도 여여한 본체를 지킬 줄 알아야 하는데 흔들리는 쪽에만 치우쳐 있으니 문제죠. 그리고 왜 그렇게 꽁 막혀 살며 마음에 걸리는 것이 많습니까? 본래는 막혀 있는 것도 아니고 걸려 있는 것도 아닌데 말입니다. 본래는 모든 소질, 재능, 능력의 심성을 가지고 있으면서도 곳곳에 막히고 걸려 있어요. 기대감을 가득 안고 왔는데, 다른 것은 다 좋은데 딱 한 가지가 마음에 들지 않으면 그만 걸리는 거예요. 그래서 실망합니다. 사람들은 걸리고 막힌 것을 눈여겨보기 때문에 기분 나빠하고 속상해 하는 것이 업이 되어 그렇습니다. 그러니 가능하면 긍정적이고 낙천적으로 살아야 한다는 겁니다.

제가 좋아하는 글 중 '도시통류道是通流', 즉 '도란 툭 터져 흐르는 것이다.'라는 말이 있습니다. 막힐 색塞, 걸릴 애礙, 색애塞礙하고는 정반대죠. 통류通流, 즉 모든 것이 툭 터져 흘러내리는 그런 마음 씀씀이가 중요합니다.

종정을 두 번이나 지낸 고암 큰스님이 계셨습니다. 스님은 아무리 젊은 사람의 방문을 받아도 일어나 인사하고 나가면 문 앞까지 전송하는 자비로운 스님이셨어요. 그리고 어떤 일도 잘됐다고 그래요. 그런데 한번은 실수한 적이 있어요. 어느 신도가 자식을 잃고 펑펑 울며 스님께 위로받으려 왔는데 잘됐다고 그러는 거예요. 궁극적으로는 잘된 일인지도 몰라요. 그렇게 모든 것을 긍정적이고, 낙천적으로 생각하셨던 스님이셨어요.

무 능 소 무 방 소　　무 상 모 무 득 실
無能所無方所하며 **無相貌無得失**이라

주관과 객관도 없고 방향과 장소도 없으며, 모양도 없고 얻음과 잃음도 없다.

'능能'은 주관을, '소所'는 객관을 뜻합니다. 마음의 도리를 꿰뚫어 보면 주관도 객관도 없는 한 덩어리입니다. 수억만 광년을 걸려야 도달할 수 있는 거리라도 마음은 빛보다 빨리 순식간에 그곳에 닿을 수 있습니다. 마음의 속도가 그렇습니다. 마음의 문제를 크게 깨달으면 좋지만 이론적으로라도 이해하면 큰 재산과 행복과 능력을 얻는 거죠. 그것을 부처라 하고 깨달음의 도라 하지 않습니까.

어떤 스님하고 무슨 인연이 되었는지 병원에서 한 달간 같이 치료를 받게 되었어요. 그 스님의 몸 상태는 저보다 훨씬 좋았어요. 그런데 제가 보기에 병을 고칠 의지가 거의 없어 보였지요. 너무나 안타까워 이렇게 달래고 저렇게 달래도 안되는 거예요. 제가 여기서 깨달은 게 있어요. 마음이 참다운 주인공이므로 마음 한번 잘 먹고 잘 관리하면 얼마든지 건강해질 수 있는데, 자기 마음이 그렇지 않으니 어떻게 해 볼 도리가 없다는 겁니다. 황소고집, 그것도 역시 마음의 이치거든요.

'방소方所'라는 것은 장소를 말합니다. 우리 집, 우리 동네라고 내 마음을 잡아 둘 수 있는 것이 아니죠. 마음에 방소가 있습니까? 잡혀 있지 않죠. 몸은 법회에 와 있어도 마음이 천리만리 멀어져 있으면 어찌할 수 없는 거죠. 부처님도 어찌할 수 없는데 내가 어떻게 해요. 마음의 이치에는 방소가 없어서 그렇습니다. 몸은 구속하지만 마음은 구속이 안 되잖아요. 몸이 여기에 있다고 마음이 항상 함께 있나요? 그래서 몸과 마음이 하나가 되도록 철저히 하라는 겁니다. 그렇게만 하면 무심이 되는 거죠.

조주 스님이 '끽다거喫茶去'라 했습니다. 누구든지 와서 "도가 무엇입니까, 불교가 무엇입니까, 불법이 무엇입니까?" 하면 무조건 "차 한 잔 마셔라.", 어떤 때는 "아침 먹었느냐?"라고 합니다. 또 "먹었습니다." 하면, "그럼 가서 그릇이나 씻어라."라고 하는 거죠. 이는 자신이 잡념 없이 일상사에 임하고 있을 때는 아무런 문제가 없다는 것을 말합니다.

보통 사람들은 한 가지를 하면서 몇천만 가지를 동시에 떠올리잖아요. 마음은 도대체 몇 가지를 하는지 몰라요. 긍정적으로 생각하면 몸은 여기 있으면서 온갖 것을 동시에 하는 것도 마음의 능력이라 할 수 있죠.

마음에 모양이 있습니까? 그런데 마음은 대단한 것이기 때문에 모양을 마음대로 만들어 냅니다. 앞에서 동요가 없다고 했지만 틀림없이 동요하는 게 마음이지요. 걸림과 막힘도 없다고 했지만 끊임없이 걸리고 막히는 것도 마음이고, 능소가 없지만 너는 너 나는 나가 뚜렷이 있기도 하고, 방소가 없다고 하지만 마음이 찾아갈 자리를 잘 찾아가고, 모양이 없다고 하지만 별별 모양을 잘 만들어 냅니다. 또 득실이 없다고 하지만 그저 얻은 게 아니면 잃는 것이고, 잃는 것이 아니면 얻은 것이죠. 일상적인 살림살이는 득과 실로 점철되어 있습니다.

　모양도 없고 얻음과 잃음이 없다는 것은 우리의 실체와 본모습이 그렇다는 겁니다. 일상생활은 득실로 엮어지지만 마음 자리는 득실도 없다는 거죠.

　　　　추 자　　　불 감 입 차 법　　　공 낙 공 무 서 박 처
　　　趨者가 **不敢入此法**은 **恐落空無棲泊處**라
　수행하는 사람이 감히 이 마음의 법에 들어가지 못하는 것은 공에 떨어져서 쉴 곳이 없을까 두려워하기 때문이다.

　공부를 한다면서 감히 이 마음의 도리에 다가서질 못해요. 그것은 열정이 없어서이며 발심이 되지 않아서 그렇습니다. 또 마음 도리에 대한 이해가 깊지 못해서도 그렇습니다. 이렇듯 여러 가지 이유가 있는데 여기서는 공에 떨어져 쉴 곳[서박처(棲泊處)]이 없을까 두려워하기 때문이라는 겁니다. 마음 마음 하지만 텅 비어 찾아도 없거든요. 끊임없이 작용하고 활동하지만 실체를 찾아보면 텅 비어서 공적해요. 공적한 것이 본심이라 생각하고 그 공적한 곳에 떨어져 버릴까 겁을 내거나 두려워한다는 것입니다.

고　　망애이퇴　　예개광구지견
故로 **望崖而退**하야 **例皆廣求知見**하나니

소이　　구지견자　여모　　오도자　여각
所以로 **求知見者**는 **如毛**하고 **悟道者**는 **如角**이니라

그러므로 벼랑을 바라보고 물러나서 대개 모두들 널리 지견을 구하나니, 그러한 까닭에 지견을 구하는 사람은 털처럼 많고, 깨달음을 구하는 사람은 뿔같이 드물다.

　마치 높은 산이 있는데 올라가지도 않고 어떻게 올라가나 겁을 내고 물러서는 것과 같다는 겁니다. 마음을 공부하는 사람들이 발심이 안 되었거나 마음에 대한 이해와 가치관이 달라 마음공부를 하지 않기 때문이라면 한편 이해됩니다. 그런데 어느 정도 발심이 되어 있고 마음에 대한 이해가 있음에도 이러한 마음을 낸다면 이 사람은 마음을 텅 비고 공적한 것으로만 이해하여 허전하고 재미가 없을 것이라고 생각하기 때문입니다.

　'지견知見'은 사상과 다름 아닙니다. 일반적인 수준에서 가장 소중하게 여기는 것은 알음알이 지식이죠. 불교 안에도 자비 사상, 여래장 사상 등 수많은 사상이 있습니다. 그런데 궁극의 불교에는 이러저러한 사상이 없습니다. 무 사상으로 무심입니다. 무심에서의 심心이 곧 사상이라는 뜻입니다. 고급스럽게 이야기하면 사상이고, 저급하게 말하면 망상·분별·시비·선악의 마음입니다. 화엄 사상, 법화 사상, 금강 사상 등 모든 사상이란 생각인데, 생각은 궁극적으로 마음이잖아요. 결국 사상이란 망상

이지 뭡니까. 때문에 이러한 모든 사상은 지견이며, 그 지견을 구한다는 거죠.

저는 무슨 사상입니까? '인불 사상人佛思想', '사람이 부처님이다.'라는 사상입니다. 이것 역시 지견에 해당됩니다. 버려야 할 망상에 해당되고, 사상에 해당되는 겁니다. 그런데 일단은 고기 잡는 그물로 상당히 괜찮은 사상이에요.

소뿔은 많아야 두 개입니다. 그런데 소의 털은 얼마나 많습니까? 그 숫자를 헤아릴 수가 없죠. 그와 같이 지견과 사상을 구하는 사람, 좋은 생각을 본받고 닮으려는 사람은 소털같이 많은데, 주의 주장도 없고 사상도 없는 그야말로 마음마저 텅 비어 버린 무심의 도를 깨달은 사람은 소뿔처럼 드물다는 이야기입니다.

文殊는 當理하고 普賢은 當行이니

理者는 眞空無礙之理요 行者는 離相無盡之行이니라

문수보살은 이(理)를, 보현보살은 행(行)을 보이시니, 이치란 진공이니 아무런 걸림이 없는 도리이며, 행동이란 상을 초월하여 다함이 없는 실천이다.

부처님이 깨닫고 그 깨달음을 설명하시면서 소개한 훌륭한 성자들이 많습니다. 예를 들어 문수 · 보현 · 관음 · 세지 · 지장보살

같이 경전상에 나타난 보살들을 생각해 봅시다. 이러한 보살의 존재에 대해 많이 궁금하시죠? 그동안 믿고 알아 온 바에 의하면 틀림없이 석가모니처럼 실재했거나, 지금도 간혹 나타나는 신비의 성자로 이해하고 있잖아요. 한편 학자에 따라 역사적인 인물로 연구한 경우도 있습니다.

그런데 보살의 문제는 분명히 짚어야 합니다. 『전심법요』와 같은 대승불교를 뛰어넘어 선불교에 이르면 더 이상의 소견과 지견은 없다고 보기 때문에 수많은 보살의 존재에 대해서 확실한 소신을 가지고 있어야 합니다. 결론적으로 관음, 문수, 보현과 같은 수많은 보살은 석가모니 부처님이 깨달은 마음의 일부를 형상으로 나타낸 모습입니다. 혼란스럽고 의심스럽죠? 제가 이렇게 이야기했을 때 여러분의 마음에 부합되면 여러 시간 공부할 것도 없습니다. 이렇게 이야기해도 여러분이 마음으로 받아들이지 않는 것도 충분히 이해됩니다. 거의 반 이상 관세음보살은 그런 분이 아니라고 생각하고 있잖아요. 관음, 지장, 보현, 문수 등 경전에 나타나는 보살들이야 겨우 십여 분이지만, 『화엄경』에 나타나는 보살은 여러분이 평생 적어도 다 적을 수 없을 정도로 많습니다. 『만불명호경萬佛名號經』에는 만 분의 부처님 명호가 있기도 합니다. 그러한 모든 보살들 역시 석가모니 부처님의 깨달은 마음의 일부분이고 그것을 형상화한 것입니다.

그런데 마음의 세계에 있는 성인이니 없다고 할 수는 없겠죠. 그렇다고 역사적인 인물로 생각할 수도 없습니다. 부처님이 당신 마음에 분명히 있는 불보살을 그냥 둘 수 없잖아요. 설명을 해야지요. 설법을 하다 보니 온갖 보살들을 나열하고 근사하게 조각하여 그림을 그리고, 색칠하고, 설명한 것이 경전입니다. 이러한 이치를 잘 알아야 합니다. 저에게 공부를 했다면 불보살에 대하여 정확하게 이해하고 있어야 합니다. 불보살이 없다는 뜻이 아닙니다. 여러분들도 길을 가다 문득 어떤 사람과 스쳤는데 잊지 못하는 사람이 있다든지, 혹은 세상에 없는 존재인데도 상상 속에 이미지가 떠오르면 그림이 그려지고, 색칠을 하고, 설명하면서 굉장한 작품이 나오잖아요. 보통 사람도 경험 가능한 이야기입니다. 그런데 희대의 천재로 피나는 노력을 기울여 진리의 세계를 완전히 깨달은 석가모니 부처님의 정신 속에는 어떤 성자가 없겠습니까? 그 많은 성스러운 마음의 부분들에 관세음보살, 지장보살, 아미타불 등의 천만불이 존재하는 거죠.

석가모니 부처님만 가능하냐? 그렇지 않습니다. 우리 모두가 가능합니다. 그것은 부처님과 우리의 마음이 똑같기 때문입니다. 여러분의 마음에는 감정이 좋지 않은 사람이 몇 명 있을 거예요. 안 봐도 압니다. 보통 사람이라면 다 그래요. 그와 마찬가지로 정말 성스러운 마음을 가지고 진리의 깨달음을 이루신 분의 마음에는 좋은 감정과 느낌이 얼마나 많겠습니까. 그리고 그 깨달음의 내용이 얼마나 근사하겠어요. 그것을 관세음보살로 표현한 것이고, 지혜의 입장에서는 문수보살을 표현한 것이고, 열정적으로 실천에 옮긴 것으로는 보현보살을 표현한 것이며, 무명 업식으로 지옥에서 고통 받는 중생을 구하기 위해서는 지장보살을 표현했지요. 이 얼마나 아름답고 근사합니까.

마음의 도리는 똑같아 누구나 깨달으면 우주보다 더 넓은 세계를 보게 되고 수용하게 되며 하나가 되는 겁니다. 마음의 이치란 참으로 공해서 아무런 걸림이 없는 도리이며, 그 행실은 형식을 벗어나 어떠한 제한과 한계가 없는 실천을 말합니다.

관음   당 대 자   세 지   당 대 지
觀音은 當大慈하고 勢至는 當大智하고

유 마 자   정 명 야   정 자   성 야   명 자   상 야
維摩者는 淨名也니 淨者는 性也요 名者는 相也니

성 상 불 이 고   호 정 명
性相不異故로 號淨名이니라

관음보살은 위대한 자비를 세지보살은 큰 지혜를 보이시고, 유마란 정명이니 정이란 성품이며 명이란 형상이다. 성품과 형상이 다르지 않으므로 정명이라 한다.

대자대비 관세음보살이라 하지요. 대세지보살을 대희대사 대세지보살이라고도 합니다. 크게 기뻐하고, 크게 베푸는 대세지보살이라는 뜻이죠. 무엇으로 표현되든지 역시 깨달으신 부처님 마음의 일부 모습을 갖추어서 형상으로 나타낸 것이며 말과 설명으로 나타낸 것입니다.

『반야심경』에 '관자재보살 행심반야바라밀다시 조견오온개공觀自在菩薩 行深般若波羅蜜多時 照見五蘊皆空'이라 하여 관세음보살

이 등장하죠. 『화엄경』은 39품 중 실재 부처님이 설한 것은 2품 뿐이고 나머지는 보살들이 설했어요. 부처님이 깨달으신 마음의 일부분인 보살이 설하는 거죠. 석가모니 부처님은 자신의 마음을 상징적 실재로서 보살을 내세워 그 보살이 설법하게 했습니다. 우리도 마찬가지죠. 조그마한 삶을 살지만 크게 보면 부처님 마음속에서 한 사람 한 사람이 살고 있는 거예요. 그렇다면 하나가 되는 길은 무엇이냐? 내 마음이다, 부처님 마음이다 하는 경계를 무너뜨려 없애 버리면 본래 하나가 됩니다.

컵에 물을 담아 큰 호수에 넣는 것을 상상해 보세요. 컵 안에도 물이 있고 컵 밖에도 물이 있게 되죠. 그런데 국수 건지는 체를 물에 넣으면 어떻습니까? 안팎의 물과 물의 소통이 매우 잘 된다고요. 그런데 그 체마저도 제거해 버려야 진짜죠. 그러나 그것을 철로 만들고, 시멘트를 갖다 붙이고, 철조망을 설치하는 등 나라는 경계와 집착, 소견과 상이 그릇을 감싸고 있어요. 그 그릇을 깨뜨리고 허물어서 철사만 남기고 나중에는 그 철사마저 없애야 합니다. 상추 씻을 때 보면 물이 잘 빠지잖아요. 그쯤은 되어야 합니다. 남을 상대하면서 흐르는 물에 상추 씻듯 자연스럽게 물이 빠지면 그 사람은 상당한 경지의 사람입니다. 그런데 그러한 기회와 가능성을 가지고 있으면서도 스스로 닫아 놓고 있어서 아무리 좋은 물이라도 마음이 씻기지 않는 거죠. 물이 들어와서 지나가야 상추에 묻은 흙이 씻길 텐데 꽉 닫혀 있으니 씻기지 않는 겁니다. 성인의 가르침에 동참할 때는 마음의 그릇이 마치 체처럼 어느 정도 얼금얼금 되어 있어야 합니다. 얼금얼금

한 그 마음에 부처님 말씀과 스님의 말씀이 지나가고, 도반들의
사는 모습과 그런 이야기가 지나가면서 씻기는 것이죠.

제　대　보　살　소　표　자　　　인　개　유　지
諸大菩薩所表者는 **人皆有之**하야

불　리　일　심　　　오　지　즉　시
不離一心이니 **悟之卽是**니라

모든 대보살들이 표한 바는 모든 사람들이 본래 갖추고 있
어서 한마음을 여의지 않음을 깨닫는다면 곧 참됨이다.

관세음보살이 표한 것은 무엇이죠? 대자대비입니다. 문수보
살은 지혜를 상징합니다. 모든 사람 역시 이와 같은 능력과 공덕
을 본래부터 다 가지고 있습니다.

다음과 같은 게송이 있습니다.

중생도진 방증보리(衆生度盡 方證菩提)
지옥미제 서불성불(地獄未濟 誓不成佛)
중생을 다 제도한 뒤에 보리를 증득하고,
지옥을 다 없애기 전에는 맹세코 성불하지 않겠다.

지옥이 텅 비기 전에는 결코 성불하지 않겠다는 매우 강력한
원력입니다. 성불을 백 번 했다는 사람도 이와 같이 못합니다.

'불입지옥不入地獄 수입지옥誰入地獄', '내가 지옥에 가지 않으면 누가 지옥에 들어가겠는가.', '내가 지옥에 가야 지옥 중생을 구제하지 나 아니면 지옥에 들어갈 사람이 어디 있겠는가.' 자긍심이 이 정도는 되어야 하지 않겠습니까?

스님들이 입적하시면 '속환사바速還娑婆', '빨리 사바세계에 돌아오셔서 중생을 구제하소서.'라고 하는 이유도 바로 이와 같은 뜻입니다. 제대보살이 표한바 지혜와 행, 원력과 대자대비의 마음을 모든 사람이 가지고 있습니다. 오직 이러한 한마음을 깨닫는 것이야 말로 참된 것이죠.

금 학 도 인　　불 향 자 심 중 오
今學道人이 不向自心中悟하고

내 어 심 외　　착 상 취 경　　개 여 도　　배
乃於心外에 著相取境하야 皆與道로 背하나니라

지금 도를 공부하는 사람들은 자신의 마음을 향해서 깨닫지 않고, 마음 밖을 향해 경계를 취하고 상에 집착하여 모두들 진리의 길을 등지고 있다.

마음의 도리에 대해 듣고 이를 깊이 이해하여 어느 순간 눈을 번쩍 뜨면 일체 해결책이 거기에 있습니다. 그런데 마음 밖 경계인 상에 집착하면 중생으로 전락하지요. 상을 보아야 마음이 생긴다 하여 온갖 상을 다 만듭니다. 방송에서 36미터 세계 최대

와불臥佛을 조성했으니 참배하여 업장 소멸하고 복 지으라는 광고를 본 적 있어요. 물론 반응하는 고객이 있기 때문에 그와 같은 광고를 하는 거겠지요. 고객의 수준이 높아지면 절대 장사가 안되거든요. 고객이 끊임없이 생기니까 너도나도 전을 펼치는 게 아니겠습니까.

보통은 보배롭고 가치 있는 바른 불법, 복이 되고 덕이 되는 불법이 있음에도 불구하고 상에 집착하여 경계를 취합니다. 이를 에둘러 표현하지 않고 직접적으로 '진정한 인생길을 완전히 등졌다.'고 말합니다. 정곡을 찌르고, 간단명료하며, 숨이 막힐 정도의 바른 가르침과 인연을 맺은 것도 큰 복입니다. 마음에 잘 새기고 깊이 사유하여 본인의 살림살이가 되고, 이웃 사람들에게도 이와 같은 확신을 심어 주어야 좋은 불자가 되고 불교가 발전할 수 있습니다.

상에 집착하여 경계를 쫓아가기 시작하면 끝도 없고, 잘못되기가 일쑤이며 바로 업이 됩니다. 다행히 한 번 정도에 그치면 구경했다고 생각하면 됩니다. 그런데 반복하면 습관이 되고 업이 됩니다. 생각이 항상 상에 미치게 됩니다. 마음의 업은 참으로 무서워 아무런 표시도 나지 않으면서 덕지덕지 눌어붙습니다. 그렇게 되면 그 마음은 요지부동이 되어 좋은 말을 해도 귀에 들어가지 않습니다.

항 하 사 자　　불 설 시 사　　제 불 보 살　　석 범 제 천
恒河沙者는 佛說是沙니 諸佛菩薩과 釋梵諸天이

보 리 이 과　　　사 역 불 희
步履而過하야도 沙亦不喜하며

항하의 모래에 대해 부처님이 설하시길, 모래는 제불보살과
석범제천이 밟고 지나가도 기뻐하지 않으며,

'항하사恒河沙'는 경전에 많이 나오죠. 특히『금강경』에 많이 나
옵니다. 항하는 인도의 갠지스강을 말합니다. 당시 인도 사람은
항하 유역의 기름지고 넓은 땅에 많이 살았어요. 때문에 부처님
도 항하 유역에서 많은 교화를 하셨지요. 특히 처음 설법하신 바
라나시와 녹야원이 바로 항하 옆에 있습니다.

　그 항하, 즉 갠지스강의 모래를 부처님이 밟았다고 하여 모래
가 좋아하나요? 관세음보살, 지장보살이 밟았다고 또는 제석천,
범천이 밟고 지나갔다고 해서 모래는 좋아하지 않는다는 겁니다.

우 양 충 의　　　천 답 이 행　　　　사 역 불 노
牛羊蟲蟻가 踐踏而行이라도 沙亦不怒하며

진 보 형 향　　　사 역 불 탐　　분 노 취 예　　사 역 불 오
珍寶馨香을 沙亦不貪하며 糞尿臭穢도 沙亦不惡하나니

차 심　　　즉 무 심 지 심　　　이 일 체 상
此心이 卽無心之心이라 離一切相이니라

소, 양, 벌레들이 밟고 지나갈지라도 또한 모래는 노여워하지 않으며, 진귀한 보배와 향료가 쌓여 있다 할지라도 또한 모래는 탐하지 아니하며, 똥오줌의 더러운 악취에도 모래는 또한 싫어하지 않나니, 이 마음이 곧 무심이니 일체 상을 떠났기 때문이다.

동물들이 똥 싸고 이리 뛰고 저리 뛴다 하여 모래가 성내거나 싫어하나요? 소가 항하의 모래를 밟고만 지나가는 게 아니라 똥과 오줌을 싸고, 양과 벌레와 온갖 미물들이 밟고 지나간다고 하더라도 모래는 성내지 않는다는 겁니다. 그렇다고 온갖 보배와 아름다운 향을 탐하지도 않는다는 거죠.

모래는 무심하거든요. 항하의 모래는 비유입니다. 부처님은 항하의 모래를 비유하실 때, 모래가 워낙 곱고 숫자도 많음을 상징적으로 비유하셨습니다. 황벽 스님은 항하의 모래를 무심에 비유하셨습니다. 부처님이 보신 것하고는 다르죠. 불자들은 항하에 가면 모래가 좋다고 비닐이나 병에 꼭 담아 오잖아요. 그렇게 담아다 모셔 두면 모래가 좋아합니까? 그 마음은 일체의 상을 떠난 무심이 아니죠. 모래는 모래일 뿐 무심합니다. 『금강경』에 일체 상을 떠난 것을 부처님이라고 했습니다. 황벽 스님도 마음에서 일체 상을 떠나는 일이 정말 중요하다고 말씀하십니다. 이와 같은 법문을 듣거나 글을 보면서 혹시 상 내는 것은 아닌가라고 성찰하고, 상 냄을 조심해야겠다고 다짐할 때 상은 가벼워집니다. 가벼워지는 훈련을 통해 일체 상을 모두 떠날 수도 있게 되는 거죠.

중생 제 불　　갱 무 차 별
衆生諸佛이 更無差別이니

단 능 무 심　　변 시 구 경
但能無心하면 便是究竟이니라

중생과 부처님이 다시 차별이 없으니, 다만 능히 무심해질 것 같으면 그것이 최상의 경지이다.

본래 마음의 이치는 중생과 부처라는 차별이 전혀 없습니다. 특히 경계에 꺼들려 상 내는 마음 없이 무심하면 그것이 바로 깨달음이라는 겁니다.

학 도 인　　약 불 직 하 무 심
學道人이 若不直下無心하면

누 겁 수 행　　종 불 성 도
累劫修行하야도 終不成道니

피 삼 승 공 행 구 계　　부 득 해 탈
被三乘功行拘繫하야 不得解脫이니라

불도를 배우는 사람이 바로 무심하지 못하면, 오랜 세월 동안 수행한다 하여도 결코 도를 이루지 못하니, 성문, 연각,

보살에 얽매어 해탈을 얻지 못한다.

'직하直下'는 '당장, 이 순간, 바로'라는 뜻입니다. 불교를 공부하는 사람은 무심해야 합니다. 그렇지 못하면 제대로 된 인생길을 모르는 겁니다. 도가 무엇입니까? 인간으로서의 가장 바람직한 삶의 길이 바로 도예요. 그 길을 가지 못한다는 겁니다. 마음의 도를 제대로 깨달아야만 사람이 사람으로서 지니고 있는 모든 능력과 자유, 평화, 행복 등을 한껏 누릴 수 있습니다. 마음의 도를 깨닫지 못하면 아무 소용없습니다.

'삼승三乘(성문, 연각, 보살)'은 방편입니다. 소위 삼승불교에서는 여러 가지 수행을 권합니다. 대표적으로 보살이 닦아야 할 기본적인 수행 덕목으로 육도만행을 꼽습니다. 뿐만 아니라 삼십칠조도품이라든지 오계, 십계, 사십팔경계, 십중대계와 이백오십계, 삼백사십팔계, 삼천위의三千威儀와 팔만세행八萬細行 등이 있습니다. 이러한 모든 것들이 '삼승공행三乘功行'이며 삼승불교에서 권장하는 수행입니다.

'구계拘繫'는 구속을 뜻합니다. 방편에 해당하는 삼승의 공행에 속박되고 얽매인다는 것이죠. 계율을 낱낱이 지켜야 하느냐 말아야 하느냐, 지키려니 배는 고프고 안 지키려니 법을 어기고, 꼭 해야 되는 줄 알고 얽매어 벗어나지 못한다는 거죠. 얽매이고 꺼들리다 보니 온갖 문제가 발생합니다.

근본은 마음입니다. 마음 하나 제대로 알아서 문제만 해결되면 삼승의 공행은 모두 지엽적인 것이 되어 버립니다. 그때는 해도 그만 안 해도 그만입니다. 육도만행은 아무런 상관이 없습니다. 무엇을 닦거나 차곡차곡 쌓아서 얻어지는 것이 아니기 때문입니다. 행복과 평화, 자유는 본래 가지고 있던 것입니다.

노력해서 지은 복이 몇 푼어치나 되겠습니까? 마음속에는 무량무변한 복을 갖추고 있는데 말입니다. 그렇다고 복을 짓지 말라는 것이 아닙니다. 진짜배기 복을 알라는 거예요. 단돈 천 원이라도 보시하는 것의 뜻을 알고 진짜 큰 복을 제대로 활용할 줄 알라는 뜻입니다. 이렇게 훌륭한 진짜배기 가르침을 놔두고 엉뚱한 것에 얽매일 일이 아니란 말이에요. 본래 가지고 있는 이 마음의 도리를 깊이 이해하고 깨달아 나의 살림살이가 되면 모든 것이 해결됩니다. '변시구경便是究竟', '처음이자 끝이다.'라고 했습니다.

연   증차심   유지질
然이나 證此心이 有遲疾하니

유문법   일념   변득무심자
有聞法하고 一念에 便得無心者하며

유지십신십주십행십회향   내득무심자
有至十信十住十行十廻向하야 乃得無心者하며

유지십지   내득무심자
有至十地하야 乃得無心者하니

이 마음의 도리를 깨닫는 길은 느리기도 하고 빠르기도 하나니, 누군가는 법문을 듣고 일순간에 무심을 얻는 사람도 있으며, 어떤 이는 십신, 십주, 십행, 십회향에 이르러서 무심을 얻는 사람이 있으며, 어떤 이는 십지에 이르러서 비로소 무심을 얻는 사람이 있으니

앞서 마조 스님과 그의 제자 대매 법상 스님과의 일화를 소개한 바 있습니다. '즉심시불', '이 마음이 부처다.'라는 법문 한마디를 듣고 바로 깨달은 내용입니다. 어떤 사람들은 그렇다는 것이죠. 법문 듣고 한순간에 무심의 도리를 얻어 버립니다.

어떤 이는 하나하나 닦아서 무심을 얻는데 그 세월이 얼마나 걸리겠습니까? 물론 그렇게라도 해서 무심을 얻는 사람이 있습니다. 그런데 확실하게 마음의 도리를 알기 전에는 무효예요. 닦아 가는 과정을 통해 불교의 이치를 조금씩 알고, 생활에 도움이 되며, 마음이 편안해질 수는 있어요. 그것은 그것대로 좋지만 궁극적인 도리는 아닙니다. 확실히 내 살림살이가 되었을 때 궁극에 이르는 거죠.

　

장 단 득 무 심　　　내 주　　갱 무 가 수 가 증
長短得無心하야 **乃住**요 **更無可修可證**이며

실 무 소 득　　　진 실 불 허
實無所得이나 **眞實不虛**하니

길건 짧건 무심을 얻어야 비로소 안주하는 것이니 더 이상

닦고 수행하고 증득하는 것이 없으며, 실로 아무것도 얻을 것이 없으니 진실해서 헛되지 않다.

결국 그 시간이 길게 걸렸든 짧게 걸렸든 무심을 얻어야 비로소 안주한 것입니다. 마음의 도리를 깨달아야 비로소 그 사람이 머무는 것이지 세월의 문제는 아닙니다. 마음의 도리는 본래 갖추고 있는데 더 이상 닦고 증득할 것이 있을 수가 없습니다. 참으로 무서운 소리이고, 조사 스님들의 근기가 하늘을 찌르고도 남는 큰 깨달음에 의한 가르침입니다.

사람마다 마음 도리를 모두 갖추고 있으니 실로 얻을 것이 없습니다. 그렇다면 공부를 하나마나겠네요? 네, 사실입니다. 공부를 하지 않아도 그 마음은 본래 다 있어요. 그것을 아는 사람과 모르는 사람의 차이일 뿐이죠. 설령 알았다고 해서 무엇이 손에 잡히는 게 아니라고요. 얻은 바가 없기 때문입니다. 본래 가지고 있는데 따로 얻을 게 뭐가 있겠어요. 따로 얻은 것이 있다면 그것은 전부 허망한 것이고 가짜입니다. 때문에 실로 얻은 바는 없지만 이것이야말로 헛되지 않아 참으로 진실한 겁니다.

일념이득   여십지이득자
一念而得과 與十地而得者로

공용흡제   갱무심천
功用恰齊라 更無深淺이니

지시역겁　왕수신근이
祇是歷劫에 **枉受辛勤耳**니라

한순간에 얻은 것과 십지를 거쳐서 얻은 것의 그 공덕은 같으며 다시 깊고 얕음의 차이는 없나니, 깨닫지 못한다면 긴 세월 지나도록 잘못 고생했을 따름이다.

석가모니가 6년 고행해서 얻은 것이나 일자무식 육조 스님이 나무 팔러갔다가 엉겁결에 『금강경』 한마디 읽는 것을 듣고 얻은 것이나 똑같다는 것이죠. 석가모니도 생각하면 속이 많이 상할 거예요. 이렇게 간단하면서도 쉽게 한순간 얻는 것을 6년간 고행하여 얻었으니 말입니다. 다시 말하면 석가모니처럼 영특하게 태어나 태자의 지위를 버리고 6년간 피나는 고행해서 얻은 것이나 육조 스님처럼 나무 팔러 갔다가 스치는 바람결에 얻어 들어서 깨달은 것이나 깊고 얕음의 차이가 없다는 겁니다. 아무리 많은 세월이 흐르고 그 세월만큼 고행을 했더라도 아무런 보람이 없다는 거죠. 덕이 된 것도 아니고 의미가 있는 것도 아니라는 겁니다. 이런 법문은 더 이상 나아갈 데 없는 미묘한 궁극의 법문입니다.

조선조악　개시착상
造善造惡이 **皆是著相**이라

선을 짓고 악을 지음이 모두가 상에 집착하는 일이다.

자선 사업, 봉사 활동 등은 세속적으로 좋은 일임에 분명합니다. 그렇지만 그것은 상에 집착하는 것이기 때문에 본심의 측면에서는 마음의 도리에 해당되지 않아요. 상에 집착한다는 것은 상대적인 것이고, 상대적인 것은 반쪽짜리밖에는 안되는 거지요. 무한한 광명과 생명, 능력이 드러날 수 없습니다.

그래서 불교적 관점에서는 선악을 달리 생각해야 합니다. 선악의 문제에 대해선 육조 스님의 '불사선 불사악不思善 不思惡'이라는 유명한 법문이 있죠. 육조 스님이 오조 스님에게 법을 받아 야반도주하잖아요. 그런데 신체 건장하고 걸음도 빠른 장군 출신의 도명이라는 스님이 제일 먼저 쫓아와 육조 스님을 붙잡고 발우와 가사를 빼앗으려 합니다. 육조 스님이 발우와 가사를 바위에 놓아두었는데, 도명 스님이 들려고 해도 들리지가 않아요. 그 순간 떠꺼머리총각 노행자의 도력이 보통이 아니구나 하고 느끼게 되어 참회하고 법을 배우려 합니다. 그때 육조 스님이 '불사선 불사악', '선도 생각지 말고 악도 생각지 마라.'라고 법문을 하십니다. 이 법문은 '선도 떠나고 악도 떠났을 때 그대의 진정한 면목이 무엇인가를 살피라.'라는 의미입니다. 이 법문을 듣고 도명존자는 큰 깨달음을 얻습니다.

참모습은 생사를 초월한 영원한 것이고, 본래 무량무변한 복덕이 갖추어져 있으며 청정합니다. 또한 참모습은 닦고 말고 할 것도 없어요. 닦아서 청정한 것이라면 안 닦고 그냥 두면 흐려질 것 아닙니까? 또 때가 묻을 것 아닙니까? 닦아서 청정해지는 것이 아니라 닦기 이전에 본래 청정한 참모습이 자기의 본래면목이라는 것을 깨닫게 되었다는 것이죠. 황벽 스님의 가르침 역시 이와 같다고 하겠습니다.

착 상 조 악　　　왕 수 윤 회
著相造惡하야 **枉受輪廻**하고

착 상 조 선　　　왕 수 노 고
著相造善하야 **枉受勞苦**하나니

상에 집착하여 악을 짓는 일은 그릇된 윤회를 받고, 상에 집착해서 선을 짓는 것은 그릇된 괴로움만 받을 뿐이니

'윤회輪廻'라는 것은 여기저기 다니는 것이지요. 죽어서 여기저기 굴러다니는 것도 윤회지만, 하루 동안 이 가치관 저 가치관으로 사는 것도 윤회입니다. 이런저런 가치관으로 흘러 다니는 것도 큰 윤회라고요. 공부를 하다가도 생활 전선에서 시비를 따져야 할 상황이 되면 화도 내야 되고, 작은 일을 가지고 다투기도 해야 되는 일들이 윤회입니다. 거기에는 반드시 나름대로 선을 위하고 바른 길을 위한 주장이 있는 것인데 그만 여기저기 굴러다니게 되는 거예요.

또 좋은 일을 하고자 하나 그것은 어디까지나 상대적인 것입니다. 사람과 시대에 따라, 혹은 민족과 국가에 따라 가치관과 선악의 기준이 다릅니다. 때문에 괴로움이 더욱 큽니다.

제가 옛날 어떤 교수로부터 들은 미국에 사는 자기 친구 얘기

를 잊지 못합니다. 이 친구가 미국에서 공부하던 중 하루는 된장찌개가 먹고 싶어 고향집에 연락하여 된장을 보내 달라고 했대요. 한참 후인 어느 날 된장이 온 거예요. 기다리고 기다리던 된장이라 자기가 사는 아파트에서 된장찌개를 무턱대고 끓였는데 사단이 난 겁니다. 그렇지 않아도 거기 주민들이 동양 사람 사는 것을 조금 미심쩍어 했는데 아니나 다를까 세상에 듣도 보도 못한 냄새를 풍겼거든요. 그 아파트에 사는 사람이 전부 와서 쫓아내야 된다고 항의를 한 거예요. 이제나저제나 기다리던 그 좋은 된장을 받아 찌개를 끓여 구수한 냄새가 나면 먹을 거라고 환희에 들떠 있었는데, 주민들의 항의에 숟가락 한 번 못 대고 갖다 버리고는 다시는 이런 냄새 안 피우겠다는 각서를 쓰고서야 비로소 주민들이 물러갔다고 합니다.

저는 가끔 자기중심적이며 자기 입장에서만 사는 것은 아닌지 생각해 봅니다. 누구에게 물어봐도 옳은 일이고 혹은 잘못된 일이라고 생각하는 것도 한 번 더 생각해 봐야 합니다. 그 마음마저도 비워야 된다는 거죠. 절대 기준은 없기 때문입니다. 보통의 도덕적인 기준은 없습니다. 때문에 편견을 버려야 된다는 것입니다. 그러니 그 사람에게는 이 세상에 더 없이 좋은 된장이지만, 미국 사람들에겐 똥보다도 몇 배 아니 몇십 배 더 더러운 냄새를 피우는 음식에 불과한 것이죠. 그래서 온 동네 야단법석을 떨었던 겁니다. 기준이란 게 그런 것입니다. 동양에서는 선이라고 생각하는 것이 서양에서는 악이고, 서양에서는 선이라고 생각하는 것이 동양에서는 악인 그런 일들이 얼마나 많은지 몰라요.

중국에만 가도 존대어가 없습니다. 할아버지, 아버지, 친구, 동생, 누구 할 것 없이 다 '미'로 호칭되더라고요. 우리의 기준으로 보면 있을 수 없는 일인데도 그 사람들에게는 매우 자연스러운 겁니다. 그러니 선, 악이라는 분별을 고집할 일이 아니라는 거지요. 일반적인 것은 지키되 절대적인 가치관은 아니라는 것을 항상 생각해야 합니다.

총 불 여 언 하　변 자 인 취 본 법
總不如言下에 **便自認取本法**이니라
모두가 한마디 아래서 곧 스스로 본법을 깨닫는 것만 같지 못하다.

'인취認取'는 '깨닫는다'라고 해석해도 좋습니다. '본법本法'이 뭡니까? 본래의 법은 선도 악도 없는 겁니다. 없으면서 선일 수도 악일 수도 있어요. 된장은 우리나라에선 선이지만 미국에선 악이듯 말입니다. 본법이라는 것은 선악을 초월한 것입니다.

도명존자와 같이 뛰어난 근기들은 '선도 생각지 말고, 악도 생각지 말라. 그대의 본래 모습은 선도 아니고, 악도 아니야.'와 같은 한마디 딱 듣고 확연히 알아 버리는 사람도 있고, 육조 스님 같은 분은 『금강경』 구절 한마디 듣고 그냥 알아 버렸습니다. 그러나 그런 근기가 못 되는 우리는 자꾸 훈습이라도 해야 되는 거지요.

차법　즉심　　심외무법
此法이 **卽心**이라 **心外無法**하며

차심　즉법　　법외무심
此心이 **卽法**이라 **法外無心**이니라

심자무심　　역무무심자
心自無心하며 **亦無無心者**하니

장심무심　　심각성유
將心無心하면 **心却成有**라

본법은 곧 마음이라 마음 밖에는 법이 없으며, 이 마음이 곧 법이며 법 밖에는 마음이 없느니라. 마음은 스스로 마음이 없으며 또한 마음 없는 것도 없어, 마음을 가져서 무심하려면 도리어 마음이 생기는 것이다.

서양 사람이나 동양 사람이 똑같은 마음을 가지고 있으면서 어떻게 그 사람들은 된장을 싫어하고 우리는 된장을 좋아하냐는 겁니다. 이것은 습관일 뿐이고 관습일 뿐입니다. 본마음의 도리에 있어서는 그런 게 없습니다.

일상생활을 하면서도 마음먹기에 따라 편할 수도 있고, 괴로울 수도 있어요. 마음먹기에 달렸지 결코 어떤 사변과 환경이 조건 되지 않는다는 거죠. 특히 행복에는 조건이 없어요. 세속에서 '행복의 조건'이라는 말을 많이 쓰는데 조건은 없습니다. 스스로 어떻게 생각하느냐에 따라 행복이 되기도 불행이 되기도 하는 거예요.

미국에서 있었던 실화입니다.

미국에 아주 저명한 의사가 있었습니다. 그런데 그의 행적을 조사해 보니 그의 형은 술주정뱅이에 마약중독자였어요. 똑같은 집안에서 두 형제가 정반대의 길을 가고 있는 거예요. 기자들이 조사를 해 보니 아버지가 술주정뱅이에 마약중독자로 아주 폐인이었던 거죠. 기자들이 보기에 신기한 일이거든요. 두 아들 중에 한 아들은 아버지와 똑같이 닮은 삶을 살고, 동생은 의사로 미국에서 매우 저명한 사람이 되어 있는 거예요. 기자가 형한테 물었습니다.

"당신은 어째서 술주정뱅이가 되어 폐인으로 살아갑니까?" 하니, "당신은 우리 집안을 아는가?"라고 묻는 거예요. "압니다."라고 하니, "그럼 당신 같으면 나처럼 폐인이 되지 않고 견디겠느냐?"라고 도리어 기자에게 되물었죠.

기자는 다시 의사한테 물었습니다.

"당신은 어쩌다가 유명한 의사가 되었습니까?" 하니, 대답이 똑같은 거예요. "우리 아버지와 집안의 사정을 압니까?"라고 되물으니, "조사해서 잘 알고 있습니다."라고 했죠. 그랬더니 "당신 같으면 나같이 되지 않고 어떻게 견딜 수가 있었겠습니까?"라는 겁니다. 대답은 똑같아요. 그렇지만 똑같은 상황에서 어떻게 마음을 먹었느냐에 따라 한 사람은 폐인이 되고, 한 사람은 저명한 의사가 되었죠. 마음먹기에 달린 거예요. 이것은 『전심법요』의 차원은 아니에요. 일상을 살아가는 데도 마음을 어떻게 먹느냐에 따라 똑같은 상황에서도 행복해질 수가 있고, 불행해질 수가 있어요. 폐인이 될 수도 있고, 저명한 의사가 될 수 있는 거죠. 조건과 상황, 그리고 환경이 행불행을 결정하는 게 아니라는 것입니다.

부처님이나 조사 스님들이 모든 일의 근본은 마음에 달렸다는 것을 발견한 건 참으로 대단합니다. 불교가 한결같이 그 얘기 아닙니까. 특히 『전심법요』는 더욱 집중적으로 이야기합니다. 다만 예화로 든 이야기는 우리 수준에 맞춰 설명한 것입니다. 『전심법요』에서의 말씀은 이런 차원하고는 다르죠. 보통의 경우도 마음 먹기에 따라 행복할 수도 있고, 불행할 수도 있는데 여기서는 그런 것을 다 초월하여 본래 그런 것이 없다는 입장을 드러냅니다.

불교에서 법이란 진리를 뜻합니다. 곧 마음이 진리이며 세상 이치라는 거죠. 그런데 그 마음은 '내가 마음이다.'라고 하지 않습니다. 한생각 일으켜서 마음이니 뭐니 분별할 뿐입니다. 마음은 스스로 마음이 없으며, 마음 없는 것도 없습니다. 마음을 쓰는 순간, 즉 조작하는 순간 아무 탈 없이 본래 있던 그 마음이 차별상을 나타내고 온갖 분별 망상이 생기게 되어 도리어 마음 있음이 되어 버립니다.

묵 계 이 이　　절 제 사 의 고
默契而已요 絶諸思議故로

왈　언 어 도 단　　심 행 처 멸
曰 言語道斷하며 心行處滅이라 하나니

묵묵히 계합할 뿐이요 모든 사량 분별이 다 끊어진 까닭으로 언어의 길이 끊어지고 마음으로 행할 길이 소멸한다.

어떠한 말과 분별없이 저절로 '아!' 하면서 고개 끄덕거리면 그걸로 끝입니다. '언어도단 심행처멸言語道斷 心行處滅', 불자들 사이에 잘 쓰는 말이죠. 특히 수좌들의 경우 맛있는 음식을 먹고 난 후 언어도단이라, 말로는 표현이 안된다고 하잖아요. 실지로 음식 맛을 제대로 표현할 수 있나요? 말이나 글로 표현할 수 없습니다. 이 생각 저 생각 끌어다 맞추려 해도 안 된다 이겁니다.

의사와 술주정뱅이 그리고 된장 등의 예화를 든 것은 생각하기에 따라 달라질 수 있다는 상식 차원의 마음 이야기이고, 여기에서의 설명은 깨달은 분들의 마음 이야기입니다.

차 심   시 본 원 청 정 불
此心이 **是本源淸淨佛**이라
이 마음이 본래 근본 자리가 청정한 완전무결한 부처이다.

다듬어서 된 부처는 언젠가는 무너지고, 넘어지고, 부서지고, 깨지기 마련입니다. 부처님이나 조사 스님들은 한결같이 다듬어서 된 부처, 수행해서 된 부처, 육바라밀 닦아서 된 부처, 참선해서 된 부처, 기도해서 된 부처를 반대합니다. 참선을 안 해도, 기도를 안 해도, 경을 안 봐도 변함없는 본래 완전무결한 그 자리를 보라는 것이지 결코 수행을 통해서 얻어지는 부처를 이야기 하지 않아요.

이는 불자들이 이해하기에 조금은 힘든 부분입니다. 왜냐하면 우리가 부처님같이 되었느냐는 말이거든요. 부처님같이 되었다고 할 때는 화도 안 내고, 복과 지혜도 많고, 일상생활에 좋은 말만 하는 것을 뜻하잖아요. 그런데 여기서는 그와 같은 차원의 부처를 말하는 것이 아니라고요. 부처님도 화날 수 있어요. 얼마나 많은 비방을 들었습니까? 제일 가까운 사람이 죽이려고 몇 번을 시도했던 대상이잖아요. 그러면 '제바달다와 같이 가장 가까운 사람도 교화하지 못한 사람이 훌륭한 부처입니까?'라고 할 수 있 잖아요. 부처님이나 조사 스님들의 입장에서는 이런 이야기들은 모두 방편의 이야기일 뿐 진짜 부처는 다듬어서 되는 게 아니라고요. 모순이 있으면 있는 그대로 부처이고, 안 닦아졌으면 닦지 않은 그대로 부처예요.

인 개 유 지
人皆有之요

준 동 함 령　　여 제 불 보 살　　일 체 불 이
蠢動含靈과 與諸佛菩薩이 一體不異언마는

지 위 망 상 분 별　　조 종 종 업 과
秪爲妄想分別하야 造種種業果로다

이것은 모든 사람마다 다 가지고 있으며 꿈틀거리는 벌레와 온갖 생명체들까지 모든 불보살들과 일체요 다르지 않건만, 다만 망상 분별 때문에 갖가지 업과를 짓는 것이다.

이 마음은 일체이며 전체적으로 통일되어 있어 하나라는 겁니다. 예를 들어 바닷물을 컵에 담으면 컵에 담긴 물이 되고, 세숫대야에 담으면 세숫대야에 담긴 물이 되고, 손바닥에 담으면 손에 담긴 물이 된다는 것이죠. 곧 꿈틀거리는 벌레도 될 수 있고, 사람도 될 수 있고, 김 씨·이 씨·박 씨, 늙은 사람·젊은 사람, 남자·여자도 될 수 있는 차별상인데, 그 본체는 바닷물처럼 동일한 것과 같습니다. 바닷물이 따로 나뉘어져 있는 것이 아니듯 한 덩어리라는 거죠. 우린들 거기에 포함 안 되겠어요? 다 포함되어 있습니다.

이 마음 자리 하나 제대로 파악해서 마음 위에 놓고 살면 어떠한 상황에 있든지 그것은 아무런 의미가 없습니다. 자신이 광대무변한 청정 부처의 마음 자리와 하나 되어 살면 이리 평가하고 저리 평가하고, 이리 보고 저리 보는 것은 나와 아무런 관계가 없어요. 차별상으로 보는 것이 바로 업이에요. 차별상은 망상분별이며, 망상분별로 보면 이렇게 사는 사람 저렇게 사는 사람, 이렇게 생긴 사람 저렇게 생긴 사람이라는 별별 차별상이 그대로 눈에 들어와요. 그렇게 되면 그것에 꺼들려 업이 됩니다.

한 덩어리가 된다는 것은 마치 금으로 이것 만들고 저것 만든 것을 전부 녹여서 한 덩어리로 만든다는 뜻이 아닙니다. 내 마음이 마음 자리에 바로 안주해 버리면 차별상에 꺼들리지 아니하여 모든 업과가 무너지고 없어져 차별된 모습으로 살되 차별된 모습이 아니게 됩니다. 이러한 이치를 쉽게 이해하기는 어려우나 개개인은 본래 부처의 자리를 다 가지고 있다는 것만이라도 기억하고 또 믿어야 되겠습니다.

3. 근원이 청정한 마음

게송 하나 소개하겠습니다.

유유생일색 팔면기청풍(唯有生一色 八面起淸風)
오직 생기 일색만 있으면 팔면에서 맑은 바람이 일어난다.

생기 일색으로 살면 팔면에서 맑은 바람을 일으킨다고 했어요. 생기는 여러 가지 이유에서 얼마든지 일어날 수 있습니다. 특히 불자들은 불조의 가르침을 통해 바로 앉은 자리에서 큰 원력과 꿈과 희망을 가지고 생기 넘치는 삶을 살 수 있는 길이 있습니다. 부처님과 조사 스님들의 가르침을 잘 공부하여 유심히 살피고 열심히 정진하다 보면 저절로 그런 것을 발견하게 됩니다.
부처님과 조사 스님들의 가르침을 다른 곳에서 구하거나 찾으라는 뜻이 아닙니다. 밖을 향해서 찾는 것을 가장 금하고 있는 것이 불조의 가르침입니다. 밖에서 구하고 찾은들 얼마나 구하고 찾겠습니까? 스스로 무한한 보물을 지니고 있다는 사실에 눈을 뜰 때 보다 더 풍요롭고 넉넉하며 당당할 수 있습니다. 신분이 어떻든 간에 그것은 하등의 문제가 되지 않습니다. 늙었거나 못 배웠거나 남의 밑에 살거나 중한 병을 앓고 있어도 문제가 되지 않습니다. 정말 씩씩하고 용기 있으며, 꿈과 희망으로 살 수 있도록 되어 있어요. 그것은 어디서 얻어 오는 것이 아니라 바로 자신에게서 발견하는 것입니다.

본불상   실무일물
本佛上에는 **實無一物**이라

본원이 청정한 본래 부처 자리에는 실로 한 물건도 없다.

본원이 청정한 부처라고 했지요. 부처의 입장에서 보면 인생을 어떻게 살아가든 아무런 문제가 되지 않는다는 말입니다. 실로 한 물건도 없다는 것을 다음과 같이 설명해 보죠. 예를 들어 바닷물을 뜨는 그릇을 전부 바다에 빠뜨렸다고 합시다. 컵과 양동이를 포함하여 온갖 물 뜨는 것을 다 빠뜨렸다고 했을 때, 그 바다와 하나가 되는 거잖아요. 하나가 되었을 때 무슨 차별이 있습니까? 바닷물에 빠졌을 때는 컵이다, 양동이다, 종지다 하는 차별이 있을 수 없잖아요. 바닷물과 한 덩어리일 뿐이에요. 다만 건져 내어 하나하나 따로 두었을 때 차별상이 나타나는 거죠. 한 물건도 없다는 말은 본래 부처인 자리에서는 실로 하나의 사물도 독립되어 있을 수 없다는 뜻과도 같습니다.

허통적정   명묘안락이이
虛通寂靜하야 **明妙安樂而已**니

심자오입   직하변시   원만구족   갱무소흠
深自悟入하면 **直下便是**라 **圓滿具足**하며 **更無所欠**이니라

텅 비어 고요하고 정적해 밝고 아름답고 안락할 따름이니, 스스로 깨달아 들어갈 것 같으면 바로 그 자리가 이것이라,

원만히 다 갖추어 다시는 더 이상 모자라는 바가 없다.

　어떠한 분별도 없는 마음 자리에 턱 하니 던져 놓고 차별상에 꺼들리지 않는 마음으로 안주하라는 겁니다. 누가 어떻게 했느니 등에 꺼들리어 한눈팔지 않고 살면 그 자리는 텅 비고 다 통해 있다는 거죠. 때로는 화두를 들지 않은 채 좌선이 필요한 것도 아무런 망상 없이 텅 빈 마음 자리에 놔두기 위함입니다. 스스로를 텅 빈 마음 자리에 그냥 놔두는 것이 아주 중요해요. 화두선이 생기기 전에는 그렇게 했지요. 소위 묵조선이라고 하는데 본래의 마음으로 있는 겁니다. 본래의 마음 자리에서 컵으로 바닷물을 뜨고 양동이로 바닷물을 뜨고 하듯, 텅 빈 마음 자리에 있지 않고 나를 비방했다 칭찬했다, 날씨가 어떻고, 상황이 어떻다는 출렁거리는 물결에 꺼들리는 거예요. 그러한 현상에 꺼들리면 윤회의 삶이죠. 좌선하고 기도하고 공부한다 할 때 상황과 조건에 꺼들리지 말고 본래의 차별 없는 마음 자리 '무위진인無位眞人', '차별의 상이 끊어진 마음의 본모습'에 가만히 있는 겁니다. 마음의 본모습에 계합하는 훈련을 자주하는 것이 좌선이죠. 마음의 본모습을 그대로 견지하는 훈련이 잘되어 있으면 차별상에 꺼들리지 않습니다. 잘났다 못났다, 어떻게 산다는 것에 동요가 없어요. 동요되려고 하면 바로 마음의 본모습으로 돌아와 버리면 되니까요. 괜히 컵으로 바닷물을 떠서 작네 할 것이 아니라 컵 자체를 바닷물에 던져 버리는 거예요. 그렇게 함으로써 차별상으로 흘러가는 생각을 본래 마음으로 회복하는 거죠. 본래 마음 자리는 재미있다는 의미의 즐거움이 아니라, 편안함의 즐거움입니다.

밖을 향해 허덕이며 돌아다니지 말고 텅 빈 본래 마음 자리에 가만히 있어 버리면 그게 곧 옳은 자리입니다. 좌선을 중요시 여기는 이유가 여기에 있지요. 좌선을 하다 보면 그 자리에 마음을 갔다 두게 되고 그 자리에 갔다 두는 훈련이 쌓이면 밖으로 활동하더라도 동요가 크지 않아요. 활동을 하다 보면 저절로 눈과 귀가 밖의 상황에 꺼들리게 되어 차별상에 분별을 하게 되는데, 그렇더라도 평소에 이러한 것들을 알고 텅 빈 본래 자리로 돌아가는 훈련을 자꾸 하다 보면 쉽게 돌아갈 수가 있습니다.

임제 스님은 '흠소십마欠少什麽', '부족한 게 무엇이오?'라 했습니다. 지금 보고 듣고, 추우면 추운 줄 알고 더우면 더운 줄 알며, 부르면 대답할 줄 아는 것이 신통방통하고 기기묘묘한 위대한 능력이며, 우리는 그것을 다 갖추고 있다는 겁니다. 무엇이 더 부족하냐는 것이죠.

종 사 삼 지 정 진 수 행　　　 역 제 지 위
縱使三祇精進修行하야 **歷諸地位**라도

급 일 념 증 시　　　 지 증 원 래 자 불
及一念證時에는 **祇證元來自佛**이요

비록 삼아승지겁을 수행 정진해서 모든 지위를 밟더라도, 깨닫는 순간에는 본래 스스로가 부처임을 증득함이요.

'삼아승지겁'은 수억만 년의 세월을 뜻합니다. 그 많은 세월 동안 죽고 태어나면서 단 한순간도 쉴 여가 없이 수행 정진해 십신, 십주, 십행, 십회향, 십지, 등각, 묘각 등 온갖 계행을 밟아 올라간다 하더라도 한순간 깨달았을 때 본래부터 스스로가 부처인 것을 깨닫는 것입니다. 한 단계 올라갔다고 해서 한 단계 올라간 부처를 깨닫는 게 아니지요. 설사 십지, 십행, 십회향 등의 단계에 올라갔다고 하더라도 그 단계의 부처를 깨닫는 게 아닙니다. 원래 나의 부처를 깨닫는 것입니다. 때문에 닦고 쌓아서 올라갈 이유가 없어요. 그렇게 올라가는 수행과는 아무런 관계가 없는 거예요. 그래서 수행한 것이 오히려 후회스럽고 분하죠. 알고 보니 안 해도 되는 것을 괜히 했다 이겁니다.

『화엄경』「여래출현품」에는 부처님께서 깨닫고 난 후의 모습을 자세히 묘사하고 있습니다. 깨닫고 보니 자신은 대단하거든요. 그래서 어떻게 된 일인가 하고 수행이라고는 전혀 모르는 중생들 낱낱을 살펴보니, 전부 여래의 지혜와 덕상을 똑같이 갖추고 있는 거예요. 그것을 보고 부처님은 '기재기재奇哉奇哉', '신기하고 신기하여라.'라고 처음으로 말씀하셨어요. 부처님 수준에서 신기한 게 어디 있겠어요. 부처님이 신기하고 신기하다 한 것은 자신은 희생과 노력을 치르고 나서 부처가 됐잖아요. 그런데 그러한 노력을 전혀 기울이지도 않았고, 단돈 십 원도 보시한 적 없으며, 반장·통장 자리 하나 내던지고 출가한 예가 없는 사람들도 그대로 여래의 지혜와 덕상을 똑같이 갖추고 있다는 사실을 보고는 신기하다고 한 거예요.

인도의 가난한 사람들, 특히 대부분의 불가촉천민을 보면 사람인지 짐승인지를 구분할 수 없을 정도입니다. 짐승도 집에서 키우는 짐승이 아니라 길에 버려진 들짐승 같은 모습이라고요. 지금도 인도에 가 보면 상황은 비슷합니다. 그런데 그와 같은 모습의 외형을 갖추었더라도 그런 사람들 하나하나가 자신의 마음자리와 똑같다는 사실에 너무 놀란 거지요. '모든 사람이 나와 똑같은 여래의 지혜와 덕상을 갖추었구나!' 하고 감탄의 말씀을 하셨잖아요. 불교의 위대성은 이러한 도리를 깨닫는 데 있고, 또 이것을 각자의 것으로 만드는 데 있습니다.

향상　갱 부 첨 득 일 물
向上에 **更不添得一物**이니라

위를 향하여도 궁극에 가서는 다시 한 물건도 첨가한 것이 없으리라.

궁극에 가서는 육바라밀 닦는다고 첨가되는 것도 아니고, 참선한다고 첨가되는 것도 아니며, 어떠한 수행을 하더라도 부처 위에 첨가되는 것이 아니라는 겁니다. 보통 불교의 가르침은 닦아야 하고, 보시해야 하고, 계행을 가져야 하는 등 온갖 수행을 열심히 해야 한다는 게 일반적입니다. 그게 더해지고 쌓여서 결국 부처가 되는 줄 알고 있죠. 여기서는 그와 같은 가르침과는 다르죠. 절대 그게 아니에요. 그야말로 부증불감입니다.

각 관 역 겁 공 용　　총 시 몽 중 망 위
却觀歷劫功用이 **總是夢中妄爲**라

수억만 년의 세월 동안 공을 쌓는다 하더라도 모두가 꿈속
의 허망한 일이다.

허망한 일이니 하나마나한 일이지요. 부처님이 6년 고행으로
깨달았다는 것 역시 허망한 일이다 이겁니다. 6년 고행이 그분의
경력일 뿐이지 부처가 되는 데 도움 되는 것은 아니에요. 부처가
된 자리에서는 도움 될 것이 하나도 없고, 고행을 안 했다고 해서
손해 볼 것도 없습니다. 그래서 중생을 낱낱이 보니 여래의 지혜
와 덕상을 고스란히 갖추고 있더라는 말씀을 하신 거죠.

고　　여 래 운 아 어 아 뇩 보 리　　실 무 소 득
故로 **如來云 我於阿耨菩提**에 **實無所得**이니

약 유 소 득　　　연 등 불　　즉 불 여 아 수 기
若有所得이런들 **燃燈佛**이 **卽不與我授記**라 하시며

그러므로 여래가 말씀하시길 최상의 깨달음에 있어서 실로
얻은 바가 없으니, 만약 얻은 바가 있다면 연등불이 나에게
수기하지 않았을 것이다.

'아뇩다라삼먁삼보리阿耨多羅三藐三菩提'는 『금강경』에 나오는
말이죠. 당신이 깨달았다고 해도 본래 갖추고 있었기 때문에 더

첨가된 것이 아닙니다. 부처님만 그런 것이 아니라 모든 사람이 다 갖추고 있어요. 그래서 얻은 바가 없어요. 다 있는데 무엇을 얻겠어요. 자기 집에 있는 것을 주워 어디서 이렇게 좋은 것을 주웠냐고 하는 것하고 똑같은 거예요. 별도로 얻은 것이 있다면 그것은 외도이며 잘못된 것입니다. 본래 얻지 않아도 다 갖추어져 있는 그 도리 때문에 연등 부처님이 석가모니 부처님께 '그대는 언제 부처가 될 것이다.'라고 수기를 했다는 말입니다.

우운 시법 평등 무유고하 시명보리
又云 是法이 平等하야 無有高下라 是名菩提라 하시니

즉차 본원 청정심 여중생 제불세계
即此本源淸淨心이 與衆生諸佛世界와

산하유상무상 변시방계
山河有相無相과 遍十方界가

일체평등 무피아상
一切平等하야 無彼我相하나니

이 법이 평등해서 높고 낮음이 없으니 이 이름을 깨달음이라 하고, 본래의 청정심이 중생과 부처 세계와 더불어 형상이 있거나 없거나 삼라만상 시방세계 일체가 평등하여 너와 나의 상이 없다.

『금강경』에 나오는 유명한 말이죠. 부처라 해서 더 가졌고 중생이라 하여 부족하며, 불교 믿는다고 해서 많이 가졌고 기독교 믿는다고 하여 불성이 없는 게 아니에요. 불교를 비방하고 부처를 비방하는 사람도 부처님입니다. 부처가 들어 있지 않고는 그렇게 비방할 줄도 모르는 것이죠. 비방할 줄 아는 게 부처의 능력이거든요.

근본 자리가 훌륭하고 청정하다는 것은 남보다 착하다거나 사양을 잘하거나 겸손하다는 게 아닙니다. 그렇게 알면 큰일입니다. '본원청정심本源清淨心'은 본래부터 아주 뛰어난 마음, 훌륭한 마음, 텅 빈 마음으로 볼 줄 알며 들을 줄 알고, 욕심 부릴 줄 알며 화낼 줄 알고, 욕할 줄 알며 칭찬도 할 줄 아는 능력의 마음을 말합니다. 말끝마다 칭찬만 하고 좋은 소리만 하고, 어딜가도 칭찬받는 사람이라서 청정심이 있는 것이 아닙니다. 천하에 악하고 극악무도한 사람도 똑같이 근본 자리는 청정심입니다. 우주의 일체가 평등해서 너는 잘났고 나는 못났다는 차별상이 없이 똑같다는 겁니다. 이러한 이치를 제발 알아야 합니다.

차 본 원 청 정 심　　상 자 원 명 변 조
此本源清淨心이　常自圓明遍照어늘

세 인　　불 오　　지 인 견 문 각 지 위 심
世人은　不悟하야　秖認見聞覺知爲心하며

위 견 문 각 지 소 부　　소 이 부 도 정 명 본 체
爲見聞覺知所覆하야　所以不覩精明本體하나니

본래 청정한 마음은 항상 저절로 원만하게 밝고 두루 비추나, 세상 사람이 깨닫지 못하여 다만 견문각지를 오인해서 마음으로 삼으며, 견문각지에 덮여서 정미롭고 밝은 본래의 마음을 보지 못한다.

햇빛은 그늘이 있죠. 마음의 광명은 그늘도 없습니다. 마음의 근본 자리를 이해하라고 보고, 듣고, 느끼고, 아는 것을 말하지만 '견문각지見聞覺知'만이 마음이라고 하면 안 됩니다. 만약 그렇다면 보고, 듣고, 깨닫고, 알고, 춥고, 덥고, 화나고, 슬퍼하고, 기뻐하지 않을 때는 마음이 없나요? 이해하기 쉽도록 마음 마음 하지만 그것은 하나의 물결이며 조각 마음에 불과합니다. 전체 물은 아니라는 겁니다. 보고, 듣고, 말할 줄 아는 것도 마음입니다만, 그것만이 마음이라 하면 그 모든 능력을 다 가지고 있는 본래의 마음 자리는 보지 못할 수가 있어요.

단 직 하 무 심   본 체 자 현
但直下無心하면 本體自現하야

여 대 일 륜   승 어 허 공
如大日輪이 昇於虛空인달하야

변 조 시 방   갱 무 장 애
遍照十方하며 更無障礙니라

바로 당장에 무심할 것 같으면 본래의 심체가 저절로 드러

나니, 마치 큰 태양이 허공에 떠올라 시방세계를 두루두루
비추며 더 이상 장애가 없다.

차별된 마음에 꺼들리지 아니하고 차별한 마음이 끊어진 자리
가 무심이죠. 마음을 태양에 비유했습니다. 그런데 태양은 그림
자를 남기지만 마음은 그림자도 없어요. 환하게 비치는 능력과
아는 능력을 태양이 비추는 것에 비유는 할 수 있어도 마음이 태
양과 똑같다고 하면 틀립니다. 비유는 어느 부분만 들어서 하는
거예요.

<ruby>故<rt>고</rt></ruby>로 <ruby>學道人<rt>학도인</rt></ruby>이 <ruby>唯認見聞覺知施爲動作<rt>유인견문각지시위동작</rt></ruby>이니

<ruby>空却見聞覺知<rt>공각견문각지</rt></ruby>하면 <ruby>卽心路絕<rt>즉심로절</rt></ruby>하야 <ruby>無入處<rt>무입처</rt></ruby>니라

그러므로 도를 배우는 사람들이 오직 보고, 듣고, 느끼고,
아는 일거일동을 마음이라고 오인하니, 보고, 듣고, 느끼고,
아는 것을 비워 버릴 것 같으면 마음의 길이 끊어져서 들어
갈 틈이 없다.

우리가 알고 있는 마음은 본심의 일면임에는 틀림없지만 그
일면만을 가지고 마음의 전체라고 알면 잘못 아는 겁니다. 보고,
듣고, 느끼고, 알고, 움직이고, 고개 돌려 쳐다보는 온갖 동작만

이 다라고 해서는 안 되며, 또 그것을 떠나서 본심이 있는 것도 아닌 거예요. 이것이 매우 미묘한 관계인데 잘 이해하라는 뜻입니다.

보고, 듣고, 느끼고, 아는 것을 물에 비유하면 물결이라 할 수 있어요. 물결은 바람에 따라 천차만별이죠. 동서남북 어느 곳에서나 물결이 일어날 수 있습니다. 바람이 세게 불면 큰 파도가 일어나고 약하게 불면 작은 물결이 일어납니다. 종지에 담으면 종지의 물이 되고, 컵에 담으면 컵의 물이 되며, 양동이에 담으면 양동이의 물이 되는데 여기에는 공통점이 있어요.

물은 젖는다는 성질이 있으며, 또한 젖는다는 것은 물의 본색이죠. 이것은 한결같아요. 흐린 물이나 맑은 물이나, 마시는 물이나 시궁창의 물이나 젖는 것은 동일합니다. 마음이 견문각지하는 온갖 것으로 악한 일을 저질러 시궁창의 물같이 흐려 있다손 치더라도 어떻습니까? 시궁창의 물이라고 안 젖나요? 악한 일을 하는 마음을 내는 깃도 마음이라고요. 그렇다고 그 마음만 가지고 마음의 본질이라고 생각하면 잘못된 생각입니다.

전단나무를 가지고 불상을 만들고, 보살상을 만들고, 나한상을 만들고, 별별 상을 다 만들죠. 모양은 각각 다르지만 전단나무를 가지고 만들었기 때문에 그 향기를 맡아 보면 전단 향기가 난다 이겁니다. 많은 사람들이 중생이니 부처니, 남자니 여자니, 늙었느니 젊었느니 등의 현상에 정신이 팔립니다. 그리고 그것에 집착하여 차별하고 분별하지만 사실 따지고 보면 그대로가 부처인데 부처의 본질을 가지고 늙기도 하고 젊기도 하고, 남자도 되고 여자도 되고, 이렇기도 하고 저렇기도 하는 거죠. 전단 나무를 가지고 조각했을 때 불상 그 자체에도 전단 향기가 나지만, 내버린 조각도 역시 전단나무이며 전단 향기가 나는 것처럼 말입니다.

물의 비유나 금의 비유, 전단나무의 비유를 잘 생각해야 합니다. 많은 사람들이 외형에만 집착하고 그것을 가지고 차별해요. 사람도 있다 없다, 배웠다 못 배웠다, 잘났다 못났다, 늙었다 젊다 차별하잖아요. 불법을 제대로 배웠다는 사람은 그렇게 하면 안 돼죠. 누구든지 그렇게 하면 공부가 덜 된 사람입니다. 사실 마음만 제대로 챙겨 버리면 참으로 평화롭습니다. 사람을 차별하지 않으면 얼마나 평화롭습니까. 그리고 모든 사람을 대하더라도 부모와 스승을 위하듯 그렇게 위할 줄 알면 끝나는 거죠. 그 사람의 인생은 얼마나 편안하겠습니까. 불자들은 스스로를 속이거나 시기, 질투하는 사람까지도 어리석어서 그렇다는 연민의 정을 가지고 위해야 합니다.

단 어 견 문 각 지 처　　인 본 심
但於見聞覺知處에 **認本心**이나

연　　　본 심　　불 속 견 문 각 지　　역 불 리 견 문 각 지
然이나 **本心**이 **不屬見聞覺知**하며 **亦不離見聞覺知**니

다만 견문각지처에서 본심을 오인해 인식할지라도, 본심이 견문각지에 속하지 않으며, 또한 견문각지를 떠나 있는 것

도 아니다.

금은 본래 모양이 있지 않다는 이야기와 같습니다. 젖는 성품
은 맑은 물이라야만 된다는 것이 아니라는 뜻입니다. 향기는 전
단나무로 깎은 불상에서만 나는 것이 아니라는 겁니다.

우리 사회의 가치 기준을 가지고 선한 일을 해야만 본심을 썼
다고 말할 수 있는 게 아니에요. 그것도 본심이지만 악한 일을
했어도 그것 역시 마음이 한 작용임에는 틀림이 없어요. 그런데
마음의 도리를 알아 버리면 그런 일 안 하죠. 그런 일을 할 까닭
이 없지요. 저절로 인연의 이치를 알고 세상의 원리를 아니까 그
원리대로 살기 때문에 그런 일이 있을 수가 없다는 것입니다.

전단 향은 불상을 떠나서 향기가 나는 것도 아니고 그 나무조
각을 떠나서 향기가 있는 것도 아니죠. 또 생선을 조각할 것 같
으면 생선을 떠나서 향기가 있는 것도 아닙니다. 바닷물이나 흐
르는 물이나 시냇물이나, 구정물이나 맑은 물이나 정수기로 걸
러낸 물이나 어떤 물이든 젖는 성품은 있기 마련이에요.

예를 들어 나쁜 놈이 있다고 합시다. 어떤 나쁜 짓을 해서 나
에게 해를 끼쳤고, 또 미워하고, 시기, 질투했다고 합시다. 그래
도 그 사람이 미워할 줄 알고 시기, 질투할 줄 아는 위대한 마음,
즉 위대한 부처의 능력을 가진 존재라는 것을 이해해야 합니다.
'나쁜 놈인 것은 틀림없는데 무슨 능력이 있어서 저렇게 나쁜 짓
을 하는 것일까?'라고 그 능력을 봐야 한다고요. 그 능력은 나쁜
짓을 할 수 있는 반면에 좋은 일도 할 수 있는 거죠. 미워하는 마

음이 사랑하는 마음이고, 사랑하는 마음이 미워하는 마음입니다.

누구나 똑같이 그와 같은 능력이 있다는 것을 이해하고, 인정해 주고, 존경하고, 예배해야 합니다. 그러한 자세가 되어 있으면 세상의 평화와 개인의 행복은 그냥 와 버립니다. 설사 나의 물건을 가져갔다고 해도 부처님이 가져갔다고 생각할 수가 있는 거죠. 억지로라도 그렇게 생각해 보세요. 일부러라도 가져다 바쳐야 할 것을 부처님이 가져갔는데, 수고스럽게 와서 가져갔으니 얼마나 고마워요.

그런데 이게 참 어려워요. 우리 수준으로는 얼토당토 않는 주문이죠. 절에 살다 보면 어떤 사람이 단골로 일 년에 몇 번씩, 어떤 때는 한 달에 한 번씩, 두 달에 한 번씩 꼭 와서는 돈을 얻어 가기도 해요. 이런 사람들을 이해하기란 참으로 쉽지가 않아요. 편안한 마음을 갖기란 더욱 어렵지요. 저는 그럴 때 속으로 잘 써먹는 방법이 있습니다. 마음을 위로하는 거죠. 나도 아직 덜 떨어졌기에 마음을 달래는 입장에서 가져다 줘야 하는데 일부러 찾아와서 달라 하니 고맙다 하고 줘요. 그렇게 마음먹지 못하면 참지를 못합니다. 종무소나 원주실의 소임 보는 사람들한테 찾아가서 달라면 공금으로 지출하니까 괜찮아져요. 그런데 개인 방에 찾아오면 개인 돈을 줘야 되는데 단골로 오니 참지 못하는 거죠. 부처님 법을 배우지 못했으면 주면서도 화를 내는 거예요. 주면서 화내면 복이 달아나잖아요. 이렇듯 아등바등하는 것은 제대로 하는 것이 아니죠. 제대로 하는 것은 흔적이 없어야 합니다. 줬다 안 줬다, 이랬다저랬다 하는 아무런 흔적이 남아 있지 않아야 성인의 마음이죠.

단 막 어 견 문 각 지 상　　기 견 해
但莫於見聞覺知上에 **起見解**하며

역 막 어 견 문 각 지 상　　동 념
亦莫於見聞覺知上에 **動念**하며

역 막 리 견 문 각 지 멱 심　　　역 막 사 견 문 각 지 취 법
亦莫離見聞覺知覓心하며 **亦莫捨見聞覺知取法**이니라

다만 견문각지 위에 견해를 일으키지 말며, 또한 견문각지 위에 생각도 일으키지 말아야 하며, 또한 견문각지를 떠나서 마음을 찾지도 말며, 이런 마음 쏨쏨이 버리고 따로 진리를 취하지도 말라.

보고, 듣고, 느끼고, 아는 가운데 이런 소견 저런 소견을 일으키지 말며, 또한 본심이다 본심이 아니다라는 생각을 하지 말라는 겁니다.

매우 중요한 말씀입니다. 보고, 듣고, 느끼고, 화내고, 웃고, 기뻐하고, 미워하고, 사랑하는 마음 쏨쏨이를 떠나 본심을 찾지 말라는 겁니다. 전단나무 이야기를 했죠. 전단나무로 만든 어떠한 상이나 혹은 잘라 내버린 나무조각에도 전단 향이 나죠. 따라서 보고 듣는 이것을 떠나서 마음이 따로 있는 게 아니라 그 마음 그대로 본심입니다.

본심 따로 불성 따로 취하지 않고 보고, 듣고, 느끼고, 아는 그 능력이 부처입니다. 그 능력은 매우 대단하고 위대합니다. 바로 이러한 능력을 부처라고 하는 거죠. 그 능력이 있으니 사람 사람이 모두 부처님입니다. 곧 '사람이 부처님이다.'라는 거죠. 불교를 통해 꼬여 있는 인간관계를 풀 열쇠가 바로 여기에 있습니다. 다만 열쇠는 모두 가지고 있는데 아직 열쇠 구멍을 찾지 못해 자물쇠를 풀지 못하고 있을 뿐입니다.

부 즉 불 리　　부 주 불 착
不卽不離하며 **不住不著**하며

종 횡 자 재　　무 비 도 량
縱橫自在하야 **無非道場**이니라

어디에 예속되어 있는 것도 아니며, 또 떠나 있는 것도 아니며, 머물고 집착할 일도 아니며, 종횡으로 자유자재해서 도량 아닌 곳이 없다.

마음은 보고, 듣고, 느끼고, 알고, 쳐다보고, 주고받고, 말하고, 대답하는 것에 예속되어 있는 것이 아니며, 또 그러한 사실을 떠나 있는 것도 아니기에 거기에 머물 일도 아니고 집착할 일도 아니라는 겁니다. '도량道場'은 깨달음을 뜻합니다. 왜냐하면 부처님께서 깨달은 자리를 도량이라 하거든요. 사찰을 도량이라 하잖아요. 도량은 도를 닦는 곳이기도 하지만 도를 통하는 곳이

기도 하며 도의 장소이기도 합니다.

'수처작주 입처개진隨處作主 立處皆眞', '어느 곳에서든지 주인이 되라. 지금 있는 그곳이 모두 참된 행복이다.'라는 임제 스님의 유명한 말이 있죠. 보고, 듣고, 느끼고, 아는 이 주체가 바로 자신이라는 것, 부처라는 것, 모든 것의 근본이라는 것만 제대로 챙기면 어디에 있든지 진정한 삶을 누리고 행복할 수 있는 겁니다. 집을 떠나 다른 곳에 머물러 있으면 집을 염려하잖아요. 그런데 무엇보다 '나'가 현재 여기에서 안전하게 있느냐가 중요한 겁니다. 현재 여기에 안전하게 있으면 사실은 아무 일도 없는 거예요. 그 외의 것은 모두 여벌에 불과하죠. 세상은 있을 수도 있고 없을 수도 있으며, 있다가도 없고 없다가도 있을 수 있습니다. 그런데 한 걸음 더 나아가면 나의 마음을 다른 현상에 빼앗기지 않고 스스로의 모습으로 있는 것이 진정한 행복입니다.

세 인　　문 도 제 불　　개 전 심 법
世人은 聞道諸佛이 皆傳心法하고

장 위 심 상　　별 유 일 법 가 증 가 취
將謂心上에 別有一法可證可取라 하면

수 장 심 멱 법　　부 지 심 즉 시 법　　법 즉 시 심
遂將心覓法하고 不知心卽是法이요 法卽是心이라

불 가 장 심 갱 구 어 심　　역 천 만 겁　　종 무 득 일
不可將心更求於心이니 歷千萬劫하야도 終無得日하리라

세상 사람들은 모든 부처님이 심법을 전했다는 말을 듣고, 마음 위에 따로 어떤 하나의 도리가 있어 가히 증득하고 취할 것이 있다고 여긴다면, 마음을 가지고 법을 찾으면서 마음 그대로가 법이라는 것을 알지 못함이요, 법이 곧 이 마음인 줄 알지 못하니, 마음을 가져서 다시 마음을 구하지 말지니, 천만겁이 지나도 마침내 얻을 날이 없으리라.

세상 사람들은 모든 부처님이 마음의 도리를 전한다는 말을 듣고는 마음 밖에 따로 찾고 구하여 취할 만한 법이 있다고 여긴다는 겁니다.

법을 찾으면서도 지금 보고, 듣고, 느끼고, 아는 그대로가 진리라는 사실을 알지 못합니다. 법은 곧 진리를 뜻하는 것이죠. 즉 마음이 곧 법이요, 법이 곧 마음인 줄을 알지 못하는 겁니다. 이것을 확대하면 일체유심조一切唯心造 아닙니까. 일체가 마음으로 지어진 것이니 마음이 근본이고, 뿌리이며, 전체라는 말이죠. 구하는 것도 마음입니다. 마음을 가지고 괜히 다른 마음을 구하는 거예요. 그렇다고 손에 잡히지 않는 법을 구하기 위해 찾아나서 봐야 법은 더 멀어져 버립니다.

봄 찾아 온 언덕을 누비고 돌아왔더니 자기 집 담장 밑에 매화가 활짝 피었더라는 이야기가 있습니다. 봄은 이미 자기 집 안에 있는 것처럼 마음도 그러합니다. 그러므로 마음을 가지고선 다시 마음을 구하지 말라는 겁니다. 그렇게 마음을 가지고 마음을 따로 찾아 나서면 천만겁의 세월을 보낸다 해도 깨칠 날은 없게 됩니다.

불 여 당 하 무 심　　변 시 본 법
不如當下無心이니 便是本法이니라

여 력 사　미 액 내 주　　향 외 구 멱　　주 행 시 방
如力士가 迷額內珠하야 向外求覓하며 周行十方하야도

종 불 능 득　　　지 자 지 지　　당 시
終不能得이라가 智者指之하면 當時에

자 견 본 주 여 고
自見本珠如故하나니

당장 무심함만 같지 못한 것이니, 그 자리가 바로 본래 법이다. 마치 힘센 장사가 자기 이마에 보배 구슬이 있는 줄 모르고, 밖으로 온 시방세계를 두루 다니며 찾아도 마침내 얻지 못하다가 지혜로운 이가 그것을 가르쳐 주면 본래 구슬은 예와 다름이 없음을 보는 것과 같은 일이다.

『열반경』에 나오는 내용입니다. 부처님은 『열반경』에서 부처의 본성, 여래장, 불성 등의 영원성을 집중적으로 이야기합니다. 그것은 부처님을 형상으로만 보려는 중생의 소견 때문입니다. 부처님은 『열반경』을 통해 육신이 천 번 만 번 소멸해도 그 본성은 그대로임을 가르치신 것입니다. 불성 혹은 본성은 특정 장소에만 국한되어 있는 것이 아니고, 육신에 한정되어 있는 것도 아

니며, 온 우주에 가득 차 있습니다. 그것이 인연을 만나면 석가모니로 몸을 나타내고, 문수의 몸으로 보현의 몸으로 관음의 몸으로 나타나며, 또 인연이 되어 여자의 몸으로 남자의 몸으로 온갖 사람의 몸으로 나타납니다.

세상에 수분이 가득한 봄이 오면 풀마다 나무마다 수분을 빨아들여 각자의 싹을 틔우잖아요. 감나무는 감나무의 싹을 틔우고 아카시아는 아카시아의 싹을 틔우듯 불성도 그와 같아요. 불성과 마음도 내 몸에 담겨 있으니 내 몸처럼 한정하여 생각하나 그렇지 않습니다. 어떠한 한계도 없이 툭 터져 있다고요.

여래의 영원성을 이야기하시면서 『열반경』에는 어느 부호 집의 힘센 장사를 예로 듭니다. 옛날 그림을 보면 그의 이마에는 다이아몬드가 박혀 있어요. 이것은 그의 능력과 힘을 상징하지요. 어느 날 힘센 장사끼리 치고받는 싸움을 하다가 다이아몬드끼리 부딪쳐 그 다이아몬드가 그만 이마 속으로 들어가 버렸습니다. 싸움을 끝내고 보니 다이아몬드가 없어졌거든요. 그래서 온 동네를 돌아다니면서 이마에 있던 다이아몬드를 보지 못했느냐며 찾는 거예요. 그런데 어떤 명의가 자세히 보니 이마에 그대로 박혀 있거든요. 지혜로운 의사가 손으로 더듬어 보니 다이아몬드가 없어진 게 아니라 더 안전하게 있음을 가르쳐 준거죠.

장사가 자기 몸에 구슬이 있다는 사실을 아는 것과 같이 보통 사람이라도 부처님이라는 위대한 스승을 모시고, 황벽 스님 같은 분의 큰 가르침, 즉 '그대가 바로 부처야. 당신이 가지고 있는 본래의 성품은 어마어마한 거야.'라는 가르침을 받아 비로소 스스로 존귀한 존재라는 사실을 안다는 거죠. 비록 어딜 가나 인정받지 못하고 천덕꾸러기인 존재라 하더라도 그 사람이 가지고 있는 존재의 가치는 부처의 본성을 그대로 가지고 있습니다. 우리는 그것을 부처님으로부터 인정받은 거예요.

금으로 불상을 만들면 금부처고, 비녀를 만들면 금비녀가 되잖아요. 금은 한결같아 금부처와 금비녀로 제한되는 것도 아니며, 금시계와 금반지로 제한되는 것도 아닙니다. 금을 녹여서 얼마든지 다른 것을 만들 수 있잖아요. 마음도 그와 같은 존재라는 것을 알아야 돼요. 그래서 부처님과 조사 스님처럼 도를 제대로 깨달은 분들은 이 마음이 한결같아 위대하다고 하잖아요.

불교가 무엇이며 부처가 무엇인지 전혀 몰랐던 무식한 나무꾼 육조 스님은『금강경』의 '응무소주 이생기심應無所住 而生其心', '응당 머무는 바 없이 그 마음을 내라.'라는 소리 한마디 듣고 마음이 환하게 밝아져 도를 먼저 통하고 그 다음 출가하여 불교와 절이 무엇인지를 비로소 공부하게 되었잖아요. 우리는 절차를 다 밟아도 잘 모르는데, 그분은 일체의 절차를 뛰어넘어 도통부터 해 놓고 출가했습니다. 일이 그렇게 되어야 참 쉬운데 말입니다. 우리는 마음 공부를 끊임없이 하고 있습니다. 기도하고, 참선하고, 경도 보고, 또『전심법요』를 공부하면서 마음의 이치를 깨달으려고 노력하잖아요. 그렇게라도 차츰차츰 알아가다 보면 제대로 알게 될 것이고, 제대로 알아야 느끼게 될 것이며, 느끼게 되면 어느 날 깨닫게 될 것입니다.

고　학도인　미자본심　불인위불
故로 學道人이 迷自本心하야 不認爲佛하고

수향외구멱　기공용행　의차제증
遂向外求覓하고 起功用行하며 依次第證하나니

역겁근구　영불성도　불여당하무심
歷劫勤求하야도 永不成道라 不如當下無心이니라

그러므로 도를 배우는 사람이 본심을 스스로 미혹해서 부
처로 삼지를 못하고, 드디어 밖을 향해서 부처를 찾고, 공
을 일으켜 노력하며 차제에 의해서 증득하나니, 오랜 세월
을 부지런히 구하더라도 영원히 도를 이루지 못하리니, 찾
는 그 마음이 당하에 없어져 버리는 것만 같지 못하느니라.

　도를 배우는 사람도 본심을 스스로 미혹하여 부처임을 알
지 못하고 밖을 향해서만 관세음보살을 찾는다는 겁니다. 『임제
록』에서는 문수보살을 찾으러 오대산을 뼈 빠지게 오르는데, 찾
으려는 당사자의 그 능력 그대로 부처라고 했잖아요. 문수보살
을 찾는 자가 바로 산 문수보살입니다.
　본심이 그대로 부처인줄 알지 못하고 밖을 향해서 부처를 찾고
관세음보살을 찾는다는 거예요. 깨달음은 십주, 십행, 십회향 등
하나하나씩 닦아 올라가야 되는 줄로만 아는 겁니다. 전혀 그런
게 아니거든요. 마음에 앞뒤가 있나요? 오랜 세월 도를 부지런히
구하더라도 영원히 이루지 못한다 했어요. 밖을 향해서는 그 마
음을 도대체 알 길이 없는 거예요. 즉 밖을 향해서 찾는 그 마음

이 당장 없어진 무심의 자리가 도를 이루는 자리라는 겁니다.

결정지일체법　　본무소유　　역무소득
決定知一切法이 本無所有하며 亦無所得하며

무의무주　　무능무소　　부동망념　　변증보리
無依無住하며 無能無所하며 不動妄念하면 便證菩提니

급증도시　　지증본심불　　역겁공용
及證道時에는 秖證本心佛이요 歷劫功用은

병시허수
並是虛修니라

결정코 일체법이 본래 있는 바가 없으며, 소득도 없으며, 의지함도 없으며, 주함도 없고, 주관도 객관도 없으며, 망념을 움직이지 아니할 것 같으면 곧 보리를 깨달을 것이니, 도를 증득할 때에는 다만 본심인 부처를 증득함이요, 오랜 세월을 공부하는 것은 결국은 헛된 수행이다.

깨닫고 보면 스스로 가지고 있던 본래 그 마음이 부처입니다. 그 마음이 부처이지 밖에 있었던 것도 아니고, 법당에 있었던 것도 아니며, 누가 준 것도 아니죠. 이 사실을 알면 누군가는 원통하고 억울하겠지요? 봄을 찾으러 갔던 사람은 겨우 하루 동안 산으로 들로 돌아다녔을 뿐이지만 부처 찾던 우리 중 누군가는 수 년, 수십 년 피나는 고행을 하면서 엉뚱한 곳으로 찾아 헤맸거든요.

　본심은 다른 곳에서 찾는다고 찾아지는 것이 아니라 바로 한 걸음도 옮기지 않은 그 자리에 있는데도 불구하고 그것을 찾는다는 것입니다. 무릎이 닳도록 기도하고 방석이 해지도록 참선하는 등 열심히 하잖아요. 그게 다 부질없는 수행이라는 겁니다. 그런데 『전심법요』를 공부하는 우리의 입장에서는 헛된 수행이라 했든 안 했든 그건 황벽 스님의 말일뿐이라 여겨야지 '그게 맞습니다.' 하면 곤란하지요.

여 력 사 득 주 시　지 득 본 액 주
如力士得珠時에는 秖得本額珠요

불 관 향 외 구 멱 지 력 고
不關向外求覓之力故로

마치 역사가 구슬을 얻었을 때에도 본래 자기 이마에 있던 구슬이요, 밖을 향해서 찾은 것과는 아무런 관계가 되지 않은 것과 마찬가지다.

　힘센 장사가 다이아몬드를 얻었을 때에는 본래 자기 이마에 있던 구슬이지 밖에 따로 떨어져 있던 것을 주워 온 것이 아니라고요. 이렇게 정곡을 찌르는 가르침이 흔하지 않습니다. 그러니 임제 스님과 같은 제자를 둘 수가 있었지요. 부처가 되었다 해도 본래 내 이마에 있던 구슬을 얻었을 뿐이지 잃어버리지도 않았는데 얻었다, 잃었다 할 것도 없지요. 편의상 표현을 하자니 '얻었다'고 하는 것이죠. 부처를 이룬 것을 성불 또는 견성이라고 하잖아요. 그러나 부처를 이룬 게 아니에요. 말로 '본래 부처'임을 표현하는 데 한계가 있으니 편의상 부처 됐다고 할뿐이지 본래부터 본심불이라고요.

『법화경』에 '불관향외구멱지력고不關向外求覓之力故', '밖을 향해서 구하고 찾는 노력은 아무런 관계가 없다.'고 하였습니다. 힘센 장사가 놀던 씨름판이라든지 말을 타고 돌아다녔던 곳을 샅샅이 다니면서 찾았다손 칩시다. 그것이 무슨 보탬이 되나요? 자기가 놀던 곳을 돌아다니면서 구슬을 찾느라고 그렇게 애를 썼는데 그 노력이 무슨 보탬이 되냐고요. 자기 이마에 본래 있었던 구슬을 보고 '내 이마에 본래로 있었구나!', '본래 잃어버린 것이 아니구나!'라는 사실을 아는 데는 그 노력이 아무 소용 없어요. 그러므로 허수虛修라고 하지요. 헛된 수행의 이유가 여기에 있어요. 석가모니의 6년 고행도 헛된 수행이지요. 그 어떤 수행도 모두 헛된 수행입니다. 수행할 필요가 없도록 되어 있어요. 왜냐하면 수행해서 얻는 것이라면, 수행하지 않으면 잃어버리는 게 이치잖아요. 이것은 크게 횡재할 가르침이에요. 노력하지 않고 부처 되는 가르침이 바로 이거니까요. 차원이 너무 높아 곤란하다니까요. 이와 같은 공부를 할 수 있는 인연을 만났다는 게 얼마나 좋습니까.

불언 아어아뇩보리   실무소득
佛言 我於阿耨菩提에 實無所得이나

공인불신고   인오안소견   오어소언
恐人不信故로 引五眼所見과 五語所言하니

진실불허   시제일의제
眞實不虛라 是第一義諦라 하시니라

부처님이 말씀하시길 내가 최상의 깨달음에 대해서 실로 얻은 바가 없어, 사람들이 그것을 믿지 아니할까 염려되는 까닭으로 오안의 소견과 오어의 소언을 이끌어 온 것이니, 진실해서 헛되지 아니함이니 이것이 제일가는 도리라 하셨다.

본래 있던 것이니 얻은 바도 없습니다. 그런데 본래 가지고 있던 것이라 하면 믿지 않습니다. 그래서 부처님께서는 육안肉眼, 천안天眼, 혜안慧眼, 법안法眼, 불안佛眼이라는 다섯 가지의 눈과 진어眞語, 실어實語, 여어如語, 불광어不誑語, 불이어不異語라는 다섯 가지 말로써 믿도록 한 것이죠.

『금강경』「이상적멸분」에 '여래는 바른 말을 하는 이고, 참된 말을 하는 이며, 이치에 맞는 말을 하는 이고, 속임 없이 말하는 이며, 사실대로 말하는 이다.'라고 한 것도 결국 사람들이 믿지 않을까 봐 염려해서 하는 말입니다.

제일가는 진리와 이치의 가르침이라 했습니다. 이 이상의 이치는 없다는 것이죠. 부처님과 조사 스님이 별별 가르침을 폈지만 그 가르침에 대하여 본심의 실체를 파악하는 것이 성불이라

정의한다면 이는 성불과는 관계가 없습니다. 하지만 이를 이해할 수 있는 근기에 맞는 사람은 불과 몇 명 되지 않으며, 또한 근기에 미치지 못하기 때문에 이를 믿지 않습니다. 이렇게 좋은 보물을 모든 사람이 알도록 하려면 이를 이해하고 믿어야 하거든요. 그러니 별별 말씀을 다 하신 거죠. 오안소견이니 오어소언이니 하는 가르침을 펼 수밖에 없다는 이야기입니다. 이러한 점에서 팔만대장경이 모두 방편설이라고 말할 수 있어요. 팔만사천 근기에 맞는 방편의 가르침이고, 팔만사천의 병에 따른 약방문이라고도 할 수 있습니다.

4. 일체를 여읠 줄 아는 사람이 곧 부처
:

불교의 역사를 살피면 부처님 당시로부터 열반하시고 100년
까지의 불교를 원시불교 또는 근본불교, 초기불교라 합니다. 그
원시불교도 약 100여 년이 지나면서 환경의 변화에 따라 새로운
옷으로 갈아입기 시작해요. 이를 부파불교라 합니다. 하나의 불
교가 여러 부파로 나눠지기 시작합니다. 근본은 변함이 없지만
시대에 맞는 새로운 옷으로 갈아입어야 된다는 의식이 싹트면서
계율에 대한 해석도 달라지고 경전의 말씀도 좀 더 현대적으로
해석하게 된 겁니다. 소위 이십 개 부파가 생겨서 부파불교 시대
가 전개돼요. 부파불교 시대가 불멸 약 300여 년 가까이 흐른 뒤
에 부파불교로는 안된다면서 새로운 기운이 싹트게 됩니다. 바
로 대승불교 운동입니다. 그 대승불교 운동도 1회로 끝나지 않고
초기 · 중기 · 후기 운동으로 나눠지면서 발전을 해요. 후기 대승
불교는 그동안의 대승불교로는 안된다면서 밀교로 변화를 거듭
합니다. 새로운 불교로 계속 변모하는 겁니다.

그 무렵 중국에는 달마 스님이 오면서부터 선불교라는 새로운 옷을 입게 됩니다. 물론 원시불교에 뿌리를 두고 있지요. 이러한 이치를 비유로 말하자면, '솔 씨 하나가 낙락장송落落長松을 키워내듯 낙락장송도 결국은 솔 씨 하나에서부터 발전했다.'라고 할 수 있어요. 그와 같이 오늘날의 대승불교, 밀교, 선불교 등 모든 불교의 근본은 원시불교에 있는 것이 사실입니다. 그러나 그 소나무가 자라면서 소나무 자체는 변함이 없지만 매년 모진 풍파에 가지와 잎, 그리고 모양이 달라지면서 성장하듯 불교도 3,000년의 역사를 이루면서 위기와 함께 끊임없이 변화를 해 왔던 거죠. 원시불교 시대에는 원시불교가 위기를 맞으므로 새로운 불교가 탄생했고, 소승불교의 시대는 위기를 통해 대승불교로 거듭난 것이죠. 소나무도 낙엽이 지잖아요. 낙엽이 지고 새 잎이 다시 자라듯 불교도 자세히 살펴보면 그런 과정을 끊임없이 거쳐 왔어요. 선불교가 좋은 불교임에는 사실이지만, 또한 선불교만 가지고도 안되는 이치가 여기에 있는 거죠.

현재의 우리나라 불교를 정리하자면 매우 어려운 게 사실입니다. 밀교, 소승불교, 대승불교, 호국불교, 선불교 등 온갖 불교가 있잖아요. 그래서 한국불교를 통불교라 합니다. 그런데 지금의 시대는 얼마나 많은 발전을 했습니까? 우리나라는 근래 100년이라는 매우 짧은 시간에 눈부신 발전을 거듭하고 있잖아요. 이러한 측면에서 이 시대의 새로운 불교가 필요하다는 것은 자명한 이치이지요. 매우 자연스러운 현상이에요.

그렇다면 이 시대의 새로운 불교는 무슨 불교냐? 저는 '인간불교'라고 정리합니다. 인간불교라는 말이 무슨 말이냐? 이는 전혀 새로운 가르침을 이야기하는 것이 아닙니다. 원시불교를 비롯하여 선불교에 이르기까지 그 가르침은 인간불교적인 요소를 가지고 있습니다. 인간불교라는 것은 인간 존재의 실체를 깊게 관찰하여 그것을 잘 이해하고 그 이치대로 사는 것이라고 정리할 수 있습니다. 인간 존재의 실체란 무엇인가. 이 문제에 대한 해답은 경전에 수없이 제시되고 있습니다. 『전심법요』에도 얼마든지 있고, 『임제록』에도 얼마든지 있으며, 『화엄경』·『법화경』·『금강경』 등 대승경전에도 얼마든지 있습니다. 또 원시경전과 『법구경』에도 수없이 많습니다.

호국불교도 마찬가지입니다. 다만 호국불교가 필요했던 시대에는 모든 경전에서 호국불교적인 요소를 등장시켜 그것을 부각시킨 거예요. 선불교 시대는 선불교적인 내용을 간추려 그것을 부각시키는 겁니다. 밀교도 마찬가지입니다. 그와 같이 제가 말하는 인간불교도 원시불교에서부터 대승불교와 선불교에 이미 있는 것인데, 인간불교라는 의미에 잘 부합되는 것만을 간추려서 부각시키는 일입니다. 그래서 저는 이 시대를 인간불교 시대라고 해요.

다른 불교 시대는 그 시대의 특징이 있어요. 대승불교 시대에는 경전을 많이 저술하였습니다. 『화엄경』, 『법화경』, 『금강경』 같은 대승경전의 경우 석가모니 부처님이 열반하신 지 500년 내지 600년쯤 지난 후에 나타난 부처님들이 설하신 경전이라고요. 부처님이 석가모니 혼자라는 법이 있나요? 그렇다면 인간불교 시대의 부처님은 어떻게 되느냐? 인간 개개인이 부처입니다. 우리가 그대로 부처라는 것은 특정한 부처가 필요치 않다는 의미입니다. 또한 특정한 부처를 인정할 수도 없어요. 스님께서 처음으로 그런 주장을 하느냐고 반문할 수 있죠. 하지만 경전마다 있고 어록마다 있는 소리잖아요. 맞아요. 경전과 어록에 다 있는 이야기이지만 인간불교의 입장에서 부처님을 정의할 때 인간 개개인이 그대로 부처라고 할 수밖에 없는 거죠. 신분과 처지 등 현재의 상태가 어떠하냐는 점은 아무런 문제가 되지 않습니다. 말할 줄 알며 들을 줄 알고, 부르면 대답하며 배고프면 밥 먹고, 피곤하면 누워 잠잘 줄 아는 이 사실보다 더 큰 능력은 세상 어디에도 없는 겁니다.

"오대산에 문수보살이 없다. 문수보살을 찾아 한 걸음 한 걸음 가는 너야말로 진짜 살아 있는 문수다."라고 임제 스님이 말씀하셨잖아요. 이런 이야기야 익숙하게 들리겠지만 사실 이와 같은 이치는 깊숙이 믿지 못합니다. '문수보살은 법당에 계시는데요.' '저기 영험 있는 도량에 계시는데요.'라며 자꾸 밖을 향하는 습관이 있어서 업이 되었기 때문에 믿지를 못합니다.

육조 스님이 깨닫고 보니 나에게 모든 것이 갖추어져 있고 나야말로 아주 훌륭하다는 사실에 탄복을 했잖아요. 육조 스님이 참선해서 알았습니까, 염불해서 알았습니까, 경을 읽어서 알았습니까? 경전 한 구절, 『반야심경』 한 줄 외우지 못했다고요. 그저 나무장수, 떠꺼머리총각이었잖아요. 그런데 어느 순간 눈이 밝아져 내가 이렇게 훌륭한 존재임을 꿈엔들 상상이나 했겠는가

하고 야단법석을 떨었잖아요. 자성이 본래 청정하다는 사실에 자기가 탄복하는 소리거든요.

하기자성(何期自性)이 본자청정(本自淸淨)이며
하기자성(何期自性)이 본불생멸(本不生滅)이며
하기자성(何期自性)이 본자구족(本自具足)이며
하기자성(何期自性)이 본무동요(本無動搖)며
하기자성(何期自性)이 능생만법(能生萬法)이리까
내 자성이 본래 청정한 줄을 내 어찌 알았으랴.
내 자성이 본래 생멸이 없는 줄을 내 어찌 알았으랴.
내 자성이 본래 저절로 갖춰져 있는 줄을 내 어찌 알았으랴.
내 자성이 본래 동요가 없는 줄을 내 어찌 알았으랴.
내 자성이 능히 모든 것을 만들어 내는 줄을 내 어찌 알았으랴.

이것은 육조 스님의 오도송이라고 할 수 있습니다. 이와 같이 존재의 가치를 깊이 사유해서 느끼고 나의 살림살이로 만드는 것이 중요합니다.

임제 스님이 황벽 스님께 불법을 물으러 갔다가 진짜 불법을 보았잖아요. '삼도발문 삼도피타'라, 세 번 죽도록 얻어맞았거든요. 때리고 맞는 순간이 살아 있는 부처가 죽고 사는 순간 아닙니까? 그것을 보여 준 거지요. 더 이상 무엇을 보여 줍니까?『법화경』,『금강경』에 이르기를 어쩌고저쩌고 할 여유가 없습니다. 제대로 된 선지식은 바로 법을 보여 주는 거죠. 처음에는 그러한 이치를 모르다가 대우 스님으로부터 너희 황벽 스님이 그렇게 친절하더냐고, 다른 스님한테는 그렇게 친절하게 하지 않는데 어떻게 네가 예쁨을 보여 그렇게 친절한 가르침을 들었느냐는 소리를 듣죠. 이 한마디에 머리가 터지도록 사정없이 때린 것이야말로 이 세상 둘도 없는 자비와 친절을 베푼 것이라는 사실을 깨달았던 겁니다. 그렇게 알뜰하게 살아 있는 불법을 가르쳐 줬고, 살아 있는 부처가 무엇이라는 사실을 가르쳤는데도 몰랐다는 거죠. 그러고는 깨닫고 난 뒤에 하는 소리가 '황벽불법 무다자'라, '황벽 스님 불법도 별것 아니네.'라고 했죠. 황벽 스님의 불법이 간단하다는 뜻도 됩니다. 간단하구나! 맞아요. 사실 매우 간단합니다. 말하고 듣고, 배고프면 밥 먹을 줄 알고, 피곤하면 잠잘 줄 아는 그 능력, 어떠한 신분의 사람이든지 공히 가지고 있는 인간 존재의 실상이지요. 그래서 이제는 부처가 따로 없어요. 옛날에는 훌륭한 선사가 부처님이었고, 대승불교의 시대는 대승경전을 설할 수 있는 분들이 선사이며 부처님이었죠. 대승불교를 창시한 마명, 용수 같은 분들이 그 시대의 부처님이라고요. 원시불교 시대는 석가모니가 부처님이죠. 선불교 시대는 훌륭한 선사라야만 부처님이었습니다. 그런데 인간불교 시대는 인간 개개인이 그러한 사실만 잘 이해하고 스스로 깨우쳐서 그것으로 살아갈 줄만 알면 그대로가 공히 부처님입니다.

상불경보살이 모든 사람을 부처님으로 생각하고 예배를 올리는 내용이 『법화경』에 나오잖아요. "나는 당신을 부처님으로 생각하고 예배드립니다. 절대 천시하지 않고 공경하겠습니다." 상

불경보살은 모든 사람을 가벼이 여기지 않고 공경하는 마음으로 예배했거든요. 그분은 경을 읽는 사람도, 참선하는 사람도, 염불하고 기도하는 사람도 아니고 그저 만나는 사람마다 예배한 거예요. 그러면서 '당신은 부처님이다.'라고 수기했지요. 우리는 그때 상불경보살님으로부터 이미 수기를 받았어요. 다만 속진에 찌들어 부처라는 사실을 잊어버리고 있으니, 내 자신도 깨우치고 여러분도 일깨워 주느라 이런 소리를 하는 거지요.

불교는 이러한 사실을 아는 것이지 복잡하거나 특별할 것이 없습니다. 그 사실을 알았을 때 선행을 저절로 하게 되고, 악행은 저절로 안 하게 되죠. 인간 존재의 실상에 대한 이치에 맞게 살면 좋지 않은 업은 소멸될 것이며, 좋은 공덕은 자연스럽게 쌓이게 됩니다.

학 도 인　　막 의　　　사 대　　위 신
學道人은 **莫疑**어다 **四大**로 **爲身**이나

사 대 무 아　　　아 역 무 주
四大無我하고 **我亦無主**하니

도를 배우는 사람은 의심하지 말라. 사대로 자신의 몸을 삼
으나 사대에는 나도 없고, 나에도 또한 주재가 없다.

무심이 도라고 했잖아요. 마찬가지로 '무아無我'가 도입니다.
고정불변의 실체가 없음을 확고하게 믿는 데서 도는 출발하는
거죠. 우리 몸은 지 · 수 · 화 · 풍地水火風, 사대四大로 구성되어
있죠. 그런데 그 사대는 실체가 없습니다. 주인이라고 할 만한
고정불변의 실체가 없다고요. 불이 주인이라면 물이 가서 꺼 버
리고, 물이 주인이라면 불로 증발시켜 버리잖아요. 즉 어느 것
하나도 고정불변한 주체가 없습니다.

고 지 차 신　　　무 아 역 무 주
故知此身이 **無我亦無主**하며

오 음　　　위 심　　　오 음　　무 아 역 무 주
五陰으로 **爲心**이나 **五陰**이 **無我亦無主**하니

고 지 차 심　　　무 아 역 무 주
故知此心이 **無我亦無主**라

그러므로 이 몸은 아도 없고 또한 주인도 없음을 알아야 하

며, 오음으로 마음을 삼으나 오음이 고정불변하는 실체도 없고 주인도 없으니, 그러므로 이 마음은 아도 없고 또한 주인도 없음을 알아야 한다.

'아我'와 '주主'는 고정불변의 실체를 말합니다. 우리 몸은 나라고 할 만한 실체가 없으며, 그 나[아(我)]에도 또한 주재主宰자가 없다는 겁니다.

'오음五陰'은 색·수·상·행·식色受想行識을 말합니다. 색은 사대에 해당되는 실체의 측면에서 바라본 것이고, 수·상·행·식은 정신작용에 해당하는 주재의 측면에서 바라본 것입니다. 즉 사대, 오음은 그 실체와 주재자가 없다는 것이죠.

육근육진육식　화합생멸　역부여시
六根六塵六識이 **和合生滅**도 **亦復如是**하니라
육근, 육진, 육식이 어우러져 생멸하는 것도 역시 이와 같다.

지금 말할 때 나는 소리는 성진에 해당합니다. 말하는 소리는 이근이 듣죠. 성진과 이근, 즉 소리와 귀 사이에 일어나는 작용을 이식이라 합니다. 안·이·비·설·신·의眼耳鼻舌身意 모두가 상대관계로 어우러져 인식작용이 꺼지고 일어남을 반복하죠. 지금 말을 하니까 들을 수 있지, 말을 하지 않으면 멈춰지는 거죠. 눈으로 사물을 보다가도 눈이 활동을 멈추면 없어집니다. 이렇

게 인식작용은 상호 어우러져서 생멸을 반복하는 겁니다. 육근六根, 육진六塵, 육식六識이 화합 생멸하는 것은 주체적이고 고정불변한 아가 없고, 주인도 없기 때문입니다.

십 팔 계 기 공   일 체 개 공
十八界既空인댄 **一切皆空**이요

유 유 본 심   탕 연 청 정
唯有本心하야 **蕩然淸淨**하니라

십팔계가 공할진댄 일체가 다 공이요, 오직 본래의 마음이 있을 뿐 텅 비어 청정하다.

육근, 육진, 육식을 '십팔계十八界'라 하며 인식하는 세계라고 할 수 있습니다. 그 십팔계가 공하여 내가 의지하고 있는 일체가 공한 것이죠. 그런데 오직 본심 하나 있다는 겁니다. 앞서 '유유생일색唯有生一色', '오직 생기 일색만 있을 것 같으면', '팔면기청풍八面起淸風', '팔면에 맑은 바람만 일으킨다.'라고 했잖아요. 이 것이 '유유본심唯有本心'입니다. 지금 보고, 듣고, 배고프면 밥 먹을 줄 아는 그 본심을 말합니다. 그런데 이렇듯 분명한 존재인데도 찾아보면 손에 잡히지 않고 눈에도 보이지 않는 거죠. 텅 비었다는 말입니다. 그러면서도 묘하게 있습니다. '진공묘유眞空妙有'라 하잖아요. 물질을 포함하여 모든 것은 이와 같은 원리에 의해 존재합니다. 특히 마음이 중도원리에 가장 잘 맞게 존재하는 거죠.

유 식 식 유 지 식　　사 대 지 신　　기 창　　위 환
有識食有智食하니 **四大之身**은 **飢瘡**이 **爲患**이라

수 순 급 양　　불 생 탐 착　　위 지 지 식
隨順給養하야 **不生貪著**을 **謂之智食**이요

알음알이의 양식과 지혜의 양식이 있으니, 사대의 몸은 주
리고 병난 것이 근심거리니, 알맞게 영양을 공급하여 탐착
을 내지 않는 것이 지혜의 음식이요.

'식식識食'은 식정 또는 정식이라고 합니다. 생각과 의식작용을
일으켜 만드는 분별의 양식이죠. '지식智食'은 지혜의 음식입니
다. 지·수·화·풍으로 이루어진 몸뚱이는 항상 주림과 질병이
근심거리가 된다는 겁니다.

　분수에 맞게 생활하라는 거죠. 인연에 수순하여 분에 맞게 옷
도 사 입고, 집과 먹는 것도 탐착하지 말라는 겁니다. '수연무작
隨緣無作', '인연 따라 조작 없이 억지 부리지 말고 살라.'했어요.
이치를 아는 사람이라면 억지 부릴 턱이 없지요. 먹을 식食 자를
통해 분별과 지혜를 비유한 것은 중생들이 가장 잘 이해할 수 있
기 때문입니다.

자 정 취 미　　　망 생 분 별　　　유 구 적 구
恣情取味하야　妄生分別하며　惟求適口하고

불 생 염 리　　　위 지 식 식
不生厭離를　謂之識食이니라

제멋대로 맛에 취해 망령되게 분별을 내며, 오직 입에 맞는
것만 구하고, 싫어하여 버릴 줄을 모르는 것을 분별의 양식
이라 한다.

'먹을 식食'으로 표현해서 '맛 미味' 자를 썼지만, 일상생활 모
두를 일컫는 말입니다. 생각을 방자하게 내서 좋은 음식, 좋은
옷, 좋은 집, 명품 장신구만 찾는다는 거죠.
『신심명』 첫 구절은 다음과 같은 게송으로 시작합니다.

지도무난 유혐간택(至道無難 唯嫌揀擇)
단막증애 통연명백(但莫憎愛 洞然明白)
지극한 도는 어렵지 않나니 오직 간택함을 꺼릴 뿐이니
다만 미워하고 사랑하지만 않으면 통연히 명백하리라.

사실 이상적인 삶은 어렵지 않고 쉽습니다. 좋다 나쁘다, 미워
하다 사랑하다, 내 것 네 것이라는 분별만 없으면 이상적인 삶이
고 성공적인 삶입니다. 견성성불이 환해서 '통연명백洞然明白'이
라 했어요. 그런데 분별과 차별에 젖어 취사, 선택, 증애, 시비,
선악의 편견에 떨어져 머리 굴리고 저울질하는 게 일반적인 일

상생활입니다.

입에 넣었다가 맞지 않으면 토해 버립니다. 우리의 일상생활 대부분이 이렇다는 거죠. 그런데도 중생은 업이 되어 쉴 줄 모르고 끝낼 줄을 몰라 오늘도 내일도 그렇게 하고, 안에서도 나가서도 끊임없이 되풀이하고 있어요. 저울질하고 머리 굴리고 분별하는 거죠. 이를 정식, 식정식, 또는 식정이라고도 합니다. 중생들의 일반적인 사고를 '식識'이라고 해요.

성 문 자　　인 성 득 오 고　　위 지 성 문
聲聞者는 **因聲得悟故**로 **謂之聲聞**이니

단 불 료 자 심　　　어 성 교 상　　기 해
但不了自心하고 **於聲教上**에 **起解**하며

성문은 소리로 인해서 깨달음을 얻은 까닭에 성문이니, 다만 자신의 마음을 깨닫지 못하고, 소리의 가르침 위에서 이해를 일으킨다.

소위 성문, 연각은 자신의 능력을 깨닫지 못하고 소리의 가르침에 의지하여 알음알이를 일으킵니다. 소리에는 문자도 포함됩니다. 옛날에는 문자가 필요치 않아 문자가 없었을 뿐더러 쓰지도 않았고 말뿐이었으니 '성문聲聞'이라 했어요. 사실은 우리도 경전에 의지하여 알음알이를 일으키니 성문이죠.

혹 인 신 통 　 혹 인 서 상 언 어 운 동
或因神通하며 **或因瑞相言語運動**하야

문 유 보 리 열 반 　 삼 승 지 겁 수 성 불 도
聞有菩提涅槃하고 **三僧祇劫修成佛道**하나니

혹은 신통을 인하기도 하며, 상서로운 현상의 말과 운동의
움직임으로 인해서 보리와 열반이 있음의 소리를 듣고 삼아
승지겁 동안 불도를 닦아서 불도를 이루려 한다.

신통이나 불상, 사리, 탑, 사찰과 같은 상서로운 모습과 언어,
동작 등에 의지하여 '보리열반菩提涅槃'이 따로 있다는 소리를 듣
고 한평생 동안 불도를 닦는다는 거죠. 부처님 당시, 특히 소승
불교 시대에는 이렇듯 성문 수준의 설명이 유효했어요. 소승불
교가 위기 상황을 맞이하여 이러한 방식으로는 더 이상 안되겠
다 싶어 그 대안으로 대승불교가 생겨난 게 아닙니까. 그래서 보
살불교가 생긴 거예요. 삼아승지겁을 닦아야 부처님이 된다는 이
야기는 폐기되어 버립니다.

개 속 성 문 도 　 위 지 성 문 불
皆屬聲聞道요 **謂之聲聞佛**이니라

유 직 하 　 돈 료 자 심 　 본 래 시 불
唯直下에 **頓了自心**이 **本來是佛**이라

이것은 다 성문의 도에 해당되고 그것을 일러 성문불이라

한다. 오직 당장 이 순간 이 자리에서 자신이 본래로 부처임을 깨달으면 된다.

지금까지 이야기한 것은 모두 본래불의 입장이 아니라는 거죠. 말할 줄 알며 들을 줄 알고, 봄이 왔으니 강의 빨리 끝내고 산에 가자고 말할 수 있는 그 능력을 가진 사람이 본래 부처인 자신이라는 겁니다. 이 능력보다 더 훌륭한 능력을 가진 부처 있으면 나와 보라고 해요. 찾을 줄 몰라서인지 이것보다 더 훌륭한 부처는 아직까지 찾지 못했어요. 지금까지 찾았던 모든 부처는 문자에 있는 것이고, 경전에 있는 것이어서 책을 덮어 버리면 없더라고요. 책을 덮어 버리면 없어지는 부처가 부처인가요? 눈 떴으면 뜬 그대로, 감았으면 감은 대로, 귀를 열었으면 연 대로, 막았으면 막은 대로, 잠자면 가만 있을 줄 알았는데 온갖 꿈을 꾸어 난리법석을 떠는 그런 신통방통한 부처는 정말 대단한 부처 아닙니까?

무 일 법 가 득   무 일 행 가 수
無一法可得하며 無一行可修하면
차 시 무 상 도   차 시 진 여 불
此是無上道며 此是眞如佛이니라
한 법도 얻을 것이 없으며 한 가지도 더 닦을 게 없으면 이 것이 최상의 도이며 진짜 여여한 부처이다.

'일체불법一切佛法을 총불용학總不用學이라.', '일체 불법을 공부하지 말라.'고 했어요. 그것이 최상이며 참부처라는 겁니다. 공부하면 오히려 잘못되어 다른 길로 간다는 겁니다. 한 법도 가히 닦을 게 없는 것을 '돈료頓了'라 합니다.

시간적·공간적으로 아무리 많이 흐르고 지나도 변함없는 부처를 '진여불'이라고 하잖아요. 요즘은 가짜 부처가 너무나 많습니다. 진여불이라는 말은 오히려 가짜가 많다는 뜻입니다. 제가 없는 소리합니까? 가짜가 있으니 진여불이라 하지요. 여기에서 설명하는 것 이외는 전부 가짜 불교라 알면 됩니다.

학 도 인　　지 파 일 념 유　　즉 여 도　　격 의
學道人이 祇怕一念有하야 卽與道로 隔矣니

념 념 무 상　　　념 념 무 위　　즉 시 불
念念無相하며 念念無爲가 卽是佛이니라

도를 공부하는 사람이 오직 한생각 있는 것을 두려워해서 곧 도와 더불어 간격이 생기니, 순간순간 상이 없고 함이 없는 것이 곧 부처다.

더 이상 차별상을 찾지 말라는 겁니다. 바깥 경계와 차별상에 꺼들리지 않아야 무상이 되는 거죠. 그런데 차별상을 얼마나 많이 찾아다닙니까? 어느 곳에 영험이 있으니 찾아가 보자 하는 그 자신이야말로 신기한 존재이며, 찾아가는 그놈이 진짜 영험이 있는데도 그놈 두고 다른 것을 찾는 것이 상입니다.

학 도 인　약 욕 득 성 불　　일 체 불 법　총 불 용 학
學道人이 **若欲得成佛**인댄 **一切佛法**을 **總不用學**이요
도 닦는 사람이 진짜 성불을 이루고자 한다면 일체 불법을
공부하지 마라.

성불 성불 하잖아요. 성불은 어떻게 하면 됩니까? 진짜 성불
하고 싶다면 일체 불법을 공부하지 말라고 했습니다. 임제 스님
의 스승이며, 불법의 정통을 이어 온 대조사인 황벽 스님의 말에
감히 누가 반기를 들겠어요? 설령 이치에 맞지 않다면 석가세존
에게라도 반기를 들어야죠. 아버지, 할아버지가 말씀을 하셔도
이치에 맞지 않으면 반기를 들잖아요. 황벽 스님이 말했다고 반
기를 들지 않는 것이 아니고, 이치에 맞으니 감히 반기를 들 수
없는 겁니다.

'성불을 이루고자 한다면 일체법을 공부하지 말라.'는 구절을
보고 얼마나 속이 시원하고 좋았는지 모릅니다. 세상에 공부하
지 말라는 것처럼 좋은 말이 어디 있나요. 공부를 하지 않아도
책임진다는 겁니다. 그런데 황벽 스님이 책임집니까? 각자 책임
지는 거죠. 바깥으로만 눈을 돌리지 아니하면 자신의 영험 있는
부처를 느끼게 되고 보게 되는 거죠. 바깥 경계에 눈과 귀를 빼
앗겨 찾아 헤매다 보면 자신의 부처를 망각하게 돼요. 도 닦는

공부라 할 수 있는 참선, 염불, 간경도 전부 밖으로 치닫는 공부입니다. 그래서 진짜 공부를 못하는 것이고, 진짜 부처를 못 찾는 겁니다.

유학무구무착   무구   즉심불생
唯學無求無著이니 **無求**하면 **卽心不生**이요

무착   즉심불멸   불생불멸   즉시불
無著하면 **卽心不滅**이라 **不生不滅**이 **卽是佛**이니라

오직 배울 것은 구하지 않고 집착하지 않음이니, 구함이 없으면 마음이 생기지 않음이요, 집착하지 않으면 마음이 소멸하지 않으며, 생멸이 없는 이것이 곧 부처다.

본래 다 가지고 있는데 뭘 구하겠습니까? 집착하지 말라는 것은 밖의 것을 집착하지 말라는 것이죠. '즉심卽心'은 지금 바로 이 순간의 마음입니다. 지금 이 순간 말하고, 듣고, 보는 마음을 즉심이라고 합니다. 지금 말하는 이 순간 이 마음이에요. 과거도 아니고 미래도 아닌 절대 현재에 전체작용全體作用과 대기대용大機大用이 있습니다.

어제는 이미 지나가 버리고 없습니다. 내일은 그 누구도 보장하지 못합니다. 그렇지만 내일은 내일이 되었을 때 알아서 하면 되는 거죠. 알고 보면 항상 지금 이 순간뿐입니다. 지금 이 순간 집에 중요한 손님이 왔다한들 어쩌겠어요? 지금 이 순간은 바쁘

니 다음날에 오라고 할 수밖에는 없죠. 지금 이 순간뿐입니다. 따지고 보면 지나간 과거도 없고 미래도 없습니다. 과거에 그랬듯 미래도 그러할 것이라는 생각은 환상에 불과합니다. 어떻게 되는 것은 지금 이 순간에 있습니다. 지금 이 순간 미래가 있는 것이죠. 살아온 지난 과거가 근사했다고 해도 지금 이 순간에는 그림자와 같은 영상으로만 남아 있는 것뿐입니다. 지나간 과거의 근사했던 인생이란 현재는 없잖아요. 과거의 추억은 이 순간 떠올렸을 때만 있는 거지요. 결국 지금 이 순간뿐이라고요. 즉심, 지금 이 순간을 살라는 말이 그런 뜻입니다. 이 순간은 그야말로 불생불멸의 삶입니다.

5. 허공이 곧 법신

꾢

봄이 되면 일체 산천초목이 파릇파릇 생동감으로 가득합니다.
살아 있는 온 생명은 잘도 성장하고 발전하는데 우리는 얼마나
잘 성장하고 발전하고 있는지를 묻지 않을 수 없습니다. 성장과
발전에는 여러 방법이 있고 길이 있습니다. 특히 불자로서 부처
님의 가르침에 입각해 바람직하게 성장하고 발전하는가를 점검해
야 합니다.

세상은 하루가 멀다 하고 빠르게 달라지고 있습니다. 좋은 방
향으로 발전하든지 아니면 나쁘게 변질되든지간에 어떤 입장과
모양으로 계속 변하고 달라지는 게 사실입니다. 변한다는 것은
진리이기에 붙잡을 수가 없습니다. 마치 해가 뜨면 일분일초도
그냥 있지 않듯 모든 것은 변합니다. 그 방향이 어디를 향하는지
는 다음의 문제입니다.

불교도 마찬가지입니다. 그 가르침 역시 지난 3,000년의 역사
를 지나면서 끊임없이 변해 왔습니다. 어찌 보면 발전했다고 해

도 틀린 말은 아닙니다. 그 옛날 선사 스님들이 중국의 선불교를 완전히 개조하여 발전시켰듯 옛 경전 구절에만 매몰될 것이 아니라 이를 완전히 소화하여 오늘날의 불교로 거듭나도록 경주하여야 합니다. 이는 어떤 커다란 힘에 의한 것이 아니라 자연의 이치가 그렇듯 매우 자연스럽게 진행될 것입니다.

팔 만 사 천 법 문　대 팔 만 사 천 번 뇌
八萬四千法門은 對八萬四千煩惱니

팔만사천법문은 팔만사천 번뇌를 치료하는 것이다.

이 말씀은 경전과 어록을 공부할 때 인간의 이러저러한 마음의 병을 고치기 위한 것으로 알면 종지를 잃어버리지 않는다는 것입니다. 팔만사천의 법문은 인간이 앓고 있는 번뇌의 병, 마음의 병이 팔만사천 가지라는 것이며 이 병을 치료하기 위한 처방전이라고 할 수 있습니다.

우리나라 사람들은 조상을 위하는 마음이 크잖아요. 곳곳에서 천도재薦度齋를 지내며, 곳곳의 법당이 영가 축원 위패로 가득 장엄되어 있어요. 일부 기독교도들로부터 법당이 법을 펴는 곳이 아니라 귀신만 가득한 곳이라 비판의 소리를 들을 수밖에 없는 상황이라고요. 천도재나 위패를 모시는 행위를 좋게 이해하면 선조를 위하는 마음이 큰 후손의 도리라고 생각할 수 있습니다. 그런데 그 선조가 세상과의 인연을 다한 지 수십 년이 지났는데 새삼 천도한다고 동쪽으로 갈 사람을 서쪽으로 가게 할 수 있겠어요? 자기 갈 길은 자기가 닦아 알아서 가는 겁니다.

그렇다면 천도재 등을 왜 하느냐? 팔만사천법문은 팔만사천 번뇌의 병을 치유하기 위한 것이라는 원칙에 비추어 생각하면 조상을 위하고자 하는 그 마음을 달래는 것이 천도재라고 할 수 있습니다. 다시 말해 천도가 되고 안 되고는 각자 본인이 알아서 할 일이고, 후손이 조상을 위하는 그 마음을 다스리는 것이 천도재라는 겁니다.

　고등학교 3학년 수험생을 둔 부모의 마음도 마찬가지입니다. 자식이 고3이라 열심히 공부해야 하는데 부모로서 할 수 있는 일이 무엇입니까? 대신 공부할 수 있는 것도 아니고, 대신 시험 칠 수 있는 것도 아니잖아요. 그 마음만 갑갑할 뿐이지요. 부모가 대신 공부하고, 대신 시험을 칠 수만 있다면 대부분 그렇게라도 할 겁니다. 무엇 하나 할 수 없기에 답답하고 갑갑해서 죽을 지경인 거지요. 그래서 답답하고 갑갑한 그 마음을 다스리려고 법당에 가 관세음보살을 부르는 겁니다. 관세음보살을 부른다고 공부 못하던 애가 갑자기 잘하는 것도 아니고, 공부를 하지 않은 학생이 좋은 학교에 갈 수 있는 것도 아니잖아요. 그것은 이치에도 맞지 않아요. 부모가 절에 가서 기도하는 것 역시 팔만사천 법문은 팔만사천 번뇌의 병을 치유하는 것이라는 원칙에 비추어 생각해 볼 수 있습니다. 부모의 아픈 마음, 답답한 마음, 어찌할 바를 모르는 그 마음을 대치하는 것입니다. 불교의 모든 가르침은 전부 이것입니다. 어떠한 가르침이든 마음의 병과 아픔, 그리고 답답함을 다스리기 위한 것입니다.

　　지 시 교 화 접 인 문　　　본 무 일 체 법
　　祗是教化接引門이니　本無一切法이라
　　다만 대중을 교화 인도하는 문일 뿐이니 일체법이란 본래 없다.

절에 오는데 사무장이 '어서 오십시오.'라며 안내를 하잖아요. 사경하는 사람은 사경실로, 참선할 사람은 참선방으로, 스님과 면담을 원하는 사람은 스님 방으로 각각 안내를 합니다. 절에 오는 사람마다 목적이 다르니 그 목적에 맞게 맞아들이고 안내를 하잖아요. 법문法門이라 할 때의 문도 문 문門 자를 씁니다. 팔만 사천법문도 마찬가지라는 거죠. 교화를 위해 맞아들이는 문일 뿐이라는 겁니다.

그런데 『화엄경』을 보면 십신, 십주, 십행, 십회향, 십지, 등각, 묘각 등 온갖 수행의 문을 가설해 놓고 있습니다. 또한 『기신론』의 교리행상敎理行商은 얼마나 복잡합니까? 일심一心, 이문二門, 삼대三大, 사신四信, 오행五行, 육자六字 법문이니, 또 구상차제九相次第라 하여 업상業相, 전상轉相, 현상現相, 지상智相, 상속상相續相, 집취상執取相, 계명자상計名字相, 조업상造業相, 수보상受報相 등 그 법이 참으로 복잡합니다.

이것 외운다고 꽤나 고생을 했습니다. 20대 초반 어릴 때 외운 건데 얼마나 외웠으면 이렇게 줄줄 나오겠어요. 구상차제의 경우는 교리에서 중요한 근간을 이루기 때문에 스님들이 중요한 불교 시험을 보면 의례히 출제되는 문제입니다. 역경원 연수원 1기생 선발 교리시험 문제에 이게 나오더라고요. 이러한 차제법문은 『화엄경』과 『기신론』뿐만 아니라 얼마나 많습니까.

교리행상을 공부할 때는 특별한 법이 있는 줄 알았어요. 그런데 그렇지가 않아요. 앞서 말한 팔만사천의 원리와 똑같아요. 인간 번뇌의 병을 하나하나 자세하게 풀어 나가는 것일 뿐, 즉 번뇌의 병을 대치하는 것일 뿐이지 그 외의 다른 것은 없다는 겁니다. 일체법이란 게 본래 없다는 거지요.

이 즉 시 법　　지 리 자 시 불
離卽是法이요 **知離者是佛**이니라
여의는 것이 곧 법이요, 여읠 줄 아는 이가 곧 부처다.

번뇌의 병을 앓고 있다면 그 병을 떠나는 것이 최상이며 그것 그대로가 법입니다. 병을 떠나는 방법은 매우 다양할 수 있습니다. 주먹으로 후려치든지, 기도를 하든지, 목욕을 하든지, 약을 먹든지, 운동을 하든지 아니면 더 재미있는 데서 정신없이 놀든지 간에 번뇌의 병을 떠나면 그게 법입니다. 감기 걸린 사람이 감기만 나을 수 있다면 그게 약이고 법이지, 반드시 어느 특정한 약국에서 약을 사 먹어야만 낫는 것은 아니라는 겁니다. 체질 따라 한약이 맞는 사람이 있고, 양약이 맞는 사람도 있어요. 또 약으로는 소용이 없는 사람도 있습니다. 어떤 방법으로든 간에 감기만 다스리면 되었지 꼭 이것이라야 된다거나 저것이라야 한다는 것은 정해져 있지 않습니다. 온갖 가르침은 번뇌의 병을 떠나는 하나의 수단이며 병이 떠나면 그것은 법이 되는 거죠. 이러한 이치를 아는 자가 바로 부처라는 겁니다.

단 리 일 체 번 뇌   시 무 법 가 득
但離一切煩惱하면 是無法可得이니

학 도 인   약 욕 득 지 요 결   단 막 어 심 상
學道人이 若欲得知要訣인댄 但莫於心上에

착 일 물
著一物이니라

일체 번뇌를 여의기만 하면 얻을 만한 법이 없으니, 도를 배우는 사람이 비결을 알고자 한다면 마음에 한 물건도 붙이지 말라.

일체의 병이 없는데 약이 필요하겠습니까? 건강하게 사는 사람에게 먹던 감기약, 두통약 내놓으라면 줍니까? 있어야 주지요. 법이라는 게 본래 없어요. 부처님은 중생들이 번뇌의 병을 앓고 있으니 자비로써 온갖 약방문을 늘어놓은 것뿐입니다. 예를 들어 탐욕심이 많은 사람에게는 보시를 가르치고, 욕망이 많은 사람에게는 무상관을 가르치는 것과 같습니다.

'도'가 무엇입니까? 제대로 된 인생을 살아가는 길이라 할 수 있겠죠. 지혜롭고 행복한 인생의 길을 배우는 사람에게 번뇌의 병을 한방에 날릴 수 있는 비결은 무엇일까요?

건강이 좋지 않아 여러 해 동안 약을 쓰고 치료를 받아도 호전되지 않은 병자는 특별한 누구를 만나면 침도 한 방에, 약도 한 첩에 낫게 할 수 없느냐는 소리를 절로 합니다. 평생을 알아온 스님에게 의사를 소개해 준 경험이 있습니다. 그런데 그 의사에

게 다짜고짜 하는 말이 '한 방에 보내 주십시오.'라고 그래요. 그때 그 소리를 듣고 깜짝 놀랐지요. 약과 치료에 얼마나 시달렸으면 그와 같은 소리를 할까? 몇 달씩 몇 년씩 그렇게 견디면서 여러 치료를 해 본 거잖아요. 새로운 사람을 만나니 한 방에 되는 것이 없느냐는 간절함이 나오는 거지요. 마음은 팔만사천의 온갖 유무용有無用의 물건에 집착합니다. 그런데 마음에 쓸모가 있든 없든 어느 것에라도 집착하지 않는 것이 바로 온갖 번뇌의 병을 한 방에 날려 버리는 요긴한 비결입니다.

　마음은 어수선하고 지저분한 온갖 것으로 뒤덮여 있지만 근본은 한 물건도 붙어 있지 않음을 보고 한 얘기죠.

언불진법신　유약허공　　차시유
言佛眞法身은 猶若虛空이라. 하니 此是喩라

법신　즉허공　　허공　즉법신
法身이 卽虛空이며 虛空이 卽法身이어늘

말하기를 '부처님의 참다운 법신은 마치 허공과 같다.'고 한 비유가 이것이다. 법신이 즉 허공이며, 허공이 곧 법신이다.

부처님의 몸을 표현하면서 '불佛, 진眞, 법신法身'의 수식을 많이 했습니다. 진짜 부처의 몸을 말하기 위해서죠. 황벽 스님은 법신이 허공과 같다고 비유했습니다. 허공이 그대로 법신이라는 거죠. 텅 비어 아무것도 없는 허공이 그대로 법신인데 하물며 사랑스러운 우리 육신은 법신이 아니겠습니까? 비록 바늘만 찔러도 피가 나고, 아프고, 감기 걸리고, 늙고, 병들 육신이지만 허공보다는 낫잖아요. 우리의 육신이 법신이 아닐 까닭이 없습니다.

『증도가』에 다음과 같은 구절이 있습니다.

무명실성(無明實性)이 즉불성(卽佛性)이요
환화공신(幻化空身)이 즉법신(卽法身)이라
무명의 실제 성품이 그대로 부처님 성품이요
환영 같은 허망한 육신이 그대로 법신이네.

'부처님의 진법신은 마치 허공과 같다.'는 가르침도 있습니다만 이는 번뇌의 병이 있어 이와 같은 말이 필요한 사람의 근기에 따라 비유한 것입니다. 그런데 황벽 스님은 근기고 뭐고 없거든요. 법신 그대로 허공이고, 허공 그대로 법신이라는 겁니다.

상인 위법신 변허공처 허공중 함용법신
常人은 謂法身이 遍虛空處라 虛空中에 含容法身이라

부지법신 즉허공 허공 즉법신 야
不知法身이 卽虛空이며 虛空이 卽法身也로다

사람들은 이르기를 '법신이 허공계에 두루 하여 있다.'고 하면, 허공 가운데 법신을 포함하고 있다고 생각하여, 법신 그대로가 허공이며 허공 그대로가 법신임을 모른다.

　보통 사람들은 법신이 허공계에 두루 하다고 이해하거나 이야기합니다. 물론 이것도 상당한 차원의 이야기이기는 해요. 그런데 사실은 매우 낮은 단계의 이야기입니다. 이렇게 이야기하는 사람은 몰라서 그렇게 이야기하거나 아니면 그런 수준의 사람을 제도하기 위해서 그렇게 이야기하거나 둘 중 하나입니다. 그렇다면 허공도 법신이고 우리의 육신도 법신이라는 이야기가 합당한지 충분히 알아볼 필요가 있습니다. 황벽 스님을 비롯하여 수많은 선사들이 이야기했다고 하여 덮어놓고 따라갈 일이 아니죠. 진짜배기 부처는 그야말로 허공이며, 늙고 병들고 죽어 한 줌의 흙으로 돌아갈 이 몸뚱이 그대로라는 겁니다. 이 말을 받아들이거나 이해하기에는 어려움이 있습니다. 황벽 스님의 이 말은 육신을 가지고 복이 있다 없다, 덕이 있다 없다, 지혜가 있다 없다는 것으로 부처다 중생이다를 따지는 차원이 아닙니다. 부처님 당시와 현재를 비교해 보면 석가모니 부처님이 누리던 복락이 지금의 서민에 비해 훨씬 미치지 못했어요. 보통 서민들의 아파트라 하여도 얼마나 근사합니까. 손만 갖다 대면 불이 켜지고 언제나 뜨거운 물이 나오잖아요. 석가모니 부처님은 이와 같은 호강을 누리지 못했어요. 따라서 이런 것을 가지고 복이다 아니다 따진다면 말도 안돼죠. 그렇게 알아서는 안 되는 겁니다.
　도대체 무엇을 가지고 부처라고 하느냐? 견문각지, 즉 보고, 듣고, 느끼고, 알지 못하는 사람은 없습니다. 이 능력은 불자뿐 아니라 기독교인도, 부처님을 비방하는 사람도 다 지닌 능력입니다. 그래서 부처님을 비방하는 사람도 부처요, 기독교인도 부처요, 모든 사람이 부처님입니다. 마음이 열리지 않은 사람은 이러한 이야기를 쉽게 납득하지 못합니다. 특히 소위 전통적인 불교만 공부한 사람은 이해를 못해요.

견문각지의 능력은 수행한다고 더 늘어나거나 수행하지 않았다고 줄어들지 않아요. 또한 누가 뺏어 갈래야 뺏어 갈 수가 없어요. 본래 부증불감입니다. 닦을 때는 있고, 닦지 않을 때는 없다면 가짜입니다. 우리가 수많은 시간 동안 공부했지만 이것 하나 올바로 이해하고 느낄 줄 알면 불교 공부를 다한 것입니다.

희로애락을 느끼면서 좋을 때 좋아하고, 기쁠 때 기뻐하고, 슬플 때 슬퍼하고, 웃을 때 웃고, 통곡도 하면서 사는 것, 그럴 줄 아는 이야말로 진짜 부처입니다. 유루복有漏福이 있어 평수 조금 넓은 아파트에 산다고 그 사람만 부처라고 할 수 없잖아요. 마찬가지로 회사 몇 개 더 가지고 있다고 그 사람만 부처라고 할 수 없습니다. 그래서 법신이 그대로 허공이고 허공이 법신이며, 허망한 몸뚱이가 법신이고 불신佛身입니다. 이 몸뚱이 가지고 이렇게 살아가는 삶 그대로가 부처의 삶이라는 이야기입니다.

약정언유허공　　허공　불시법신
若定言有虛空인댄 **虛空**이 **不是法身**이요

약정언유법신　　법신　불시허공
若定言有法身인댄 **法身**이 **不是虛空**이니

만약 결정코 허공이 따로 있다면 허공은 법신이 아니다.
그렇다고 결정코 법신이 있다고 한다면 법신은 허공이 아
니다.

　허공을 마음에 있는 하나의 경계라고 생각합시다. 본래는 내
마음과 한 모습인데 따로 허공이 있다고 보는 거죠. 그러면 법신
과 허공이 각각 별개의 것이 되어 버립니다. 또 만약에 확실히
법신이 있다고 하면 허공과는 관계가 없으며 나하고도 관계가
없게 됩니다.

단 막 작 허공 해　　허공　즉법신
但莫作虛空解하라 **虛空**이 **卽法身**이며

막 작 법신 해　　법신　즉허공
莫作法身解하라 **法身**이 **卽虛空**이니라

다만 허공이라는 알음알이를 짓지 말라. 허공이 곧 법신이
며, 법신의 알음알이를 내지 말라. 법신이 곧 허공이다.

　허공 따로 법신 따로 나누지 말라는 겁니다. 이는 부처 따로

인간 따로 나누지 말라는 것과 같습니다. 허공과 법신이라고 이름을 붙였을 뿐 사실은 허공과 법신이 둘이 아닙니다. 그런데도 '법신은 허공과 같다.'라는 말에 떨어지기 때문에 이를 바로 잡기 위해 다시 강조한 거죠.

허 공 여 법 신   무 이 상   불 여 중 생   무 이 상
虛空與法身이 無異相하며 佛與衆生이 無異相하며

생 사 여 열 반   무 이 상   번 뇌 여 보 리   무 이 상
生死與涅槃이 無異相하며 煩惱與菩提도 無異相이니

이 일 체 상   즉 시 불
離一切相이 卽是佛이니라

허공과 법신이 다른 모양이 없으며, 부처와 중생이 다른 모양이 없으며, 생사와 열반이 다른 모양이 없으며, 번뇌와 보리도 다른 모양이 없으니, 일체의 상을 떠남이 곧 부처다.

『법성게』에 '생사열반상공화生死涅槃常共和'라 했습니다. 생사와 열반이 한 덩어리라는 거죠. 허공 · 법신, 부처 · 중생, 생사 · 열반, 번뇌 · 보리가 전혀 다른 모양이 아닌 한 덩어리라는 겁니다. 예를 들어 야행성 동물처럼 어둠 속에서 사는 생명체는 불이 켜지면 오히려 캄캄하겠죠. 또 밝은 데서 사물을 볼 줄 아는 동물은 어두우면 캄캄하겠죠. 이렇듯 어둡고 밝음이 한 덩어리입니다.

그래서 임제 스님 같은 분은 중생이라는 표현보다는 '사람'이

라는 말을 더 잘 쓰죠. 사람이라는 말에는 부처니 중생이니 하는 의미가 다 포함되어 있잖아요. 사람이면 다 되는 거죠. 사람 이상도 없고 사람 이하도 없어요. 사람 이상은 부처가 있는 것 같고, 사람 이하에 중생이 있는 것 같지만 그렇지 않습니다. 사람 이하도 없고 이상도 없어요. 아무리 늙고 병든 몸이라도 생명으로서의 가치는 매우 유능하며 똑똑합니다. 어떤 회사에서 한 달에 회사의 수입을 수십억 올리는 요직에 있는 사람이라도 생명으로서의 가치에는 그 누구와도 차이가 없습니다.

『금강경』「이상적멸분」에 '이일체제상 즉명제불離一切諸相 卽名諸佛'이라는 구절이 있습니다. 개인적으로 가장 좋아하는 구절이기도 합니다. 여기서는 '즉시불'이라 했지만 사람이라 해도 같습니다. 부처와 중생, 허공과 법신, 생사와 열반, 번뇌와 보리 등은 모두 상입니다. 이러한 상이 없는 그 자리가 부처이고, 사람입니다. 그래서 제가 주장하는 '인불 사상人佛思想', '사람이 곧 부처님'이라는 것밖에 없다니까요. 어떤 이들은 평생 불교 공부해서 '유식이다, 유신이다, 오직 마음이다, 중도다, 공이다, 연기다'라고 하는데 그러한 사람들과 달리 이야기하려는 것이 아니라 제가 깨달은바 불교는 '인즉시불人卽是佛'이라는 사실입니다.

범부 취경 도인 취심
凡夫는 取境하고 道人은 取心하나니
범부는 경계를 취하고 도 닦는 사람은 마음을 취한다.

이와 같은 이야기는 수많은 경전과 어록에 등장합니다. 나눌 수 없는 경계와 마음을 굳이 나누는 이유는 교훈적인 측면에서죠.

남악 회양 스님과 그의 제자 마조 도일 스님의 일화는 매우 잘 알려져 있습니다. 여러분도 잘 알고 있는 이야기입니다. 남악 스님은 육조 혜능 스님의 제자죠. 남악 스님의 제자는 마조 도일 스님이며 그 밑으로 백장, 황벽, 임제로 계보가 형성됩니다. 남악 스님 밑에 마조라는 법의 그릇이 상당한 제자가 들어왔는데 매일 몸만 다스리고 좌선한다며 앉아만 있는 거예요. 남악 스님이 보기에 어지간히 된 듯하여 "너는 여기 앉아서 뭐하느냐?"라고 물었죠. 마조 스님은 그 질문을 새삼스럽다고 생각합니다. 모든 대중이 부처되려고 좌선하는데 너무나 당연한 질문이라고 생각한 거죠. 그래서 마조 스님은 "부처가 되기 위해서 좌선합니다."라고 대답하는 것으로 일차 대화가 끝납니다. 그런데 남악 스님이 기왓장을 가지고 마조 스님 좌선하는 앞에서 돌에 계속 갈아대는 겁니다. 마조 스님은 참다 참다 도저히 못 참고 화를 내며 "스님, 남 좌선하는데 기왓장 갈아서 도대체 뭐 하려고 합니까?"라고 묻죠. 남악 스님은 "기왓장 갈아서 금을 만들려고 하지." 합니다. 이에 마조 스님은 "기왓장 갈아서 금을 만드는 사람이 세상 어디에 있습니까?"라고 화내며 따지는 거예요. 이때다 싶어 남악 스님은 "좌선해서 세상에 부처된 사람이 어디 있냐?"라고 합니다. 이 소리를 듣고 마조 스님은 정신이 번쩍 든 거죠. 마조 스님이 "그러면 어떻게 해야 됩니까?"라고 묻자 "소가 수레를 끌 때 만약 수레가 움직이지 않는다면 수레를 때려야 옳은가,

소를 때려야 옳은가?"라고 남악 스님이 한마디 일러 줍니다. 매우 우회적인 비유를 상큼하게 들잖아요. 어지간히 바보 아니고는 그런 소리 잘 알아듣잖아요.

이렇게 쉬운 이치임에도 이 몸뚱이 조복 받느라 우리나라 사람의 체질에 맞지도 않는 가부좌 틀고 앉아서 관절염에 시달리는 사람이 한둘이 아닙니다. 마치 연화좌의 자세를 유지하면 부처가 빨리 되는 줄로 착각하고 있는 거죠. 어리석음이 끝이 없습니다.

심 경 쌍 망   내 시 진 법
心境雙忘하야사 **乃是眞法**이니라

망 경   유 역   망 심   지 난
忘境은 **猶易**어니와 **忘心**은 **至難**하니

마음과 경계를 함께 잊어야 이것이 참다운 법이다. 경계를 잊기는 오히려 쉬우나 마음을 잊기란 지극히 어렵다.

마음이다 경계다 굳이 나눌 필요가 없죠. 그런데 눈에 보이는 경계에 꺼들리는 것을 잊어버리고, 밖의 시끄러움과 휘황찬란한 것을 잊어버리고, 생활의 궁핍함을 잊어버리거나 잘 견디어 내는 것 등은 쉽다고요. 오히려 마음을 잃어버리는 것, 마음에서 일어나는 번뇌 망상을 잊어버리는 것은 매우 어렵습니다.

인 불 감 망 심　　　공 락 공 무 로 모 처
人不敢忘心은 **恐落空無撈摸處**하야

부 지 공 본 무 공　　　유 일 진 법 계 이
不知空本無空이니 **唯一眞法界耳**니라

사람들이 감히 마음을 잊어버리지 못하는 것은 공에 떨어져 부여잡을 바가 없을까 두려워해서인데, 이는 공이 본래 공이 없다는 사실을 알지 못하고 오로지 한결같은 참된 법계임을 몰라서 그런 것이다.

　마음에서 일어나는 생각들을 잊어버리지 못하는 것은 이 생각도 없고 저 생각도 없는 멍한 상황에 떨어져 이러지도 저러지도 못해 오갈 데가 없음을 두려워하기 때문이라는 겁니다. 공부해본 사람들은 이와 같은 경계를 한 번씩 경험합니다. 이는 앞에서 설명했듯 무기공에 떨어지면 큰일난 줄 알고 차라리 망상이라도 있는 게 좋은 줄로 안다는 말입니다. 그런데 공하다는 것도 본래 없는 겁니다. 공한 게 있으면 공이 아니지요. 공은 있는 것이 아니잖아요.

　'일진법계一眞法界'는 거짓이 없는, 매우 참된 진리의 세계를 말합니다. 가장 이상적인 세계를 말할 때 일진법계라 하지요. 그 참된 진리의 세계는 한 덩어리입니다. 그런데 하나가 둘로 나누어져 차별과 갈등과 분별이 있는 것이죠. 혹은 거짓이거나 망령된 것으로 나뉠 수 있죠. 그런데 본래는 하나라는 겁니다.

차 령 각 성　　무 시 이 래　　여 허 공 동 수
此靈覺性이 **無始已來**로 **與虛空同壽**하야

신령스러운 깨달음의 성품은 비롯함이 없는 옛날부터 허공과 더불어 수명이 같다.

'영각성靈覺性'은 신령스럽게 자각할 줄 아는 그 근본 자리를 뜻합니다. 영지, 영각, 신해라는 말도 쓰죠. 인간이 소중하고 그대로 부처라는 근거가 바로 '영각성'입니다.

봄이 오면 온 줄 알고, 들녘이 화려하면 꽃핀 줄 알고, 배고프면 밥 먹을 줄 알고, 피곤하면 잠잘 줄 아는 것은 참으로 대단한 능력이에요. "누구나 다하는 능력인데 뭐가 대단합니까?" 맞습니다. 누구나 다하는 능력이기 때문에 누구나 다 부처라는 거죠. 어떤 특징이 있어서 부처가 아니라고요. "불교를 빌리지 않더라도 아는 것 아닙니까?" 맞아요. 불교를 빌리지 않더라도 아는 겁니다. 그렇기 때문에 한 사람 한 사람이 모두 값진 존재이죠. 갓 태어난 어린이나 유능한 젊은이나 늙은이나 생명의 가치는 똑같아요. 유능하다고 사람의 값이 더 올라가고 무능하다고 내려가는 것이 없잖아요. 왜 그러느냐? 영각성이 있어서 그래요. 어린아이나 늙은이나, 유능한 사람이나 무능한 사람이나, 유식한 사람이나 무식한 사람이나 전부 신령스러운 깨달음의 성품이 있어서 견문각지할 줄 아는 겁니다.

'무시이래', '한량없는 세월' 이전부터 볼 줄 알며 들을 줄 알고, 느낄 줄 아는 겁니다. 무시이래라는 것은 한량없는 세월을

뜻하죠. 수억만 년이라고 하면, 우리의 생명이 그 수억만 년의 허공하고 똑같아요. "나이가 오십 육십 밖에 안되었는데 수억만 년의 허공과 같다는 겁니까?" 그것은 좁은 소견으로 말미암은 겁니다. 내가 가진 잣대는 1미터밖에 잴 수 없어요. 1미터의 자로 재니까 50년, 60년, 70년, 80년밖에 못 재는 거예요. 그 잣대가 무한해져 버리면 무한을 잴 수 있고, 영원해져 버리면 영원을 잴 수 있습니다. 그런데 우리가 잘 외우는 의상 스님의『법성게』에서 '일념즉시무량겁—念卽是無量劫', '한생각이 한량없는 세월'이라 했잖아요. 한순간 그대로가 한량없는 시간입니다.

미증생미증멸　　미증유미증무
未曾生未曾滅하며　未曾有未曾無하며

미증예미증정　　미증훤미증적
未曾穢未曾淨하며　未曾喧未曾寂하며

생기거나 없어진 적이 없으며, 있던 적도 사라진 적도 없다.
더럽거나 깨끗한 적도 없으며, 시끄럽거나 고요한 적도 없다.

탐·진·치貪瞋癡, 삼독심三毒心을 부릴 때는 더러운 것 같지만 잠깐 더러운 듯 보일 뿐이에요. 법상에서 이야기할 때는 근사해 보이고 내려오면 아무것도 아니라 하더라도 깨끗해요. 새롭게 깨끗해지는 것이 아니고, 새롭게 더러워지는 것도 아니죠. 본래 그러한 기능이 있어요. 그 기능은 상황에 따라 이랬다저랬다 하는 거예요. 그게 사람이고 그대로가 부처라고요.

더러운 것 같지만 깨끗하기도 하며, 고요한 것 같지만 한편 무척 시끄럽지요. 시끄러울 때는 누구든지 시끄럽고 고요할 때는 누구든지 고요해요. 때문에 정해 놓고 이건 시끄러운 존재다 고요한 존재다, 이건 더러운 존재다 청정한 존재다, 이건 있는 거다 없는 거다, 이건 생기는 거다 없어지는 거다라고 말할 게 아닙니다.

미 증 소 미 증 로   무 방 소 무 내 외
未曾少未曾老하며   無方所無內外하며

무 수 량 무 형 상   무 색 상 무 음 성
無數量無形相하며   無色像無音聲하며

젊지도 늙지도 않으며 방위와 처소도 없고 안팎의 구분도 없으며, 수량, 형상, 색상, 소리도 없다.

겉포장이야 최근의 것이면 생생하여 젊어 보이고 오래되면 낡아서 늙어 보일뿐이지 그 속에는 늙고 젊음이 없습니다. 저도 나이를 먹어 보니까 마음은 똑같아요. 그것을 이제야 알았어요. 그전에는 나이 들면 늙고 그에 따라 마음도 달라지는 줄 알았어요. 마음은 안 늙는다는 소리를 옛날부터 들었는데 젊었을 때는 실감이 안 나잖아요.

『능엄경』의 부처님과 바사익왕과의 대화는 좋은 예입니다. 바

사익왕은 늙음을 빌어 현실의 허망함을 말합니다. 부처님은 갠지스강의 물을 통해 이야기하면서 몸뚱이는 늙지만 마음은 늙지 않는 것에 대해 증명을 하죠. 어릴 때 보던 갠지스강의 물과 젊었을 때 보던 그 물은 어떻게 다르냐고 묻습니다. 그때야 왕은 지금 62세이지만 3살 때 보던 갠지스강의 물과 꼭 같아서 조금도 달라지지 않았다고 대답합니다. 비록 머리는 희어지고 얼굴이 쭈그러져 늙었지만 보는 것은 같다는 거죠. 부처님은 설명합니다. 본다는 사실은 늙는 것이 아니다. 늙는 것이 아니면 변하지도 않고, 변하지 않는 것은 죽는 것도 아니다. 죽는 것이 아니면 생기지도 않았을 것이다. 그러면서도 있다. 이렇게 우리의 실상을 자세히 이야기합니다.

마음 자리에는 동쪽이다 서쪽이다, 강남이다 강북이다, 안이다 밖이다 하는 것이 없어요. 또 이 마음 저 마음, 붉은 마음 푸른 마음 등 별별 마음이 있는 것 같지만 그런 것이 없어요. 다만 분별하고 수용하고 때로는 나타낼 뿐인 거죠.

실제는 텅 비어 수량과 형상, 색상과 음성이 없어요. 어릴 때는 귀여운 모습하다가 청년이 되면 아주 아름답고, 장년이 되어 씩씩하다가 나이가 들면 쭈그러지는 모습으로 변해가면서도 그 실상은 변한 것이 없어요. 마치 무대 뒤에서 자기가 맡은 연기에 따라 분장을 달리하고 나오듯 연출해 내는 거예요. 그런데 그 연기자가 얼굴을 깨끗이 씻고 옷 갈아입어 버리면 늙은이도 젊은이도 아닌 본래 그 사람일뿐이잖아요.

예전에 일인극을 잘하는 '추송웅'이라는 사람이 있었죠. 일인

극으로는 천부적인 소질을 갖고 있는 연극인입니다. 자기가 맡은 역할에 따라 원숭이 모습, 젊은이 모습, 늙은이 모습 등을 매우 잘했어요. 그런데 참주인공은 그게 아니에요. 웃고 싶을 때 웃고, 울고 싶을 때 마음껏 울면서 당당하고 씩씩하게 살 필요가 있습니다.

불 가 멱 불 가 구   불 가 이 지 혜 식   불 가 이 언 어 취
不可覓不可求하며 **不可以智慧識**이며 **不可以言語取**며

불 가 이 경 물 회   불 가 이 공 용 도
不可以境物會며 **不可以功用到**니

찾을래야 찾을 수 없고 지혜로써 알 수도 없으며 말로 표현할 수 없다. 경계인 사물을 통해 얻을 수도 없고, 힘써 공부한다고 해도 다다를 수 없다.

본 마음 자리는 그렇게 활동이 많은데도 찾으려면 찾아지지 않고, 이 세상에 가득 차 있는 것이 또 그 물건인데도 구하거나 알 수 없습니다. 또 말로 하는 것은 다 겉도는 이야기일 뿐입니다.

육바라밀 닦고, 참선하고, 기도하고, 온갖 난행고행을 한다고 해서 그 경계에 이르는 게 아니죠. 그 사람은 그냥 그 자리에 있어요. 그러니 부처님 6년 고행이나 달마의 구년면벽九年面壁이나 제자리걸음이었을 뿐 나아간 것이 아닙니다. 앞으로 나아간 게 있어 얻어진 것이 있다면 가짜입니다. 그것은 금방 없어지기 때

문입니다.

예를 들어 쇠함이 있는 복은 아무리 많이 지어도 금방 없어져요. 잠깐 사이에 다 까먹는다고요. 이런 것 가르치려고 부처님께서 6년 동안 고행한 사람이 아니에요. 이 정도는 굳이 고행을 안 해도 다 알아요. 유교나 도교만 해도 이런 소리 안 해요. 보통 윤리적인 측면에서야 이야기하겠지만 도를 이야기하는 차원에서는 그런 이야기 안 합니다.

힘써 공부해도 다다를 수 없다고 했는데 그렇다면 어떻게 살아야 된단 말이냐 이겁니다. 답답하니까 참선도 하고, 기도도 하고, 육바라밀도 닦는 등 온갖 몸부림을 치면서 사는 거지요. 그렇다고 더 나아지거나 가까워지는 것이 아닙니다. 본래 자기 자신이기 때문에 가까워질 것이 아닌데도 가슴에 와 닿지 않으니 참선도 해 보고, 용맹 정진도 해 보고, 몸부림쳐 보는 것 그것뿐이에요. 참선하는 사람은 참선하면서, 기도하는 사람은 기도하면서, 경 보는 사람은 경 보는 그것으로 방법만 다를 뿐이지 그렇게 사는 겁니다.

제 불 보 살　여 일 체 준 동 함 령　동 차 대 열 반 성
諸佛菩薩과 與一切蠢動含靈이 同此大涅槃性이니라
모든 불보살과 일체의 꿈틀거리는 벌레까지도 똑같이 지닌 열반의 성품이다.

기가 막히잖아요. 부처님과 보살이 눈에 보일 듯 말 듯한 벌레와 같다는 거예요. 조금의 차이도 없이 같은 세계에서 같은 것을 누리고 산다는 거죠.

보통은 자기 그릇대로 자신을 이해합니다. 예를 들어 유치원생은 유치원생에 맞게 생각하고, 초등학생은 초등학생의 수준에서 생각합니다. 또 환자는 아픈 입장에서 생각합니다. 그래야 고통이 덜해요. 그런데 그것을 벗어나면 과분하다, 분을 지키지 않는다, 인연을 따르지 않는다며 불평불만이 생깁니다. 스스로 문제를 일으키는 대부분의 것은 자기 입장을 벗어나 생각하는 데서 기인합니다. '뱁새가 황새를 쫓아가면 다리 찢어진다.'는 속담까지 있잖아요.

여기서 말한 모든 부처님과 보살과 '일체준동함령一切蠢動含靈'이 열반의 성품을 지니고 있다는 말의 뜻은 개개인의 성향과 근기와 그릇은 다르지만 그건 밖으로 나타난 지엽적인 것이고, 보다 더 근본적인 것은 하나의 성품이라는 것입니다.

성 즉 시 심　　심 즉 시 불　　불 즉 시 법
性卽是心이며 心卽是佛이며 佛卽是法이니

일 념 이 진　　개 위 망 상
一念離眞하면 皆爲妄想이니라

성품이 곧 마음이요, 마음이 곧 부처이고, 부처가 곧 법이니, 한순간이라도 진리를 등지면 다 망상이 된다.

'본래 부처[본불(本佛)]'라야 진짜 부처입니다. 조각하거나 쌓거나 닦아서 만든 부처는 가짜 부처이므로 그것은 오래가지 않으며 상황에 따라 항상 변해요. 본래 부처의 성품은 남녀노소, 유식·무식, 승속 할 것 없이 똑같이 갖추고 있습니다. 그래서 평등한 거죠. 그것을 마음이라고도 하고, 그 마음을 부처라고도 하며, 그 부처라고 하는 것을 법이라고도 한다는 말입니다.

어떤 차별 현상만을 쫓다 보면 그것은 잘못되고 바르지 못한 생각이라는 겁니다. 그 이유는 차별된 것을 쫓다 보면 문제가 생기고, 문제가 생기면 고통과 집착이 따르게 되어 온갖 일이 벌어지기 때문이죠.

불 가 이 심　　갱 구 어 심
不可以心으로 **更求於心**이며

불 가 이 불　　갱 구 어 불
不可以佛로 **更求於佛**이며

불 가 이 법　　갱 구 어 법
不可以法으로 **更求於法**이니

고　학 도 인　직 하 무 심　　묵 계 이 이　의 심 즉 차
故로 **學道人**이 **直下無心**하야 **默契而已**요 **擬心卽差**니라

마음으로써 마음을 구하지 말고, 부처를 가지고 부처를 구하지 말 것이며, 법을 가지고 다시 법을 구하지 말지니, 그러므로 도를 공부하는 사람이 당장에 무심하여 묵연히 계합

할 뿐이니 마음으로 헤아린다면 곧 어긋난다.

　본래 평등한 마음, 부처, 법을 가지고 따로 더 이상의 마음과
부처와 법을 구하지 말라는 것입니다.

　본래 평등하여 무심하면 아무런 차별상이 없는데 마음, 부처,
법이라고 헤아려 분별과 차별상을 불러일으키기 때문에 병이 되
는 거죠. 너는 잘났고 나는 못났고, 너는 젊고 나는 늙었고, 너
는 유식하고 나는 무식하고, 너는 그러한데 나는 이렇다고 비교
하는 데서 오는 모든 문제들이 바로 중생 병이거든요. 이러한 병
을 고치는 것은 모든 사람들이 본래 평등함을 보는 데 있습니다.
어떤 사람이든 똑같이 인정해 주고, 자신도 당당하게 살면 그 가
운데 행복과 평화가 있지 결코 멀리 있는 것이 아닙니다. 때문에
가족, 이웃, 친구 등의 관계에서 인간의 본성은 위대하다는 평등
심을 잃지 말아야 합니다.

이 심 전 심　　차 위 정 견　　신 물 향 외 축 경
以心傳心이 **此爲正見**이니 **愼勿向外逐境**하며

인 경 위 심　　　　시　　인 적 위 자
認境爲心이어다 **是**는 **認賊爲子**니라

마음으로써 마음에 전하는 이것이 바른 견해이니, 밖으로
경계를 쫓으면서 그것을 마음이라고 잘못 알지 않도록 조심
해야 한다. 이것은 도둑을 제 자식으로 잘못 아는 것이다.

『전심법요』는 마음의 도리를 전하는 아주 요긴한 가르침입니다. 그래서 끊임없이 마음의 이치에 대하여 이야기합니다. 경계란 차별하는 마음입니다. 차별하는 마음은 평등의 마음, 본래의 마음이 아니기 때문에 이를 쫓으면 문제가 발생하죠.

경전이나 어록에서 '인적위자認賊爲子'라는 말을 자주 씁니다. 늦은 밤 거실에서 떨거덕거리는 소리가 나니까 '아들이 목이 말라 물 마시는가 보다.' 이렇게 생각하고 무심코 잠들어 버리는 거예요. 알고 보니 도둑이 들어 집의 소중한 것을 다 훔쳐가 버린 거죠. 도둑을 오인해서 자식을 삼는 격이 된 겁니다.

사람과의 관계에서 누군가를 오인하거나 오해하고 있는 경우가 많습니다. 한 예로 병원에서 의사들이 파업하면 사망률이 뚝 떨어진다잖아요. 이 말은 의사들이 오진해서 사망률이 높아진다는 거예요. 실지로 서양에서는 의사들이 파업을 한 달간 했는데 사망률이 반으로 줄어든 기록이 있어요. 사람 관계도 오해 때문에 많은 불행을 초래하죠. 오해 푼다고 덕지덕지 설명을 붙이면 오해만 더 깊어집니다. 또 오해를 풀어야지 하면서 설명을 하다 보면 성질나잖아요. 성질나면 말이 거칠게 오가고 그러다 보면 오해는 더 이상 풀 수 없게 꼬여 버립니다.

위유탐진치　　즉립계정혜
爲有貪嗔癡하야 **卽立戒定慧**니

본무번뇌　　언유보리
本無煩惱어늘 **焉有菩提**리오

탐진치가 있기 때문에 계정혜를 세워 말씀하신 것이다. 처음부터 번뇌가 없다면 깨달음인들 어디 있으리오.

　왜 계가 필요하며, 선정이 필요하고, 지혜가 필요합니까? 탐욕과 성냄과 어리석음 때문이죠. 지혜로운 사람은 어리석을 까닭이 없고, 안정되어 있는 사람은 화낼 까닭이 없습니다. 화는 마음이 들뜨고 무언가를 오해한 잘못된 상태에서 나타나는 거죠. 선정과 반대입니다. 또 계를 잘 지키고 질서를 잘 지키며, 입장과 분을 알고, 능력을 아는 사람은 탐욕을 부릴 까닭이 없죠.

　결국 본래 마음 자리에는 탐·진·치도 없고, 계·정·혜戒定慧도 없어요. 계·정·혜는 탐·진·치 때문에 세운 어쩔 수 없는 방편에 불과해요. 부처님이 응병여약應病與藥으로 병에 맞추어 온갖 약방문을 만들어 놓은 거예요. 병이 없으면 팔만대장경이라는 약방문이 아무 소용 없습니다. 번뇌가 있으니 그 번뇌에서 벗어나는 도니, 깨달음이니 하는 가르침이 있지, 번뇌가 없는데 보리가 있을 까닭이 없죠. 본래의 마음에는 번뇌도 보리도 없어요. 그것은 또 누구에게나 평등합니다.

고　　조사운　불설일체법　　위제일체심
故로 祖師云 佛說一切法이 爲除一切心이라

아무일체심　　　하용일체법
我無一切心이어니 何用一切法이리오

그러므로 조사께서 말씀하시기를 "부처님께서 일체법을 말
씀하신 것은 일체의 마음을 없애기 위함이다. 나에게 일체의
마음이 없거니 일체법이 무슨 소용이 있겠는가?" 하셨다.

　　팔만사천의 일체법이 중생의 온갖 번뇌의 병을 제거하기 위한
처방전이라고 했습니다. 그런데 마음의 이치를 공부해 보니 잡
다한 일체의 차별심이 하나도 없어요. 차별심이 없으니 팔만대
장경이 소용없다 이겁니다. 불에 태워도 괜찮아요. 실은 태울 것
도 없어요. 태우려는 그것도 병이지요. 마음이 떠나 있으면 팔만
대장경이 있든 없든 관계없는 거예요. 부처님께서 설하신 일체
법이 일체 마음 병을 고치기 위한 것이기 때문에 일체 마음의 병
이 없으니 소용없다 이겁니다.
　　절집에서 어른 스님들은 갓 출가한 스님에게 중물이 들어야
한다고 가르쳐요. 처음에는 중물이 안 든다고 선배 스님들이 꾸
중을 하거든요. 그런데 세월이 흐르면 중물이 안 빠졌다고 꾸중
을 합니다. 중물이 들어 있다가 나중에는 빠져야 되는데 그렇지
못하다는 거죠. 중물이 들 때는 들어야 되지만 빠질 때는 또 싹
빠져야 한다고요.
　　불교를 공부하는 것도 마찬가지입니다. 공부가 필요할 때는

열심히 해야 하지만 병이 될 정도여서는 도리어 손해라는 말입니다. 공부를 했으면 버릴 줄도 알아야 되는 거죠. 공부를 제대로 하면 매이지 않아 자연스럽게 버려집니다. 공부를 전혀 하지 않아 매이지 않는 것하고는 다르죠.

본 원 청 정 불 상   갱 불 착 일 물
本源淸淨佛上에 更不著一物이니

비 여 허 공   수 이 무 량 진 보 장 엄   종 불 능 주
譬如虛空이 雖以無量珍寶莊嚴이나 終不能住하며

본래 근원이 청정한 부처에 다시 한 물건도 덧붙이지 말지니, 마치 허공과 같이 비록 무량한 보배로 장엄하여도 마침내 머무를 수 없다.

세상만사를 한 번 보세요. 계절은 사시사철 아름다운 초목과 화초로 세상을 색칠하잖아요. 산은 솟을 데는 솟고 내려갈 데는 내려가고, 강물은 흐를 데는 흘러가고 돌아갈 데는 돌아가잖아요. 이것이 바로 '장엄莊嚴'입니다. 크게 보면 지구와 온 우주를 장엄이라고 할 수 있죠. 그렇다 하여도 거기에 머물지 않는다는 겁니다.

불성   동 허 공
佛性이 同虛空이라

수 이 무 량 공 덕 지 혜   장 엄   종 불 능 주
雖以無量功德智慧로 莊嚴이나 終不能住니

단 미 본 성   전 불 견 이
但迷本性하야 轉不見耳니라

불성은 허공과 같아서 비록 한량없는 공덕, 지혜로써 장엄
한다 하더라도 마침내 머무를 수 없으니, 다만 본래 성품이
미혹하여 더더욱 보지 못할 뿐이다.

절에 다니면서 염불도 외우고, 경도 읽고, 복덕도 짓고, 지혜도
닦는 것이 불성을 장엄하는 거죠. 그렇지만 그 장엄이 불성에 머
물러 있지 않습니다. 불성 자리에는 그것이 존재하지 않는 거죠.
　계절의 변화에 따라 산천초목이 허공을 장엄하지만 허공 그
자체에는 계절의 변화가 없는 것처럼, 마음을 온갖 지식과 지혜
와 공덕으로 장엄하고 있지만 불성에는 먼지 하나도 끼어 있지
않습니다.
　우리는 허공 자체를 보지 못하고 산이니 강이니 등 형상 있는
것만 봅니다. 허공을 이야기하여도 저 산을 기준으로 허공을 보
죠. 형상 있는 것을 여의고 허공만 봐야 할 텐데 형상 있는 것을
기준으로 허공을 본다고요. 마찬가지로 깨달은 분들이 각자의
본성을 보라고 하거나 이해하라고 설명하면 그 사람의 생긴 모
습, 마음 씀씀이 등을 기준 삼아 이해하려고 해요. 그러한 기준

이 없으면 이해를 못해요. 산이 없으면 허공을 이해하기 어려운 것과 똑같은 이치입니다. 산이 없어도 허공이 있잖아요. 마찬가지로 지혜와 복덕이 있든 없든 본성은 있습니다. 이는 본성을 이해하는 데 아주 중요한 비유입니다.

所謂心地法門은 萬法이 皆依此心建立일새

遇境卽有하고 無境卽無라 不可於淨性上에

轉作境解니라

이른바 심지법문은 만법이 모두 이 마음을 의지하여 건립된다는 말이니, 경계를 만나면 있고, 경계가 없으면 없는 것이니 청정한 성품 위에 경계라는 알음알이를 짓지 말라.

봄이 되면 큰 사찰에서는 보살계 수계산림을 많이 합니다. 보살계 수계산림의 주된 사상은 '심지법문心地法門'입니다. 마음 땅의 법문, 심지법문을 잘하면 그 나머지 십중대계, 사십팔경계 같은 것은 지엽적인 것이 되어 버리죠.

황벽 스님의『전심법요』도 마음의 이치를 가르치는 요긴한 법문이기 때문에 심지법문입니다. 심지법문은 마치 저 산과 강이 허공에 의지하여 있는 것과 같이 우리의 지혜와 복덕, 공덕 등 온갖 것들도 우리의 마음 땅에 의지해서 건립되어 있음을 말합니다.

산을 기준으로 해 허공을 이해하기 때문에 항상 산이라는 경계에 매여 있죠. 이와 같이 마음을 이해하는 것도 안·이·비·설·신·의를 의지하고 있는 마음을 근거로 해서 이해합니다. 그런데 육식으로써 작용하는 마음 말고도 본심이 있습니다. 다만 육식의 작용에 의한 마음을 근거로 해서 본심을 이해하려고 하는 게 중생들의 한계이지요. 육식의 작용에 의한 마음 말고 본마음을 이해하기가 쉽지 않습니다. 몸짓 말고, 몸을 이해하기가 참 어려운 거지요. 보통은 몸짓을 통해서 몸을 이해하잖아요. 몸짓을 어떻게 하고 있든지, 설령 가만히 있어도 이건 몸짓이에요. 걸어가면 걸어가는 몸짓이라고요. 몸짓을 통해서 몸을 이해하듯 마음 짓을 통해서 마음을 이해합니다. 허공은 산천초목을 통해 이해하죠. 몸짓과 몸의 관계, 마음 짓과 마음의 관계는 매우 현묘한 이치이기에 쉽게 이해가 안 됩니다. 그러나 몸은 몸짓 말고도 몸이 있고, 마음은 마음 짓 말고도 마음이 있어요. 허공은 허공 짓 말고도 허공이 있다는 것을 알아야 합니다.

所言定慧는 鑑用이 歷歷하고

寂寂惺惺하며 見聞覺知가 皆是境上作解라

선정과 지혜라는 것은 비추는 작용이 분명하고, 밝고 고요하면서도 또렷하다든가 보고, 듣고, 느끼고, 안다는 것은 모두 경계 위에서 알음알이를 짓는 것이다.

기도와 참선을 통해 도를 닦는다든지, '적적성성寂寂惺惺' 하다든지 '견문각지'의 모든 것은 본래 마음 자리가 아닙니다. 계·정·혜는 탐·진·치 때문에 생겼다고 했잖아요. 작용에 의해 생긴 모든 것은 경계 위에 알음알이를 짓는 것일 뿐입니다.

잠 위 중 하 근 인 설　　즉 득
暫爲中下根人說은 **卽得**이어니와

약 욕 친 증　　개 불 가 작 여 차 견 해
若欲親證인댄 **皆不可作如此見解**니라

이 말은 임시로 중·하근기의 사람들을 위하여 설법하는 경우라면 몰라도, 몸소 깨닫고자 할진댄 이와 같은 견해를 지어서는 안 된다.

선정과 지혜, 계·정·혜 삼학三學, 보살계 등등은 중근기와 하근기의 사람을 위해 방편으로 이야기한 것일 뿐이라는 겁니다. 그런데 이와 같은 가르침은 유치원생에게는 통할 만하지만 깨달음을 증득하고자 하는 사람에게는 아무런 도움이 되지 않습니다. 본불을 제대로 이해하는 입장에서는 오히려 선정, 성성적

적, 오매일여寤寐一如, 계 · 정 · 혜 삼학 등이 방해가 되기 때문이
죠.

진시경박   법유몰처   몰어유지
盡是境縛이요 法有沒處하야 沒於有地니

단어일체법   부작유무견   즉견법야
但於一切法에 不作有無見하면 卽見法也니라

이것은 모두 경계에 속박된 것이니 법이 있다는 견해에 빠
진 것이다. 일체의 법에 대하여 있다거나 없다는 견해를 짓
지 않으면, 곧 법을 보는 것이다.

많은 사람들이 있다 없다는 상대적인 견해에서 살아가고 있습
니다. 상대적인 견해에 빠지는 것이 깨닫지 못한 사람들의 한계
입니다. 있다 없다는 상대적인 것이 없으면 공허한 걸로 아는데,
사실 이것을 떠나야 제대로 수용할 수 있고, 제대로 이해할 수
있습니다.

6. 마음을 잊어버림

『증일아함경增一阿含經』에 '베풀고자 함에 때를 맞추어 베풀라.' 는 말이 있습니다. 예전에 안경점을 운영하는 이가 60억 원을 보시했다는 이야기가 회자된 바 있습니다. 어려운 이웃을 위해 아무런 조건 없이 행한 보시가 화제였지요. 사실 베푼다는 게 참으로 어렵습니다. 무엇보다 능력이 안되서인 경우가 많고, 설사 능력이 조금 된다고 하더라도 용기를 내지 못하는 경우가 많습니다. 그래서 베푸는 것도 연습을 자주해야 합니다. 어린이날에는 어린이들에게, 어버이날에는 부모님에게, 스승의 날에는 스승님에게 꽃다발이라도 하나 베풀어 보는 연습을 해 보는 거죠. 5월에는 부처님오신날이 있어 곳곳의 사찰로부터 등 달라는 안내장이 옵니다. 인연이 조금이라도 있는 사찰에 등 하나라도 다는 것은 지극히 자연스럽고 필요한 일이기도 합니다.

『아함경』에서 부처님은 보시에 대해 말하면서 복전福田에 보시하라고 했습니다. 부처님이 말씀하신 복전이라 함은 진리의 가르침이 있는 장소와 진리의 가르침을 따르는 사람을 말합니다. 이왕이면 복이 될 만한 밭에다 복을 짓는 것이 좋다는 거죠. 마치 기름진 땅에 곡식을 심는 것과 척박한 땅에 곡식을 심는 것은 차이가 있는 것처럼 말입니다. 이와 같은 이야기는 이전에 알고 있던 상식과는 다소 차이가 있죠. 보통 보시하는 그 마음이 중요하지 그 대상이 누구냐는 중요하지 않다고 생각하잖아요. 이 말도 틀린 말은 아닙니다. 그런데 경전에서는 그런 것이 아니라는 거죠. 곡식을 심는데 메마른 땅에다 심으면 잘 자라겠습니까? 기름진 땅에 곡식을 심으면 곡식이 잘 자라듯 복을 짓는 일도 그 복이 싹 틔우고 꽃을 피워 열매 맺을 만한 밭에 뿌려야 큰 결실을 볼 수 있습니다.

구 월 일 일　사 위 휴 왈
九月一日에 師謂休日
9월 1일에 황벽 스님께서 배휴에게 말씀하셨다.

배휴라는 아주 뛰어난 거사는 항상 황벽 스님을 찾아뵙고 법
문을 들었어요. 법문을 듣고는 그것을 그대로 기록하였습니다.
그대로 기록한 것을 토대로 『전심법요』라는 책을 만들었기 때문
에 그 기록의 정확성을 기하기 위해 때로는 날짜가 나타나죠.

자 달 마 대 사 도 중 국　　유 설 일 심　　유 전 일 법
自達摩大師到中國으로 唯說一心이요 唯傳一法이며
달마 스님께서 중국에 오신 이후로 오로지 일심만을 말씀하
셨고 일법만을 전하셨다.

달마 대사는 대승불교를 선불교로 전환한 주인공입니다. 당시
대승불교의 가르침도 훌륭하지만 이것만으로는 안된다고 판단한
거죠. 그래서 선불교로 다시 발돋움한 겁니다. 선불교로 거듭나
면서 제일선이 '관심일법총섭제행觀心一法總攝諸行', '마음 한 가지
를 관찰하는 것이 모든 수행을 포섭하고 있다.'입니다. '모든 수
행'이란 대승불교의 수행이라 할 수 있는 육바라밀행을 포함하여
알고 있는 불교 수행법 일체를 말할 수 있습니다. 마음 하나 잘
관찰하면, 즉 마음 도리 하나 해결하면 일체 수행이 그 안에 있다

는 뜻이에요.

『관심론觀心論』에 '심심심心心心 난가심難可尋', '마음이 무엇인지 찾기가 어렵구나.'라 했습니다. 마음의 문제를 집중적으로 이야기하기 시작하는 거죠. 물론 달마 스님 이전에도 『화엄경』과 『법화경』 등에서 마음 이야기를 많이 합니다. 그렇지만 마음 일변도로 이야기하는 것은 달마 스님 이후부터 선불교가 등장하면서 본격화됩니다. 그것은 그동안 소승불교와 대승불교의 경전을 통해 이야기되던 마음의 문제를 극복하는 과정이기도 합니다. 마음을 구구절절 설명하는 것이 아니라 바로 보는 겁니다. 그래서 불립문자不立文字가 나온 거죠. 마음의 문제를 경전의 가르침으로 전하려는 것을 폐기한 겁니다. 마음 하나면 되었지 복잡한 설명이 왜 그리 많냐는 것이죠. 불교가 위대하다는 것이 여기에 있습니다. 주옥 같은 가르침도 일거에 폐기해 버리잖아요. 선불교로 오면서 오직 일심만 말하고 한 법만 전한다는 것이 성립되죠. 일심이 한 법이고, 한 법이 일심입니다.

이 불 전 불　　　불 설 여 불
以佛傳佛이요 **不說餘佛**이며

이 법 전 법　　　불 설 여 법
以法傳法이요 **不說餘法**이니

부처로써 부처에게 전할 뿐 다른 부처는 말하지 않으며, 법으로써 법을 전할 뿐 다른 법은 전하지 않는다.

오로지 심법 하나만 가지고 법을 전했다는 겁니다. 그동안 산처럼 쌓여 있던 모든 경전을 일시에 불립문자라는 말로써 파기해 버렸으니 얼마나 시원했겠습니까. 결국은 전부 마음 문제인 거죠. 이 마음 문제를 가지고 선불교가 대대적인 반향을 불러일으켰어요.

법 즉 불 가 설 지 법
法卽不可說之法이며

불 즉 불 가 취 지 불　　내 시 본 원 청 정 심 야
佛卽不可取之佛이요 乃是本源淸淨心也니

유 차 일 사 실　　여 이 즉 비 진
唯此一事實이요 餘二則非眞이라

법이란 설명될 수 없는 법이며, 불이란 취할 수 없는 불로서 본래 근원이 청정한 마음이니, 오직 이 일승만이 사실이고, 나머지 이승은 참됨이 아니다.

편의상 법이니, 불이니 했지만 연필 잡듯 혹은 책 잡듯 취하고 설명할 수 있는 것이 아니라는 거죠. 이에 굳이 언어의 표현을 빌리자면 '청정심淸淨心'이라는 겁니다. 인생을 살아가는 모든 문제의 근본이고 그것은 텅 비어 있는 마음, 청정한 마음이라는 겁니다.

'일승'과 '이승'에 관한 말은 『법화경』「방편품」에 나옵니다. 오

직 이것만이 진실하다는 겁니다. 나머지 둘, 셋, 넷, 다섯, 이렇게 나가는 것은 진짜가 아니라는 거죠. 이것은 복잡한 것을 추릴 수 있는 데까지 다 추린 것, 잎 따고 가지 치고 줄기까지 쳐 버린 거죠.

般_{반야}若가 爲_{위혜}慧니 此_{차혜}慧는 卽_{즉무상본심야}無相本心也니라

반야는 지혜라는 뜻이니 지혜는 형상 없는 본래의 마음이다.

반야 반야 하는데 반야가 곧 지혜이며, 지혜는 형상 없는 본래의 마음입니다. 형상 없는 본래의 마음은 본래의 법이요, 부처입니다.

凡_{범부}夫는 不_{불취도}趣道하고 唯_{유자육정}恣六情하야 乃_{내행육도}行六道하나니라

범부들은 도에 나아가지 않고 오직 육정만을 함부로 하여 육도에 빠져 방황한다.

중생들은 안·이·비·설·신·의의 육근을 경계에 따라 방자히 함부로 하여 육도윤회六道輪廻를 한다는 거죠.

육도는 중생이 인과응보에 따라 유전하는 여섯 가지 세계입니

다. 지옥·아귀·축생도의 삼악도와 아수라·인간·천상도의 삼
계를 통틀어 일컫습니다. 육도는 분별 망상에 의한 괴로움의 세
계를 상징적으로 나타내기도 합니다.

학 도 인　　일 념 계 생 사　　　즉 락 마 도
學道人이 **一念計生死**하면 **卽落魔道**하고

일 념 기 제 견　　　즉 락 외 도
一念起諸見하면 **卽落外道**하고

견 유 생 취 기 멸　　　즉 락 성 문 도
見有生趣其滅하면 **卽落聲聞道**하고

불 견 유 생　　　유 견 유 멸　　　즉 락 연 각 도
不見有生하고 **唯見有滅**하면 **卽落緣覺道**니라

도를 배우는 사람이 한순간이라도 생사를 계교하면 곧 마구
니의 길에 떨어지고, 한순간 모든 견해를 일으키면 곧 외도
에 떨어지며, 생이 있음을 보고 멸에 나아가면 성문도에 떨
어지고, 생이 있음은 보지 않고 오로지 멸만을 보면 연각도
에 떨어진다.

　마도魔道, 외도外道, 성문도聲聞道, 연각도緣覺道 및 불성까지 순
차적으로 이야기하고 있습니다. 생사에 매달려 있으면 마도이
며, 이런저런 소견을 한순간이라도 일으킬 것 같으면 외도라는
거죠.

마도, 외도, 성문도, 연각도 등은 기존 경전상의 교리하고는 약간의 차이가 있습니다만 황벽 스님께서는 분별을 일으키니 이를 정리하신 것입니다. 생멸 단견에 떨어짐을 경계하신 가르침입니다.

법 본 불 생　　금 역 무 멸
法本不生이라 **今亦無滅**이니

불 기 이 견　　불 염 불 흔
不起二見하고 **不厭不欣**하며

일 체 제 법　　유 시 일 심　　　연 후　　내 위 불 승 야
一切諸法이 **唯是一心**이라야 **然後**에 **乃爲佛乘也**니라

법은 본래 생하지 아니하므로 이제 또한 멸함도 없으니, 두 가지 견해를 일으키지 아니하고 싫어하지도 아니하고 기뻐하지도 아니하며 모든 법이 오직 한마음이라, 그런 다음에 불성이라 할 수 있다.

생하지 아니하면 소멸하는 것도 없죠. 봄에 싹과 잎이 나니까 가을이면 단풍이 들고 잎이 떨어집니다. 생자필멸生者必滅이라고 태어난 사람은 반드시 죽기 마련이고요. 따라서 마음이 '불생不生'이면 '멸滅'도 없는 거죠. 바람이 불어 물결이 출렁출렁하죠. 그것은 생멸입니다. 그런데 물은 어떻습니까? 그대로죠. 바람이 분다는 것은 온갖 상황에 접하고 있는 것으로, 마음이 온갖 경계

에 따라 일어나는 거죠. 이것은 물결이거든요. 바람이 불어서 물결이 일어나는 것과 마찬가지예요. 아무리 물결이 일어났다 꺼지고, 일어났다 꺼져도 물은 그대로이듯 경계에 따라 별별 마음이 일어나고 그 마음이 또 사라지고, 일어나고 사라지고를 반복해도 본심은 그대로예요. 황벽 스님과 같이 깨달으신 분들이 이것 하나 가르치려는 겁니다.

분별과 망상을 여읜 본래 마음 자리가 불성이고 부처의 경지입니다. 부처의 경지는 수행을 통해 어떤 상태에 올라간 것을 두고 하는 소리가 아니에요. 또 흙탕물을 가라앉혀 맑게 하는 것과 같은 물을 이야기하는 것도 아닙니다. 출렁거리면 출렁거리는 대로, 흐리면 흐린 대로, 맑으면 맑은 대로 본래의 물을 말하는 거예요.

보통은 출렁거리는 물을 가두어 비록 한순간이라도 명경지수 明鏡止水처럼 안정된 상태를 소위 불교라 하고, 수행이라고도 하며, 부처의 경지라고도 합니다. 그러나 선불교에서는 그게 아니에요. 흔들어 버리면 또 구정물이 일어난다 이거예요. 이렇듯 완전히 해결되지 못한 걸 가지고 불성이라고 할 수 없죠. 그래서 계속 공부해 왔듯이 어떠한 상황에 처해 있어도 처한 상태 그대로 부처를 말하는 것이고, 그대로의 마음을 말하는 것입니다. 바람이 불어 물결치면 물결치는 그 상태대로, 경계를 만나서 이 경계에 꺼들리고 저 경계에 꺼들리더라도 그 경계에 꺼들리는 그 상태 그대로가 본래 부처이고, 본래 마음이라는 것을 알게 되면 경계에 꺼들리지도 놀아나지도 않습니다.

'수련소구업隨緣消舊業', '인연 따라 저절로 옛 업이 녹는다.'라고 했습니다. 사실 업이 녹든 안 녹든 그것은 별 문제가 아닌데 굳이 세상 사람들이 업장 녹인다, 업장 참회한다 등의 소리를 하니까 간혹 조사 스님들이 한두 마디씩의 방편을 쓰는 거죠. 일반적으로 이런 이야기가 많이 들립니다. 특히 라디오만 틀면 업장 참회하는 무슨 기도한다고 광고가 얼마나 많이 나옵니까? 대다수의 사람들이 불교를 그렇게 믿죠. 그런데 업장 참회한다는 말은 하면서도 업장 참회됐다는 소리는 들어 보지 못했어요. 무슨 업이든지 업하고 같이 사는 것이에요. 부처에게는 불 업이, 보살에게는 보살 업이, 관세음보살에게는 관세음보살 업이 있는 거죠. 우리는 우리 나름의 업이 있습니다. 그 업은 조사 스님의 말씀대로 악업이라면 인연 따라 업이 자연스럽게 녹으며, 좋은 업은 저절로 생기게 되어 있어요. 그러나 업에 매달려 이야기하거나 그것에 불교 전체가 있는 것처럼 이야기한다면 불교를 모르는 겁니다. 불교를 올바르게 알고 공부해야 다이아몬드 창고에서 다이아몬드를 가지고 나올 수 있습니다.

범부 개 축 경 생 심   심 수 흔 염
凡夫는 皆逐境生心하야 心逐欣厭하나니

약 욕 무 경   당 망 기 심
若欲無境인댄 當忘其心이니

심 망　　즉 경 공　　경 공　　즉 심 멸
心忘하면 卽境空하고 境空하면 卽心滅이니라

범부는 경계를 쫓아 마음을 내서 좋고 싫음이 있으니, 만약
경계가 없기를 바란다면 그 마음을 잊어야 하고, 그 마음을
잊을 것 같으면 경계가 곧 공해지고, 경계가 공해지면 곧
마음이 소멸한다.

눈만 뜨면 좋다 싫다 반복합니다. 경계를 대함에 저울질해 가
며 마음을 빼앗기는 거죠. 여기에서의 마음이란 분별심, 차별심,
현상심을 말하는 것입니다.

약 불 망 심 이 단 제 경　　경 불 가 제　　지 익 분 요
若不忘心而但除境하면 境不可除요 秪益紛擾하나니

고　　만 법　　유 심　　심 역 불 가 득　　부 하 구 재
故로 萬法이 唯心이요 心亦不可得이니 復何求哉아

만약 마음을 없애지 아니하고 다만 경계만 제거할 것 같으
면 경계는 없어지지 않고 오히려 분잡히 시끄러움만 더할
뿐이니, 고로 만법이 오직 마음이요 마음 역시 찾을 수 없
으니 다시 어디서 구할 것인가?

참선이나 기도를 열심히 하고 있는데 밖이 몹시 시끄럽다 이거
예요. 그 시끄러움을 따라가는 내 마음을 안정시키면 밖에서 아

무리 큰 소리가 나도 문제가 안 될 텐데 굳이 쫓아가서는 참선하는데 왜 이렇게 떠드냐며 시비를 일으켜 조용하게 만듭니다. 그런데 그 떠드는 사람 내보내 봐야 또 다른 사람이 와서 떠들기 마련입니다. 마치 해가 뜨면 지고, 지면 또 뜨는 것과 같지요. 경계는 끊임없이 바뀌면서 항상 있기 마련이다 이겁니다. 근본과 지말이 무엇인지를 잘 알고 해야 된다는 거죠.

경계를 없애지 못한다면 '심심심 난가심', '마음이 무엇인지 찾기가 어렵구나.'라 했듯이 마음 또한 가히 얻지 못한다는 거죠. 구할 수 없다는 그 도리에 계합해야 합니다.

학 반 야 인　　불 견 유 일 법 가 득
學般若人이 **不見有一法可得**하면

절 의 삼 승　　유 일 진 실
絶意三乘이요 **唯一眞實**이라

반야를 공부하는 사람이 한 법도 가히 얻을 것이 있음을 보지 않으면, 삼승에는 뜻이 끊어지고 오직 하나의 진실뿐이다.

일승, 이승, 삼승은 최상승과 비교되는 수행문입니다. 삼승은 큰 결심과 원력이 없어서 바람이 불면 결심도 흔들리기 마련입니다. 기도를 하든 명상을 하든 경전 공부를 하든 마찬가지입니다. 이승은 해탈과 선정을 얻고자 하는 원력과 결심이 대단하여 모든 세상사는 곁가지가 됩니다. 그렇지만 욕심과 집착에서 벗어나지 못하고 마음은 밖을 향해 쫓아다닙니다. 일승은 삼승의 믿음과 이승의 원력에 기초하여 경계를 둘로 보지 않습니다. 그렇지만 선정과 해탈, 극락과 천상과 같은 염원이 습관적으로 의식 속에 남아 있어 자유롭지 못합니다. 최상승은 일체가 둘이 아니고, 얻고 잃음도 없으며, 자성이 청정하고, 불생불멸인 줄 단박에 알고, 본성을 단박에 깨닫는 것입니다. 그러므로 당연히 따로 부처도 해탈도 구하지 않습니다.

　

　

불 가 증 득　　　 위 아 능 증 능 득
不可證得이어늘 **謂我能證能得**이라 하면

개 증 상 만 인
皆增上慢人이니라

가히 증득할 것이 없거늘 나는 능히 증득한 사람이라 하면
모두가 증상만을 내는 사람이다.

많은 불자들은 '나는 능히 깨닫고, 나는 능히 얻는다.'라고 생각하거나 말합니다. 예를 들면 나는 삼천 배를 했니, 며칠간 철야 용맹 정진을 했니 하는 것입니다. '증상만增上慢'이 뭡니까? 아직 깨닫지 못하였는데도 이미 깨달았다고 생각하는 교만심, 오만함, 거만함이잖아요. 결국 잘난체하는 사람만 되고 맙니다.

법 화 회 상　　불 의 이 거 자　　개 사 도 야
法華會上에 **拂衣而去者**가 **皆斯徒也**라

『법화경』 회상에서 옷을 떨치고 나가 버린 사람들이 모두가
이러한 무리들이다.

　황벽 스님께서 『법화경』을 인용하셨습니다. 부처님이 『법화
경』을 설하는데 옷을 휘날리며 나가 버린 사람들이 모두 이러
한 무리들이다 그랬어요. 이 사람들은 본래 가지고 있는 것 외에
얻고 깨달은 무언가가 있다고 생각하는 사람들입니다. 부처님이
최후에 '정말 중요한 이야기가 하나 있다, 정말 중요한 이야기가
하나 있다, 정말 중요한 이야기가 하나 있다.'고 세 번이나 거듭
말씀하셨거든요. 그러는 사이에 5,000명 되는 사람들이 '그동안
이야기 다 해놓고서 더 이상 또 무슨 할 말씀이 있느냐.'고 하며
더 이상 들을 것이 없다, 더 이상 공부할 것이 없다고 나가 버린
것이죠.
　그러면 부처님이 최후로 알려 주고 싶었던 것은 무엇일까요?
그것은 바로 진짜 보물은 너 자신이고, 모든 문제의 열쇠는 네가
가지고 있으며, 너 자신이 해결책이고, 너 자신이 주인공이라는
겁니다. 너 자신이 부처고, 너 자신이 하느님이고, 너 자신이 신
이라는 얘기입니다. 부처님이 밖에 있는 줄 알고, 관세음보살이
밖에 있는 줄 알고, 문수보살이 밖에 있는 줄 알고 있었던 그런
수준의 불자들이 5,000명이나 있었다는 거죠.
　많은 불자들이 나는 증득한 것이 있다, 얻은 것이 있다, 깨달

은 것이 있다고 생각하거나, 삼천 배를 열 번이나 했다거나, 참선 정진을 2,000시간 했다거나, 염불을 100만 독 했다고 자랑합니다. '법화회상法華會上'에서 더 이상 부처님께 들을 것이 없다고 생각하여 나가 버린 사람들이 다 이와 같은 사람입니다. 조금 공부한 사람들의 큰 병이죠. 공부한 사람들일수록 공부한 것이 없어야 되고, 마음에 흔적이 남아 있지 않아야 되며, 공부했다는 상이 없어야 합니다. 처음에는 중물이 들어야 되지만 나중에는 중물이 빠져야 되거든요. 마찬가지로 공부한 물이 빠져야 되는 거예요. 보통 사람으로서는 어려운 일이지만 그것도 한생각 돌이켜 보면 크게 어려운 것이 아닙니다. 모두가 똑같이 동등한 사람이라는 생각만 하면 해결됩니다. 중노릇을 얼마나 했는지, 자기가 선한 행을 얼마나 했는지 등을 염두에 두지 않고 똑같은 동등한 사람이다, 동등한 부처라고 생각해 버리면 아상我相을 내세울 일이 없는 거예요.

故로 佛言

我於菩提에 實無所得이라 하시니 默契而已니라

그러므로 부처님이 말씀하시기를 내가 깨달음에 대하여 실로 얻은 바가 없다고 하셨으니 묵묵히 계합할 뿐이다.

얻는다는 것은 무엇이냐, 밖에서 얻는 것을 얻는다고 합니다. 예를 들어 내가 빌려준 돈을 되돌려 받았을 때, 그것을 얻었다고 합니까? 본래 내 돈이었기 때문에 얻은 것이 아닙니다. 내가 가지고 있지 않았던 것을 얻어야 얻는 거죠. 그래서 실로 얻은 것이 없다는 겁니다.

도라든지, 깨달음이라든지, 보리라든지, 성불이라든지, 부처라든지, 보살이라든지 그 어떤 고급 용어로 이야기해도 그것은 밖에서 얻는 것이 아니고 내 속에 본래 있던 것입니다. 중생들의 작은 근기는 눈에 보이고, 신기하고, 이상하고, 영험 있고, 능력이 눈앞에 바로 나타나야 대단한 걸로 생각하는데 사실 알고 보면 그것은 아주 하찮은 거죠. 정말 신기하고 대단한 것은 우리가 지금 이 순간 누리고 있는 이 사실이에요.

'묵묵히 계합할 뿐이다.'라는 설명으로 되는 것이 아니고 스스로 느끼고 깨달아야 합니다. 제가 이야기하는 것은 저의 소리일 뿐이고 여러분들이 '아! 그래.' 하고 가슴 깊이 느끼는 것이 계합입니다. 지금 이렇게 보고, 듣고, 느끼고, 사량 분별하고, 기뻐하고, 슬퍼하고, 웃고, 우는 능력 이보다 더 위대한 신통이 어디에 있는가, 이것을 스스로 느끼고 스스로 아는 것입니다.

범인 임욕종시 단 관 오 온 개 공
凡人이 臨欲終時에 但觀五蘊皆空하고

사 대 무 아 진 심 무 상 불 거 불 래
四大無我니 眞心無相하야 不去不來라

보통 사람들이 돌아갈 때에 임해서 오온이 공하고 사대는
내가 아님을 보니, 참된 마음은 모양이 없어서 가지도 않고
오지도 않는다.

범부중생은 죽는 순간 지·수·화·풍 사대로 구성된 육신이
본래 없는 것을 비로소 본다는 겁니다. 사대육신이 비로소 제대
로 보이는 거죠. 그런데 마음은 오가는 것이 없습니다. 몸뚱이가
오고 가고 하는 거지요. 이는 '불거불래不去不來', '오지도 않고 가
지도 않지만 마음대로 가고 마음대로 온다.'는 뜻이기도 합니다.
　제가 소리를 높여 이야기해도 전혀 상관하지 않고 다른 곳에
서 실컷 놀고 돌아다니는 사람이 있다고요. 모양이 있는 것은 꼼
짝없이 여기 앉아 있잖아요. 그런데 참나, 진심은 모양이 없기
때문에 가지도 않고 오지도 않으면서 마음대로 가고 마음대로
오는 거예요. 대단하잖아요.

생 시 성 역 불 래 사 시 성 역 불 거
生時에도 性亦不來하며 死時에도 性亦不去라
태어날 때도 본성품은 오는 것이 아니며, 죽었다 하더라도

본성품은 또한 가는 것이 아니다.

이와 같은 마음의 이치를 참으로 느끼고 깨달아야 합니다. 잘 생각해 보면 이해할 수가 있어요. 방금 전 이야기했듯 제가 아무리 떠들어도 누군가의 마음은 집에도 가고, 친구도 만나고, 볼일도 보는 등 온갖 사방으로 다 돌아다닐 수가 있잖아요. 그러다가 큰소리치니까 금방 정신을 차려 여기로 오죠. 그런 내가 있잖아요. 틀림없이 있잖아요. 어떻게 부정합니까? 그렇다고 몸뚱이와 관계가 없는 것도 아니에요. 몸뚱이가 없으면 표현이 안 돼요. 몸뚱이는 여기 앉아 있으면서 참나는 마음대로 돌아다니는가 하면, 또 몸뚱이 없이는 표현이 안 되는 경우가 있어요. 참으로 묘합니다. 그러니까 치우치면 안 되는 거죠. 그래서 중도라는 말이 나옵니다. 있는데도 치우치지 말고 없는데도 치우치지 말라는 거죠. 때로는 있고 때로는 없는 것이 자유자재입니다. 본래 능수능란한 신통을 가지고 있어요. 그게 신통묘용입니다. 이러한 사실을 미루어 보면 태어날 때도 어디서 온 것이 아니고 또 죽어서도 어디로 가는 것이 아니라는 것을 알 수 있죠.

담 연 원 적   심 경 일 여   단 능 여 시   직 하 돈 료
湛然圓寂하야 **心境一如**니 **但能如是**하면 **直下頓了**라
담연히 둥글고 고요하여 마음과 경계가 한결같다. 다만 능히 이와 같이 된다면 곧바로 깨닫게 된다.

티 하나, 먼지 하나 없는 것을 '담연湛然'이라고 합니다. 담연이라는 표현도 부족하다는 듯 '원적圓寂'이라는 표현을 더합니다. 즉 먼지 하나 티끌 하나도 없을 뿐 아니라 철저히 공하다는 거죠. 상황에 따라서는 그 크기가 한량없다는 뜻입니다. 마음을 모아 조용히 있을 때는 조그맣고 잠잠하지만 부풀려 놓으면 온천지를 뒤덮어놓을 정도로 큽니다. 하루에도 몇 번씩 경험하잖아요. 탐·진·치 삼독만이 아니라 팔만사천 번뇌가 온 세상을 다 흔들어 놓잖아요. 참으로 신기합니다. 그렇다고 나무랄 것이 없습니다. 탐·진·치 삼독이 되었든 팔만사천 번뇌가 되었든 그렇게 할 줄 아는 그 능력에 관심을 가지고 집중해야 합니다. 마음과 경계가 한 덩어리이기 때문입니다. 불교의 생명은 여기에 있어요.

마음과 경계가 한 덩어리임을 느끼고 깨닫기만 하면 기도하고, 참선하고, 육바라밀을 애써 닦는 등 그럴 필요가 없다는 겁니다. '직하돈료直下頓了'란 바로 이 순간 몰록 한꺼번에 마쳤다는 뜻입니다. 다른 말로 '돈오돈수頓悟頓修'라 하죠. 그런데도 중생은 "스님, 탐욕 부리고, 남을 속이며, 질투하고, 온갖 부조리한 그런 마음은 어떻게 합니까?"라고 묻습니다. 기존의 일반적인 불교에서는 이러한 문제에 대해 욕심을 줄여라, 무엇을 삼가라, 절을 많이 해라, 기도를 얼마나 해야 되고 참회를 해야 된다는 등 별별 소리를 합니다. 물론 업이란 게 있습니다만 사실을 알면 봄날에 눈 녹듯 사라지는 것이죠. 세세생생 살아오면서 나만 생각하고 남을 배격하고 남이야 배고프든 말든 나만 배부르면 된다는

219

업장이 다 있는데, 그러한 업장은 저절로 자연스럽게 녹습니다. 수련소구업이라, 인연 따라 옛 업이 저절로 녹아 갑니다. 그런데 억지로 녹인다고 녹는 것이 아니거든요. 그렇다고 삼천 배, 삼만 배 해야 금방 녹는 것이 아니에요.

존재의 원리인 보고, 듣고, 느끼고, 아는 참생명의 실상에 대한 이해가 제대로 되면 나머지는 그 원리대로 따라가게 되어 있습니다. 이것을 생각하지 않고 지엽적인 것에 얽매여 헤매니까 업을 짓고 마는 거예요. 이것이 정말 소중하고 값진 보물이라는 것을 알면 시시한 것을 가지고 아옹다옹 싸울 일이 있겠습니까?

나에게는 누구에게 줄 수도 없고 누가 뺏어가지도 훔쳐가지도 못하는 큰 보물이 있다는 확신과 자신감을 가지면 무슨 업을 짓겠어요. 심한 말로 내 재산을 가져간들, 내 남편을 가져간들, 내 아내를 가져간들, 내 집을 가져간들, 그것보다 천 배 만 배 더 값진 보물이 내 가슴에 있다는 확신이 굳어졌다면 인연 따라 가겠지 정도로 생각할 수 있을 거예요. 어려운 이야기이기는 하지만 그러나 전혀 이해가 안 되는 것은 아니지요.

불 위 삼 세 소 구 계   변 시 출 세 인 야
不爲三世所拘繫니 便是出世人也니라
삼세에 얽매이지 않는 것이니 곧 세간을 뛰어넘는 사람이다.

과거 · 현재 · 미래를 통해서 수많은 세월 동안 엄청난 수행을 해야 한다는 것에 구속되거나 매이지 않아야 한다는 뜻입니다. 그런데 우리는 이전까지 과거 · 현재 · 미래 동안 오늘 닦고, 내일 닦고, 모레도 닦고, 어제도 닦고, 내생도 닦고, 내생 다음 생도 닦아야 한다는 말을 많이 했잖아요. 그렇기에 황벽 스님의 이러한 가르침을 사람들은 쉽게 이해하지 못합니다.

저는 아직까지 수많은 세월 동안 수많은 수행을 해서 깨달았다는 사람을 들어 보지 못했어요. 반면 한마디에 깨쳤다는 말은 수없이 많이 들었죠. 육조 스님 같은 이는 불교가 뭔지도 모르는데 『금강경』의 '응무소주 이생기심' 한 구절 듣고 깨달았잖아요. 그런데 이 구절이 바로 마음을 이야기하는 것 아닙니까? 그동안 얼마나 많은 시간 동안 구속되어 살았습니까? 그런데 인간의 실상은 응무소주 이생기심이라, 어디든지 걸리지 않게 되어 있으며, 자유자재하고, 마음대로 가고 마음대로 오며, 가지도 않고 오지도 않으며, 모양도 없다는 이야기거든요. 부연 설명하면 육조 스님은 그것 듣고 자기의 참생명을 이해한 거죠. 그게 끝입니다. 육조 스님이 참선한 사람도 아니고, 기도한 사람도 아니고, 삼천 배 한 사람도 아니잖아요. '직하돈료直下頓了'라, '바로 마쳐 버렸다.'는 겁니다. 과거 · 현재 · 미래 동안 구속될 바도 없으며, 점점 닦아야 할 필요 없이 일을 마쳤다는 겁니다. 이것이 출세한 사람이고, 성공한 인생입니다.

절부득유분호취향　　약견선상
切不得有分毫趣向이니 若見善相인

제불래영　　급종종현전　　　역무심수거
諸佛來迎과 及種種現前이라도 亦無心隨去하며

간절히 털끝만큼이라도 어디를 향해 나아간다고 하는 것이
있어서는 안 되니, 만일 아주 훌륭한 모든 부처님이 영접해
주시는 것과 같은 것을 가지가지 보게 될지라도 또한 마음
이 따라감이 없어야 한다.

바로 이 순간 이 자리일 뿐 그 외에는 없습니다. 수행을 하고
시간을 투자해서 어디에 나아가는 것이 아닙니다. 한 걸음 한 걸
음 나아가거나 공덕을 쌓아 가면서 얻어지는 게 아니라는 거죠.
　아미타불 염불을 많이 하면 가지가지 꽃비가 내리고 아미타불
이 와서 영접한다고 하잖아요. 또 꿈에 온갖 부처님이 나타난다
든지 하는 이야기가 많잖아요. 이러한 이야기는 모두 우스운 이
야기에 불과합니다. 결국 나 이외의 부처는 전부 환상이고, 마구
니입니다. 진짜 생명 있는 부처님은 지금 죽어가고 있는 그 사람
입니다. 병들면 아픈 게 부처이며, 목숨 다하면 죽는 게 부처입
니다. 죽을 때 죽는 게 부처라 하니 이상한 소리로 들려요? 처음
듣는 소리죠? 그런데 과거 부처님과 역대 조사 중 그렇지 않은
분이 있었습니까? 아플 때 안 아팠고, 죽을 때 안 죽었던 부처
님, 보살, 조사, 도인이 있으면 이야기해 보세요. 알고 보면 불교
가 이렇게 쉬운 거예요. 괜히 엉뚱한 환상에 사로잡혀 있으니까

요상하게 되고 잘못되는 겁니다. ·역대 부처님과 조사님은 이러한 이치를 알고 무한한 마음의 평화를 누리다 가신 것뿐이에요. 이러한 이치를 모르면 마음의 평화를 누리지 못하는 거지요.

무착 선사가 오대산에서 처음에는 문수보살에게 많은 수모를 당했다고 해요. 오대산에서 공부를 어지간히 하다가 어느 동짓날에 큰 솥에 팥죽을 끓이고 있는데 문수보살이 나타나 무착 선사를 시험을 한다고 뭐라 뭐라 했답니다. 그러자 무착 선사는 팥죽 쑤던 주걱으로 문수보살을 그냥 후려 패면서 '문수는 너의 문수고, 무착은 내 무착이다. 어디서 함부로 남 죽 끓이는데 나타나 방해를 하느냐.'고 했다는 겁니다.

결국 이것을 가르치려는 것입니다. 부처님도 이것을 가르치려했고, 일체 조사 스님들도 인간 개개인이 다 이와 같은 존재라는 것을 가르치려고 했던 거예요.

약 견 악 상 종 종 현 전　　역 무 심 포 외
若見惡相種種現前이라도 **亦無心怖畏**니

만약 가지가지 나쁜 모양이 나타나더라도 역시 마음에 두려움이 없어야 한다.

보고 듣고 느끼고, 말하고 웃고 울고 할 줄 아는 능력과 참모습에 당당히 비중을 두고 가치를 부여하면 그 어떤 것도 두려워할 것이 없습니다. 두려워하는 것도 마음이 두려워하는 거예요.

밖에 나타난 것 가지고 두려워할 게 없다고요. 밖의 호랑이가 절대적인 두려움의 대상인 게 아니라 밖의 대상을 보고 마음이 두려워 하는 겁니다.

단 자 망 심　　동 어 법 계
但自忘心하야 **同於法界**하면

변 득 자 재　　차 즉 시 요 절 야
便得自在라 **此卽是要節也**니라

다만 스스로 마음을 잊고서 법계와 같아지면 바로 자재를 얻은 것이니 이것이 곧 요긴한 대목이다.

불교 공부를 하는 요체이고, 인생을 살아가는 요체이며, 도통하는 요체이고, 성공하는 요체라는 겁니다. 옛날 사람들은 '요절 要節'이라는 표현을 잘했어요. 또 '절요'라고 바꾸어서도 표현합니다. 여기서 하신 이 말씀이 바로 핵심, 근본, 뿌리가 되는 말씀이죠. 이러한 말씀은 모두 충분히 이해되고 환희심이 나야 할 내용입니다.

7. 법은 무생

『전심법요』의 대지는 '유전일심 갱무별법'이라 했습니다. 오직 일심의 도리를 배움으로써 모든 이치를 알고, 인생의 모든 문제를 해결하는 것입니다. 사람이 살면서 바라는 바가 자유, 평화, 행복 등 그것이 무엇이든 간에 오직 한마음의 도리를 잘 전해 받고, 잘 배워서 해결하는 것이지 그 외에 다른 것은 아무것도 없다는 말입니다.

초기불교나 대승불교 그리고 선불교에 이르기까지 일심의 도리를 빼놓고는 성립되지 않습니다. 즉 어떤 불교가 되었든 일심의 도리가 근본이기 때문에 이 근본을 빼놓고는 이야기가 안됩니다. 그래서 올바르게 세상을 깨닫고, 인생을 깨닫고, 진리를 깨달은 분은 한결같이 일심의 도리를 이야기할 수밖에 없어요.

일심의 도리를 빼놓고는 사람 사는 일이 이루어지지 않습니다. 확철대오니, 견성성불이니 등의 고차원적인 것도 결국 근본은 한마음에 있고, 이 한마음을 제대로 파악하여 그것을 잘 운영

함으로써 바라는 바, 그것이 무엇이 되었든 모두 이룰 수 있다고
보는 것입니다.

시 월 팔 일　사 위 휴 왈
十月八日에 師謂休日

언 화 성 자
言化城者는

10월 8일에 황벽 스님께서 배휴라는 재상에게 말씀하셨다.
화성(化城)이라는 것은

『법화경』「화성유품化城喩品」을 인용한 것입니다. '법화칠유法華七喩'라 하여『법화경』은 일곱 가지 비유가 유명합니다. '화성化城'에 비유한 것은 그중 하나입니다.

　어떤 사람이 일꾼을 이끌고 보물을 찾으러 갔어요. 보물이 있는 곳은 상당히 멀리 있었죠. 그런데 일꾼들이 품값을 받기는 하겠지만 길이 멀어 너무나 지치고 힘들었던 거죠. 그러다가 더 이상 가지 않겠다고 합니다. 그러자 인솔자가 신통력을 보여 환상으로 마을을 하나 만들어 놓고 일꾼을 설득하는 거예요. 조금만 더 가면 숲도 있고, 마을도 있어 거기까지만 가면 밥도 먹고 며칠 푹 자며 쉴 수 있다고 한 겁니다. 그렇게 일꾼을 이끌고 마을에 도착하여 밥도 먹고 목욕도 하면서 며칠을 푹 쉽니다. 휴식을 취하면 조금 나아지잖아요. 인솔자는 '다시 정신을 차리고 목적지는 여기가 아니니 조금만 더 가자.'고 계속 유혹하고 설득하지요. 그러한 과정을 통해 결국 보배가 있는 곳으로 인도한다는 이야기입니다. 즉 '화성'이란 말은 '환상의 마을'이라는 뜻이 되겠죠.

이 승 급 십 지 등 각 묘 각
二乘及十地等覺妙覺이니

개 시 권 립 접 인 지 교　　병 위 화 성
皆是權立接引之教라 並爲化城이요

이승과 십지·등각·묘각이니 이것은 전부 사람을 이끌어
주기 위한 방편으로 세운 가르침으로 변화하여 보인 성곽
이다.

'화성'은 사람을 끌어들이기 위한 방편이지 실제 있는 것이 아
니라는 거죠. 지친 일꾼을 달래기 위해 할 수 없이 환영으로 마
을을 만들었을 뿐이라는 겁니다. 이처럼 이승·삼승이니, 십
지·등각·묘각 같은 것도 마찬가지라는 거예요. 마치 공부하는
사람에게 며칠 공부 더 해, 한 일 년 더 해 하다가 또 그 다음에
이삼 년 공부 더 하라는 식으로 한 단계 한 단계 끌어올리기 위
한 거짓말이며 방편이라는 겁니다.

언 보 소 자　　내 진 심 본 불　　　자 성 지 보
言寶所者는 乃眞心本佛이며 自性之寶라

보배가 있는 곳은 참된 마음으로서의 본래 부처이며 자기
성품의 보배를 말한다.

보배가 있는 곳이 목적지입니다. 그런데 그 보배란 참마음이

라는 겁니다. 즉 우리의 참마음이 본부처인 거죠. 우리의 진심이 본부처입니다.

부처님 당시에는 부처님이 직접 설법해 주셨지만 후대 사람들은 경전에 의지하였죠. 경전을 서사, 수지, 독송, 위인, 해설하는 것으로 수행을 삼은 겁니다. 시간이 지남에 따라 경전만 읽는 것으로는 안되니까 또 다른 방편으로 생긴 것이 기도, 참선, 관법 등 별별 방법이죠. 그런데 결국 보배가 있는 장소는 자신의 참된 마음이며, 자기 성품이 보배라는 겁니다.

此寶는 不屬情量이니 不可建立이니라

이 보배는 정량에 속하지 않으니 아무것도 건립할 수 없다.

본래 마음 자리는 사량 분별과 수행으로 얻어지는 것이 아니라는 말입니다. 본래부터 자기 주머니에 있는 것이지 어디서 얻어 오는 것이 아니라는 것을 알아야 합니다. 깨달은 분과 깨닫지 못한 분의 차이, 즉 아는 분과 모르는 분의 차이는 자신이 본래 그렇다는 사실을 아는 것과 모르는 것에 있어요.

그런데 설령 그 사실을 몰라도 깨달은 존재라는 겁니다. 예를 들어 고려청자가 집에 있는데 고려청자임을 모르고 개밥 그릇으로 사용했다고 합시다. 그래도 고려청자임에는 분명합니다. 집 주인이 그 사실을 알든 모르든 그것은 고려청자이며, 고려청자로서의 가치는 그대로인 것과 같은 이치입니다.

'아! 내가 부처라는데, 내가 하느님이라는데, 내가 신이라는데, 내가 보살이라는데'라는 사실을 설사 모른다 하더라도 보고 듣고 느끼고 웃고 우는 이것 이외에 더 이상 없다는 것을 믿어야 합니다. 법당에서 아무리 절을 해 봐야 절하는 그 능력밖에 더 없는 거예요. 그럼 "절하는 그 사실이 더 위대하지 않습니까?"라고 물을 수 있겠죠. 그러나 절하는 그 자체에, 그리고 절의 대상이 되는 상에는 의미가 없습니다. 절에 가서 절할 줄 알고 힘 다하면 돌아올 줄 아는 것 바로 그것이 보배거든요. 그 사람이 찾고자 하는 존재, 의지하고자 하는 존재, 영험을 얻고자 하는 존재가 바로 자신이라는 겁니다. 이와 같은 이치를 찾아보면 알게 됩니다. 이 말을 잊지 않고 열심히 찾다 보면, 나중에 찾고 있는 그 사람이 바로 나 자신이라는 사실을 알게 된다는 거죠. 그래서 조작하거나 따로 세울 수 있는 게 없다는 이야기입니다.

무 불 무 중 생   무 능 무 소   하 처 유 성
無佛無衆生하며 無能無所하니 何處有城이리오
부처도 없고 중생도 없으며, 주관도 없고 객관도 없는데 어느 곳에 성이 있겠는가.

부처니 중생이니, 주관이니 객관이니 하는 것은 모두 이름일

뿐입니다. 앞서 예를 든 이야기에서도 환상으로 만든 마을을 방편으로 썼으니 실재하지 않는 거죠. 출발이 없으니 끝이 없는 것과 같습니다. 그러니 중간 과정인 이승, 삼승, 십지, 십신, 십주, 십행, 십회향, 등각, 묘각 등이 있을 까닭이 없습니다.

若問此旣是化城인댄 何處가 爲寶所오 하면

寶所는 不可指니 指卽有方所라 非眞寶所也니라

만약에 이것이 이미 만들어 놓은 마을이라고 할진댄 어느 곳이 보배가 있는 곳이겠는가라고 묻는다면, 보배가 있는 곳이란 가리킬 수 없는 것이니, 가리키면 곧 방위와 처소가 있게 되므로 참으로 보배가 있는 곳이 아니다.

보배가 있는 자리는 주관과 객관이 나눠지기 이전의 자리입니다. 때문에 내가 나를 가리킬 수 없죠. 내가 나를 가리키면 이미 주관과 객관으로 나눠진 것이고, 그것은 진짜 내가 아닌 거죠. 그래서 밖으로 향하는 마음, 밖으로 향하는 생각을 차단시키는 것입니다.

고운 재근이이   불가정량언지
故云 在近而已요 不可定量言之니

단당체   회계지   즉시
但當體를 會契之하면 卽是니라

그러므로 가까이 있을 뿐이요, 가히 양으로 한정하여 말할 수 없는 것이니 오로지 그 자체에 계합하면 곧 이것이다.

보배는 가까이 매우 가까이 있다는 거죠. 1년 후에 혹은 2년 후에 보배를 만날 수 있다거나, 10리 밖 혹은 20리 밖에 있다고 말할 수 없습니다. 이러한 점이 바로 이해만 되면 보배를 보고, 만날 수 있습니다. 더 이상의 방법이 없습니다. 별별 방법을 모두 동원하는데 사실은 도움이 되지 않습니다. 다만 어떻게 할 수도 없고, 그렇다고 속수무책으로 가만히 있을 수도 없다 보니 간경, 참선, 염불과 같은 것을 하는 거죠.

언 천제 자   신 불 구 야
言闡提者는 信不具也니

일 체 육 도 중 생   내 지 이 승
一切六道衆生과 乃至二乘은

불 신 유 불 과   개 위 지 단 선 근 천 제
不信有佛果하니 皆謂之斷善根闡提요

말하기를 천제라는 것은 믿음이 갖추어지지 않은 것이니,

일체 육도중생과 이승은 불과가 있음을 믿지 않으니 모두 선근이 끊긴 천제라 한다.

'천제闡提'에는 단선천제斷善闡提와 대비천제大悲闡提의 두 가지 종류가 있습니다. '대비천제'라 함은 대자비심을 일으켜서 일체의 사람들을 부처의 가르침으로 이끌려는 보살을 말합니다. 반면 '단선천제'는 부처님의 바른 가르침을 믿지 않을 뿐만 아니라, 바른 가르침으로 향하려는 사람들에게 사마邪魔로서 정법을 믿지 못하도록 하는 사람을 말합니다. 여기서는 단선천제를 가리키며 본래 보배를 간직하고 있다는 사실을 믿지 않음을 말한 것이죠.

자신이 부처라는 사실을 믿지 않습니다. 육도중생뿐 아니라 성문, 연각까지 마찬가지라는 겁니다. 스스로를 부처가 아니라고 생각하는 사람은 선근을 끊은 사람입니다. 나쁜 짓을 했다고 선근을 끊은 것이 아니에요. 불교에서의 선악은 세속적인 윤리와 도덕적 측면에서 말하는 선악하고는 달라요. 『수호지』에 등장하는 노지심魯智深 같은 사람도 수백 명 수천 명의 사람을 죽이고도 어느 날 떡하니 앉아서 성불하는 이야기가 전해지잖아요. 『열반경』에서도 평생 소만 잡던 백정이 어느 날 소 잡던 칼을 던지면서 '나도 부처다.'라고 한 유명한 이야기가 있잖아요. 소 잡고 사람 잡는 악한 일을 그렇게 많이 했는데도 부처가 될 수 있다는 것은 상식으로 이해가 안 되죠.

그런데 올바른 안목을 갖춘 불교에서는 자신을 무시하는 사람, 자신이 부처가 아니라고 생각하는 사람, 자신이 가장 위대한 존재가 아니라고 생각하는 사람을 선근이 없다고 봅니다. 그렇다고 도덕과 윤리에 어긋나는 짓을 함부로 하라는 뜻은 아닙니다. 다만 불교적 안목에서는 그런 것을 문제 삼기보단 자신에 대한 올바른 이해가 없음을 더 경계하죠. 불교의 가르침은 현재 어떻게 하면서 살든지 간에 참생명은 대단히 위대하여 이보다 더 훌륭한 신도 없고, 하느님도 없고, 부처도 없고, 보살도 없다는 사실에 대해서 확신을 갖는 것을 최고로 여깁니다.

보살 자　심 신 유 불 법　　불 견 유 대 승 소 승
菩薩者는 深信有佛法하고 不見有大乘小乘하며

불 여 중 생　동 일 법 성　　내 위 지 선 근 천 제
佛與衆生이 同一法性이니 乃謂之善根闡提니라

보살이란 불법이 있음을 깊이 믿고 대승, 소승이 있음을 보지 아니하며, 부처와 중생을 같은 법성으로 여긴다. 이를 선근이 있는 천제라 한다.

여기서 말하는 보살은 훌륭하고 착하기는 한데 부처라기에는 아직 부족한 사람을 뜻합니다.

대 저 인 성 교 이 오 자　위 지 성 문
大抵因聲教而悟者를 **謂之聲聞**이요

관 인 연 이 오 자　위 지 연 각
觀因緣而悟者를 **謂之緣覺**이니

대개 부처님의 설법을 듣고 깨닫는 사람을 성문이라 하고,
인연을 관찰하여 깨닫는 사람을 연각이라 한다.

소리의 가르침[성교(聲教)]이란 부처님의 교설이나 경전 등을 뜻
합니다. 인연을 관찰함[관인연(觀因緣)]이란 연기를 본다는 것입니다.
불교를 간단히 정리하면 두 가지입니다.

첫 번째, 자신과 객관인 세상 혹은 현상입니다. 인연을 관찰한
다 함은 현상을 꿰뚫어 보는 것에 대한 이야기입니다. 현상은 전
부 인연에 의해서 성립됩니다. 법회를 한다는 것도 여러 가지 조
건들에 의해서 성립되었잖아요. 육신도 마찬가지입니다. 육신
이 성립될 수 있는 인연이 있는 동안은 육신으로 유용합니다. 그
런데 그 효과가 끝나면 육신도 없고, 법회도 없습니다. 모든 현
상의 존재 원리가 이렇게 되어 있습니다. 이를 인연이라고 하며,
연기라고도 합니다. 인연을 아는 것은 불교 공부를 하는 데 매우
중요합니다. 불교 공부는 인생 공부이고 세상 공부인데, 인연은
인생을 소득 있게 살아가는 데 아주 중요한 열쇠가 되기 때문입
니다. 시절 인연을 살피며 세상을 살아야 합니다. 욕심이나 집착
때문에 인연이 끝났는데도 안 끝난 줄 알고, 또 인연이 성숙되지
못했는데도 빨리 인연이 되었으면 하는 마음으로 세상을 살거든

요. 욕심이나 집착은 사람 관계 혹은 돈이나 명예 등 일상의 삶에서 수없이 나타납니다. 때문에 세상을 보는 데 인연의 도리를 이해하는 것이 참으로 중요합니다. 고정불변한 존재는 이 세상에 아무것도 없다는 것, 영원히 존재하는 것은 아무것도 없다는 것, 헤어지고 만나며 만나고 헤어지며, 있다가 없고 없다가 있음을 마음에 새길 필요가 있습니다. 이것이 현상을 바라보는 불교적 안목이에요.

두 번째, 인연의 문제보다 더 중요한 것은 지금까지 『전심법요』에서 항상 이야기하고 있는 '참나'이며 진심보다 더 이상 위대한 존재가 없다는 사실입니다. 지금 보고 듣고 느낄 줄 아는 이것이 주인공이라는 사실에 깊은 인식이 있어야 합니다.

약 불 향 자 심 중 오　　수 지 성 불
若不向自心中悟하면 **雖至成佛**이라도

역 위 지 성 문 불
亦謂之聲聞佛이니라

만약 마음속에서 깨닫지 못한다면, 비록 성불에 이르더라도 역시 성문불이라 한다.

부처님을 '성문불聲聞佛'이라 하지 않잖아요. 자기 마음에서 깨닫지 못하면 가짜 부처라는 말입니다.

학도인　　다어교법상　　오　　　불어심법상　　오
學道人이 **多於敎法上**에 **悟**하고 **不於心法上**에 **悟**하나니

수 력 겁 수 행　　　　종 불 시 본 불
雖歷劫修行이라도 **終不是本佛**이니라

도를 배우는 사람이 교법에 있어서는 깨닫는 것이 많으나,
마음 법에 있어서는 깨닫는 바가 없으니, 비록 겁을 지내면
서 수행을 한다 하더라도 마침내 본불이 되지 않는다.

경전과 어록 등의 가르침을 '교법'이라 합니다. 그런데 그 가르
침에 뭐가 있는 것이 아니라 결국은 마음의 도리를 깨닫게 하는
손가락이고, 방편이라는 겁니다. 『전심법요』도 마찬가지입니다.
마음의 도리를 깨달으라는 지침서일 뿐입니다.

『전심법요』는 본불 중심의 입장에서 이야기합니다. 왜냐하면
심법이기 때문입니다. 심법이란 곧 본불을 말하는 것이고, 본불
을 떠나서는 심법이 없으며, 심법을 떠나서 본불이 없습니다. 때
문에 아무리 많은 세월 동안 간경, 염불, 참선 등의 수행을 하여
도 심법을 깨닫지 못한다면 소용이 없다는 겁니다.

약 불 어 심　　오　　　내 지 어 교 법 상　　오
若不於心에 **悟**하고 **乃至於敎法上**에 **悟**하면

즉 경 심 중 교　　　수 성 축 괴　　　망 어 본 심 고
卽輕心重敎하야 **遂成逐塊**하고 **忘於本心故**로

만약 마음에서 깨닫지 못하고 교법에서 깨닫는다면, 마음은 가벼이 여기고 가르침만 중히 여겨 흙덩이나 쫓는 개 꼴이 되어 버리니 이것은 본마음을 잊었기 때문이다.

경전이나 어록의 가르침을 통해서 마음을 깨달을 수 있습니다. 하지만 그 가르침 자체가 마음은 아니죠. 가르침을 통해서 마음을 깨달아야 하거든요. 마음 그 자체는 이름할 수가 없고 말을 하자니 마음이지 사실 마음이라는 말도 부득이 해서 이름 붙인 것입니다.

비유하자면 마음은 하늘에 떠 있는 달을 말하는 것이고, 그것을 깨닫도록 하는 그 모든 가르침, 즉 경전이나 어록의 모든 가르침은 달을 가리키는 손가락과 같습니다. 달을 가리키는 손가락이 있으므로 달을 볼 수 있는 것입니다. 그런데 달을 익숙하게 아는 사람이야 달을 곧바로 쳐다봐 버리면 끝나지만, 그렇지 못하는 사람들은 손가락이 달을 가리킴으로 해서 '아! 저게 달이구나.'라고 이해할 수 있기 때문에 교법을 무시하지 못하는 거예요.

아무리 감동적인 강의를 듣더라도 그것은 설법일 뿐이죠. 교敎라고요. 정작 마음은 법사가 강의하는 그 말에 있지 않고 본인에게 있는 거예요. 본인에게 있는 것을 중하게 여기고 법사의 말을 가볍게 여겨야 그게 바른 안목이고 올바른 길이라고요. 반대로 자기 마음을 가벼이 여기고 가르침을 중히 여기면 흙덩이를 따라가는 개가 된다는 겁니다. 사람이 돌을 던지면 영리한 사자는 사람을 물고, 미련한 개는 그것이 먹이인 줄 알고 코를 킁킁거리며 흙덩이를 쫓는 것과 같은 이치죠. 그래서 옛날 부처님이나 조사 스님들이 이것을 매우 경계했어요. '축괴逐塊', '쫓을 축逐' 자, '흙덩이 괴塊' 자잖아요. 흙덩이를 쫓아간다는 말이에요. 아무리 명설법, 명강의더라도 그것은 어디까지나 흙덩이, 즉 방편이라고요.

단 계 본 심   불 용 구 법   심 즉 법 야
但契本心이요 不用求法이니 心卽法也니라

다만 본심에 계합할 것이요, 법을 구할 필요가 없으니 마음이 곧 법이다.

어떤 가르침이 좋다 하고, 어떤 법사가 어떻고, 어떤 경이 어떻고, 어떤 어록이 어떻고 하더라도 그것은 어디까지나 달을 가리키는 손가락이므로 거기에 쫓아가지 말라는 거죠. 진짜 법은 마음의 법이고, 마음이 진리라는 겁니다.

어떤 경우 불자들은 엉터리 말을 듣고 와서 답답한 질문을 하는 경우가 있어요. 자기 생각, 자기의 판단 기준 없이 흙덩어리 들고 와서 금이냐는 것과 똑같은 거지요. 세속적인 유식, 무식하고 마음의 이치를 밝히는 것하고는 전혀 관계가 없는 거예요. 그러니 육조 스님 같이 평생 나무만 해다 팔던 떠꺼머리총각이 마음의 이치에 관해 한마디 듣고 환하게 깨달아 버리는 거지요. 불법이 참 좋은 것은 세속적인 조건과는 전혀 관계되지 않는다는

사실입니다.

『범망경』에 '법사의 말을 알아들을 줄 아는 사람은 무조건 가서 법문을 들어라.'라고 하였습니다. 말을 알아들을 줄 아는 모든 사람이란 유식, 무식을 분별하지 않습니다. 지위고하를 분별하는 것도 아닙니다. 이 법은 평등하기 때문에 누구나 그 본심에 계합할 수 있다는 말입니다.

凡人이 多爲境礙心事礙理하야
보통 사람들은 경계가 마음을 가로막고 현상이 본체를 장애하여

흔히들 경계가 마음을 흐리게 한다고 생각을 하죠. 여름에 학생들 수련대회 하면 많이 떠들잖아요. 선방에서는 애들이 떠들어서 공부가 안된다고 야단이죠. 그런데 이것은 하수들이나 하는 소리입니다. 최소한 선방에 앉아 있다면 그래서는 안 되죠. 설사 시끄럽다 하더라도 그렇게 말하면 부끄러운 줄 알아야 합니다. 범인들처럼 경계가 마음을 장애한다고 보는 겁니다. 불교의 이치를 알고, 마음 공부는 비록 하지 못한 사람이더라도 그것은 나한테 달린 거라고 생각할 줄 알아야 합니다.

한편 범부들은 사적인 것이 이치를 장애한다고 생각합니다. 참선을 하거나 기도를 하다가 시끄러운 것도 없고 건드리는 사

람도 없는데 벌떡 일어나 자기도 모르게 딴짓을 하잖아요. 방해하는 사람도 없는데 괜히 냉장고 문 열어 보고, 장롱 문짝 열어보고, 부엌에도 가 본다고요. 그런데 누가 조금만 방해하면 이건 말할 것도 없는 거겠죠.

常欲逃境以安心 하며
상 욕 도 경 이 안 심

경계로부터 도망쳐 마음을 편안하게 하며

집을 떠나 한적한 절에 들어가면 마음이 편안할 것 같지만 전혀 그렇지 않습니다. 현재 처해 있는 그 자리가 제일 좋은 자리입니다. 자기가 처해 있는 현재 그 자리, 빨래하면 빨래하는 대로 청소하면 청소하는 대로 바쁘면 바쁜대로 이치를 깨닫고 안심을 찾아야 합니다.

본래 선불교의 큰 취지 중의 하나가 '안심安心'입니다. 종교를 믿는 이유도 마음을 편안하게 하기 위함이죠. 아이가 공부를 못하는데 왜 기도를 합니까? 마음 편안하게 하려는 거죠. 기도한다고 못하던 공부를 갑자기 잘하는 것도 아니고, 둔한 머리가 갑자기 총명해지는 것도 아닙니다. 이것은 불교의 취지라고 할 수 없어요.

달마 스님이 맨 처음 혜가 스님에게 선법을 전했는데 혜가 스님이 '마음이 불안하다.'고 했어요. 혜가 스님은 불교도 많이 알고 세속 지식도 많은 사람이죠. 그런데 마음이 편치 않았던 거죠. 그래서 "불안한 이 마음을 어떻게 하면 좋겠습니까?"라고 달마 스님에게 물었습니다. 그러자 "그렇게 불안한 마음을 내봐봐라. 내가 고쳐 주겠다."라고 달마 스님께서 말씀하십니다. 때가 묻었으면 닦아도 주고, 나사가 빠졌으면 끼워 맞춰 마음을 고쳐 줄 것이니 그 불안한 마음을 보여 달라는 것이죠. 그 말에 순진한 혜가 스님은 불안한 마음을 찾으려고 몇 시간을 끙끙대면서 찾았는데도 없거든요. 불안하고 답답하고 자기 자신을 짓누르던 그 마음을 찾아보아도 손에 잡히지 않는 거예요. 혜가 스님은 그 마음을 도저히 찾을 길이 없어 "달마 스님, 제가 마음이 불안하여 이렇게 먼 길을 왔고, 또 그 불안한 마음을 찾아보라고 해서 찾아보았는데도 찾을 길이 없습니다."라고 했어요. 이에 달마 스님께서는 "찾을 수 없는 것은 없는 것 아니냐. 없는 것을 왜 찾으려 하느냐. 나는 너의 마음을 편안하게 해 줬다."라고 하십니다.

사실 마음이란 게 없거든요. 그렇게 불안하고, 슬프고, 기쁘지만 정작 그 실체는 없어요. 실체가 없다는 사실이 얼마나 다행인 줄 몰라요. 수많은 죄를 짓고, 수많은 갈등을 하고, 수많은 업장을 지었지만 실체, 즉 그 근본 자리는 없기 때문에 참으로 다행인 거죠. 달마 스님의 법문을 듣고 혜가 스님이 편안해졌어요. 그래서 그때부터 '안심법문'이라는 말이 생겼죠. 마음을 편안하게 하는 법문입니다.

병 사 이 존 리　　부 지 내 시 심 애 경 리 애 사
屛事以存理하고 **不知乃是心礙境理礙事**로다

현상을 막고 이치만 두려고 하니 오히려 마음이 경계를 장
애하고 이치가 현상을 장애하는 것을 모른다.

'경애심사애리境礙心事礙理'를 부연하여 설명하는 것이죠.

어떠한 경우에도 마음이 문제지 그 어떤 사실이 문제가 아니
라는 겁니다. 마음이 편안하려면 어떤 사실과 현상인 경계를 바
꾸는 것으로는 안됩니다. 경계는 항상 변하기 때문이죠. 예를 들
어 왜 매일 맨 얼굴로만 있느냐는 소리를 듣고 화장을 했더니,
이제는 매일 화장만 한다고 그래요. 또 어제는 잘했다 하더니 오
늘은 왜 그 모양이냐고 그래요. 경계라는 것이 이렇습니다. 경계
를 보는 마음도 마찬가지입니다. 그러니까 어떤 상황에서도 마
음이 주인이라는 자각이 중요합니다.

단 령 심 공　　경 자 공
但令心空하면 **境自空**이요

단 령 이 적　　사 자 적　　물 도 용 심 야
但令理寂하면 **事自寂**이니 **勿倒用心也**니라

다만 마음으로 하여금 공하게 하면 경계도 저절로 조용해지
고, 이치가 고요할 것 같으면 사적인 것도 저절로 고요해지
니 거꾸로 마음을 쓰지 말아야 한다.

참선하는 데 옆에서 아무리 떠들어도 마음이 고요해지면 그 떠드는 소리가 그대로 법문으로 들리는 이치입니다. 마음이 근본이라는 겁니다. 그런데 경계에 꺼들리는 것이 습관이 되어 쉽지가 않습니다. 하지만 마음의 이치를 살림살이로 생각하고 공부의 과제로 생각하는 것이 중요합니다.

'아! 내 마음이 문제다. 내 탓이로다.'라는 말이 있듯 마음이 문제이지 절대 경계는 문제가 없다는 것을 철두철미하게 새길 필요가 있습니다.

_{범 인}　_{다 불 긍 공 심}　_{공 락 어 공}
凡人의 多不肯空心은 恐落於空이요

_{부 지 자 심 본 공}
不知自心本空이니라

보통 사람들이 흔히 마음을 비우지 못하는 것은 공에 떨어질까 두려워해서인데, 자신이 본래 공한 줄을 알지 못함이다.

공空을 아무것도 없는 허망하고 허전한 세계로 이해하여 '어떻게 살란 말인가?'라고 생각하는 거예요. 비유하자면 배에 물이 들어오기도 전에 배가 흔들거리니까 그만 물에 뛰어드는 것과 같은 겁니다.

지금은 온갖 슬픔, 미움과 질투심 및 시기심 등과 같은 부정적인 마음들이 많기 때문에 그러한 마음이 다 사라지면 얼마나 허

전할까를 염려하지 말고, 일단 비우도록 하는 것이 중요해요. 이것이 제일 큰 공부라고요. 사실 본래 마음은 공한 것이기 때문에 비우면 비워져요. 마치 그릇에 뭐가 담겨져 있다 하여도 그릇이란 본래 아무것도 담겨 있지 않기 때문에 비우면 비워지는 것과 같은 이치입니다. 그런데도 희로애락을 어떻게 비우냐고 하는 것은 본래 공한 이치를 알지 못하기에 그렇습니다.

우인   제사부제심   지자   제심부제사
愚人은 除事不除心하고 智者는 除心不除事하며

보살   심여허공   일체구사
菩薩은 心如虛空하야 一切俱捨하며

소작복덕   개불탐착
所作福德을 皆不貪著이니라

어리석은 사람은 사적인 것을 제거하려 하면서 마음은 제하지 않고, 지혜로운 사람은 마음을 제하고 사적인 것은 제하지 않으며, 보살은 마음이 허공과 같아서 일체를 다 버리고, 자기가 지은 복덕을 탐착하지 않는다.

마음이 경계에 꺼들리지만 않는다면 경계가 있든 없든 아무런 문제가 되지 않죠. 세상일에 대해 스스로 그 모두를 책임져야 할 까닭이 있나요? 마음만 거두어들이면 되었지 세상 사람들의 일마다 간섭할 이유가 있느냐 말입니다. 이웃집에서 잘못한 것에

발끈해서 이야기하고, 도로에서 난폭운전을 했다고 손가락질할 필요가 없는 겁니다. 마음만 거두어들이면 되는 것이지 세상 사람들 다 가르치려고 하면 되나요. 지혜로운 사람은 바깥 경계를 없애려고 하지 않는다는 겁니다. 어떻게 보면 소극적이고 이기적이지만 그게 아니에요. 옛날부터 정직한 세상, 올바른 세상을 만들려고 얼마나 많은 사람들이 노력했습니까? 그렇지만 결과는 항상 그 모양이거나 오히려 악화되는 게 현실이잖아요.

'일체구사一切俱捨'에서 '사捨' 자는 버릴 사 자이지만 베푼다는 뜻이 있어요. 대세지보살을 '대희대사'라고 표현하죠. 또 '희사함喜捨函'이라고 하잖아요. 기쁜 마음으로 버리듯 보시해야 된다는 거죠. 복을 지었으면 지었지 그것에 대해 집착하면 문제가 따릅니다. 그것으로 끝이어야 합니다. 그런데 쉽지 않죠. 마음을 조금 썼다든지 보시를 했다든지 법 공양을 했다든지 하면, 했다는 그 마음이 조금씩 남아 있기 마련이죠. 그것마저도 깨끗하고 홀가분해져야 된다는 겁니다.

연   사 유 삼 등
然이나 捨有三等하니

내 외 신 심   일 체 구 사   유 여 허 공
內外身心을 一切俱捨하야 猶如虛空하며

무 소 취 착 연 후   수 방 응 물
無所取著然後에 隨方應物하며

능 소 개 망　 시 위 대 사
能所皆忘이 **是爲大捨**요

그러나 버림에는 세 등급이 있으니, 안팎의 몸과 마음 일체를 버림이 허공과 같으며, 집착하지 않은 다음에 방소에 따라 중생에게 맞추며 주객을 모두 잊음이 크게 버림이요.

대사, 중사, 소사로 구분하여 이야기하고 있습니다.

자신이 무아가 된 다음, 이 사람이 무엇을 필요로 하는지 저 사람이 무엇을 필요로 하는지, 어디가 아프거나 무슨 문제는 없는지를 살펴 보살행을 하는 것을 '수방응물隨方應物'이라 합니다. 다만 보살행을 하되 나와 상대 모두를 잊어버리는 거죠. 중생을 위해 큰 은혜를 베풀었고, 큰 보시를 했으며, 큰 법문을 했다손 치더라도 법문한 나와 법문 듣는 그 상대를 모두 잊어버리는 것이 크게 버리는 겁니다.

'삼륜청정三輪淸淨'이라는 말이 있어요. 타인에게 보시할 경우 베푸는 사람과 받는 사람, 베푸는 물건이 모두 청정해야 한다는 겁니다. 따라서 베푸는 나도, 베푸는 물건도, 받는 사람도 공이고 무상이어서 다 잊어버리는 것이 가장 큰 베풂이라는 거지요.

약 일 변 행 도 포 덕
若一邊行道布德하며

일 변 선 사　　무 희 망 심　　시 위 중 사
一邊旋捨하야 無希望心이 是爲中捨요

만약 한편으로는 도를 행하고 덕을 베풀며, 한편으로는 놓
아 버려 바라는 마음이 없으면 중간의 버림이다.

'선사旋捨'는 두루두루 버린다는 뜻으로 자신까지 버린다는 의
미입니다. 자신까지 버려 버리니 바라는 바가 없는 거죠. 다만
그렇기 때문에 적극적인 보살행을 하는 크게 버림보다는 미치지
못하여 '중사中捨'입니다.

약 광 수 중 선　　유 소 희 망
若廣修衆善하야 有所希望이라가

문 법 지 공　　수 내 불 착　　시 위 소 사
聞法知空하야 遂乃不著이 是爲小捨니

만약 착한 일을 널리 행하다 희망하는 바가 있다가도 법을
듣고 공인 줄을 알아 마침내 집착하지 않으면 작은 버림이다.

보통 착한 일, 좋은 일을 하면 그 공덕이 백 배 천 배 불어나기
를 바라지 않습니까? 그러다가 이와 같이 공부할 기회가 생기면
인생이 공하고 일체가 공하다는 것을 거듭 깨닫게 되죠. '소사小

捨'만 되어도 상당한 거죠. 지역사회에서 봉사 활동을 했거나 이웃에게 희사를 했거나, 사찰에 와서 복이 된다 하여 기와 불사며, 기둥을 세우는 등의 불사를 많이 하고 있잖습니까? 이와 같은 것이 나쁜 것은 아니에요. 보통 사람의 본심입니다. 누구한테 좀 베푼 결과로 그 사람이 나한테 잘하기를 바라는 것은 당연한 것이죠. 그런데 경전도 보고 법문도 들어 마음의 이치를 조금이라도 이해하고 보니 일체가 공한 줄을 아는 거죠. 주는 사람도 공하고, 물건도 공하고, 받는 사람도 공하고, 일체가 공한 줄을 알면 무엇을 해도 가뿐합니다. 비방을 들어도 가뿐하고 칭찬을 들어도 가뿐하여 동요하지를 않는 거죠. 스님들 사이에는 이런 말이 있어요. 보시가 들어오면 덥석 물지 않고 독약이 되는지 보약이 되는지를 생각한다고요. 공인 줄 알기 때문에 그런 거지요. 공이기 때문에 보약도 되고 독약도 되는 겁니다. 궁극적으로는 공이기 때문에 보약도 아니고 독약도 아니죠.

보통의 근기에는 소사, 즉 작은 버림의 수준이 딱 맞죠. '아! 보시하고 좋은 일 했지만 집착하지 말자.'라고 스스로 달래고 다짐하는 겁니다. 그렇게 해서 집착하는 마음이 가라앉는 거죠. '죄무자성종심기罪無自性從心起', '죄는 본래 자성이 없고 마음 따라 일어난다.'고 했습니다. 그런데 죄업만 공하고 복은 공하지 않은가. 죄업도 공하고 복덕도 또한 공한 거예요. 복덕이 공하다 하면 절에 올 사람이 몇 명 안되죠. 그렇다 하여도 공이라는 사실은 변함이 없습니다. 이러한 사실을 깊이 알아 씩씩하고 활발하며 당당하게 살아야 합니다. 그러면 인생이 성공과 실패에 크게 좌우되지 않습니다. 그 이치를 알고 살아갈 때 비록 사업에 실패했더라도 인생 자체가 실패한 것이 아님을 바로 알아 일어설 수 있는 거죠. 따라서 성공했다고 크게 꺼덕거릴 것도 없고 실패했다고 크게 좌절할 일도 없는 겁니다. 성공과 실패에 좌절하지 아니하고 오만하지 아니하면 성공한 인생이고 철든 인생이라고 할 수 있겠죠.

大捨는 如火燭在前하야 更無迷悟요
中捨는 如火燭在傍하야 或明或暗하며
小捨는 如火燭在後하야 不見坑阱하나니

크게 버리는 것은 촛불이 앞에 있는 것과 같아 다시는 미혹과 깨달음이 없으며, 중간쯤 버리는 것은 촛불이 옆에 있는 것과 같아 혹 밝기도 하고 혹 어둡기고 하며, 작은 버림은 촛불이 등 뒤에 있는 것 같아서 구덩이나 함정을 보지 못한다.

캄캄한 밤이라도 촛불이 있으면 물건이 다 보이죠. 앞의 사물이 무엇인지, 갑돌인지 갑순인지 알 수 있죠. 그와 같이 이치를 환하게 안다는 말입니다. 즉 크게 버리는 것은 더 이상 미혹되거나 깨닫는 것이 없다는 말입니다.

촛불을 옆에다 두면 사람인지 비석인지 구분이 명확하지 않을 때가 있죠. 그와 같이 중사는 때로 미혹되기도 하고 때로는 깨닫기도 한다는 겁니다.

우리 수준에는 소사만 해도 좋다고 했는데 등 뒤에 촛불이 있으면 그림자에 가려 앞에 구덩이가 있는지 뭐가 있는지를 알 수가 없죠. 밝지 못하다는 겁니다. 소사는 깨달음하고는 거리가 멉니다.

고　　　보살　　심여허공　　　일체구사
故로 **菩薩**은 **心如虛空**하야 **一切俱捨**라

그러므로 보살은 마음이 허공과 같아 일체를 버린다.

일체를 다 버린다 함은 나도 버리고, 너도 버리고, 물건도 버리고, 마음으로부터 일체의 모든 것이 떠난다는 거예요. 마치 '미움도 버리고, 사랑도 버리고, 기쁨도 버리고, 슬픔도 버리고, 물같이 바람같이 살다가 가라 하네.'와 같습니다.

과거심불가득　　시과거사
過去心不可得이 **是過去捨**니

현재심불가득　　시현재사
現在心不可得이 **是現在捨**요

미래심불가득　시미래사　소위삼세구사
未來心不可得이 **是未來捨**니 **所謂三世俱捨**니라

과거의 마음을 얻을 수 없음이 과거를 버린 것이고, 현재의 마음을 얻을 수 없음이 현재를 버린 것이요, 미래의 마음을 얻을 수 없음이 미래를 버린 것이니, 이른바 삼세를 다 버렸다고 하는 것이다.

『금강경』「일체동관분一體同觀分」에 나오는 구절입니다. 마음의 이치를 알고 나면, 즉 마음이 본래 공한 줄 알면 과거, 현재, 미래를 버리지 않을 수 없는 거죠.

과거에 좋은 일 했다고 하지만 과거의 마음을 찾을 길 없고, 현재 좋은 일 했다고 하지만 현재라는 것은 시시각각 순간순간 흘러가 버리는 것이니 현재라는 것도 존재할 수가 없고, 미래는 아직 오지 않았으니 미래도 존재할 수 없습니다. 그러니 집착할 일이 있느냐 이 말이에요.

자여래부법가섭이래　이심인심　심심불이
自如來付法迦葉已來로 **以心印心**이니 **心心不異**니라

부처님이 가섭존자에게 법을 부촉한 이래로 마음으로써 마음에 도장을 찍은 것이니 마음과 마음이 다르지 않다.

선종에서의 선맥은 부처님이 가섭존자에게 법을 부촉하고 아

난에게 그 법이 이어지죠. 그런데 부처님 마음이 가섭의 마음이고 가섭의 마음이 아난의 마음이라는 겁니다. 그 마음이 전혀 다르지 않다는 것이죠.

참고로 부처님의 법은 제1조 마하가섭존자로부터 제2조 아난존자, 제3조 사나화수존자를 이어 제28조 보리 달마까지 이어집니다. 보리 달마는 중국 선종의 초조이기도 합니다. 보리 달마의 법을 혜가, 승찬, 도신, 홍인을 이어 혜능까지 계승됩니다. 이후 혜능의 법은 남악 회양, 마조 도일, 백장 회해 선사로 계승되며 『전심법요』의 저자인 황벽 희운 선사가 법을 잇습니다. 임제 의현 스님은 바로 황벽 스님의 제자입니다.

印著空하면 卽印不成文이요

印著物하면 卽印不成法故로

以心印心이니 心心不異니라

도장을 허공에 찍으면 문체가 찍히지 않고, 도장을 물건에 찍으면 법을 이루지 못하므로 마음으로써 마음에 새기는 것이니 마음과 마음이 다르지 않다.

허공에 도장을 찍으면 어떻게 됩니까? 흔적이 없잖아요. 도장이 찍히지가 않습니다. 도장을 종이에 찍거나 진흙에 찍어야 갑돌인지 갑순인지 새긴 대로 나타날 텐데 허공에다 찍으니 백 번을 찍어 봐야 찍히지 않는 거죠.

마음이라는 게 그렇다는 겁니다. 마음은 공이며 무아여서 우주를 가득 채울 크기이면서도 정작 실체는 없어요.

한편 도장을 종이와 같은 사물에 찍으면 진리를 이루지 못합니다. 즉 마음의 도장을 찍는다 함은 흔적을 남기지 말아야 하는 겁니다. 크게 버려야 할 일인데 흔적을 남기게 되면 마음의 이치와 멀어진다는 거죠.

가섭존자가 아난존자의 마음에 도장을 찍었지 얼굴에 찍은 것도 아니고, 아난존자가 가지고 있는 책에다 찍은 것도 아니며, 아난존자가 내놓은 증명서에 찍은 것도 아닙니다. 바로 아난존자의 마음에 마음의 도장을 찍은 거예요. 그 마음은 아난존자의 마음이나 가섭존자의 마음이나 부처님의 마음이 다르지 않을 뿐 아니라 이 자리에 있는 우리들의 마음도 다르지 않습니다.

『화엄경』에 '심불급중생心佛及衆生 시삼무차별是三無差別'이라 했습니다. 마음과 부처와 중생, 이 셋은 어떠한 차별도 없다는 거죠. 결국 이름만 다를 뿐 마음이라고 했다가 부처라고 했다가 중생이라고 했다가, 너라고 했다가 나라고 했다가 별별 이름을 붙이지만 한마음이라는 겁니다.

능 인 소 인　　구 난 계 회 고　　득 자 소
能印所印을 **俱難契會故**로 **得者少**나

연　　　심 즉 무 심　　　득 즉 무 득
然이나 **心卽無心**이요 **得卽無得**이니라

도장 새김과 새겨짐이 함께 계합하기란 어려운 것으로 그것
을 얻은 사람은 아주 드물다. 그러나 마음이 곧 무심이요,
얻음이 곧 얻을 바가 없음이다.

'능能'은 주관과 주체를 뜻하며, '소所'는 객관과 상대를 뜻합니
다. 능인이 부처님이라면 소인은 가섭존자가 되고, 가섭존자가 능
인이라면 아난존자가 소인이 되는 거죠. 또 제가 능인이라면 여
러분이 소인이 되고, 여러분이 능인이라면 제가 소인이 됩니다.

　그런데 이 능소가 함께 계합하기가 어렵다는 거죠. 마음은 어
떤 경우에 맞다가도 그렇지 않은 때가 있잖아요. 사실 마음과 마
음이 맞는 경우는 오히려 드물어요. 평생을 한집에 같이 살면서
도 내 마음과 상대방의 마음이 맞는 경우가 얼마나 됩니까? 그저
마음이 맞는 척하고 살 뿐이잖아요. 서로 마음이 안 맞아도 묻어
두고 그러려니 넘어가는 거잖아요. 부모와 자식 사이에 마음이
가장 잘 맞아야 하지만 현실은 정반대잖아요.

　우리의 마음은 어떻습니까? 어떤 사물을 보고, 느끼고, 그것
을 표현하는 마음, 어떤 문제에 대해서 판단하고 주장하는 마음
등 상황과 조건에 따라 매우 달리 나타나지만 그 뿌리는 무심입
니다. 즉 마음의 근본 자리에는 텅 비어 맞는 마음도 없고 틀린

마음도 없으며 좋다는 마음도 없고 나쁘다는 마음도 없고, 주장하는 마음도 반대하는 마음도 없어요.

저녁에 쓴 편지를 아침에 찢어 버리기도 하잖아요. 저녁에 쓴 편지는 그날 저녁에 붙여야지 아침에 다시 읽어 보고 붙이는 일은 거의 없습니다. 왜냐하면 마음이란 본래 근본이 없는데 잠깐 출렁거리는 마음으로 행해진 것이기 때문이지요. 물결이 바람에 출렁거리지만 바람이 잦아들면 고요하잖아요. 마음은 희로애락에 의해 얼마나 자주 출렁거립니까? 하루에도 수많은 파도가 일어납니다. 하지만 마음의 이치인 무심 자리를 알면 출렁거리는 마음의 물결에 속지 않고, 미워하는 데도 속지 않고, 좋아하는 데도 속지 않는 고수의 인생이 되는 거죠. 얻었다는 것, 혹은 잃었다는 것도 마찬가지예요. 얻은 것에만 얻음이 없는 것이 아니라, 잃어버리거나 손해 본 것에도 손해가 없습니다. 본래 잃고 얻음이 없는 거죠.

불 유 삼 신　　　법 신　　설 자 성 허 통 법
佛有三身하니 法身은 說自性虛通法이요

보 신　　설 일 체 청 정 법　　화 신　　설 육 도 만 행 법
報身은 說一切淸淨法이요 化身은 說六度萬行法이니

부처님께는 세 가지 몸이 있으니 법신은 자성이 허통한 것이요, 보신은 일체가 청정한 것이요, 화신은 육도만행을 말하는 것이다.

'삼신三身'은 '법신法身', '보신報身', '화신化身'을 뜻하죠. 그런데 법신 부처님이 따로 있고, 화신 부처님이 따로 있고, 보신 부처님이 따로 있는 것이 아닙니다. 한마음은 자성이 허통한 것, 자성이 청정한 것, 자성이 육도만행을 실천할 줄 아는 것입니다.

법신설법　　불가이언어음성　　형상문자이구
法身說法은 **不可以言語音聲**과 **形相文字而求**며

무소설무소증　　자성허통이이
無所說無所證이요 **自性虛通而已**라

고　왈　무법가설　　시명설법
故로 **曰 無法可說**이 **是名說法**이라 하나니라

법신의 설법은 언어와 음성, 형상과 문자로 구할 수 없으며, 설할 바도 증득할 바도 없이 자성이 허통할 뿐이다. 그러므로 말씀하시기를 가히 설할 법이 없음을 이름하여 설법이라 한다.

법신은 설한다고 하지만 설할 수도 없는 것이며, 증득한다고 하지만 본래 있는 것이어서 새롭게 증득할 바가 없습니다.

『금강경』「비설소설분非說所說分」에 나오는 구절이죠. 불자라면 『금강경』을 기본적으로 외울 줄 알아야 합니다. 황벽 스님도 『금강경』을 거침없이 인용하면서 설할 것이 없는 줄 알고도 설하고 있는 겁니다.

보신화신   개수기감현
報身化身은 **皆隨機感現**하며

소설법   역수사응근   이위섭화
所說法도 **亦隨事應根**하야 **以爲攝化**하니

개비진법
皆非眞法이라

고   왈 보화   비진불   역비설법자
故로 **日 報化**는 **非眞佛**이며 **亦非說法者**라 하나니라

보신이나 화신은 모두 근기에 따라 감응하여 나타나며, 설
법도 역시 현상에 따르고 근기에 응하여 섭수하고 교화하니
모두 참다운 법이 아니다. 그러므로 말씀하시기를 보신과
화신은 참부처님이 아니며, 역시 법을 설하는 자가 아니다.

법은 근기와 상황에 따라서 변하는 거죠. 불쌍한 사람이 있으
면 불쌍하다고 하고, 나쁜 사람이 있으면 나쁘다고 하고, 초등학
생에게는 초등학생에 맞는 법을 펴고, 수행자에게는 수행자에게
맞는 법을 펼쳐야 하는 겁니다. 각각 처해진 상황과 사람의 수준
에 따라 법을 펼칠 뿐입니다.

『금강경오가해金剛經五家解』에 나오는 종경 스님의 게송으로 염
불할 때에도 많이 나오는 구절이 있습니다.

보화비진료망연(報化非眞了妄緣)

법신청정광무변(法身淸淨廣無邊)

천강유수천강월(千江有水千江月)

만리무운만리천(萬里無雲萬里天)

이 구절에도 '보화비진報化非眞'이 나옵니다. 보신과 화신은 진
짜가 아니라는 거죠. 또한 진짜가 아니니 설법자도 아니게 되죠.

소 언 동 시 일 정 명　　분 위 육 화 합
所言同是一精明이 **分爲六和合**이니

일 정 명 자　　일 심 야　　육 화 합 자　　육 근 야
一精明者는 **一心也**요 **六和合者**는 **六根也**라

이른바 정밀하고 밝은 것이 나뉘어 육화합이 되니, 정밀하
고 밝은 것은 한마음이요, 육화합이란 육근이다.

'일정명一精明'은 일심을 뜻합니다. 구슬이라고 표현하기도 하
고, 원숭이라고 표현하기도 합니다. 구슬은 빨간 것이 오면 빨간
색을 비추고 파란 것이 오면 파란색을 비추잖아요. 또 원숭이를
가두어 놓고 여섯 구멍을 뚫어 이쪽에서 부르면 이쪽으로 얼굴
을 내밀고 저쪽에서 부르면 저쪽으로 얼굴을 내밀곤 합니다. 구
슬과 원숭이의 비유처럼 한마음에서 육근이 나오는 거죠.

차 육 근　　각 여 진 합
此六根이 **各與塵合**이니

안 여 색 합　　　이 여 성 합　　　비 여 향 합
眼與色合하고 **耳與聲合**하며 **鼻與香合**하며

설 여 미 합　　　신 여 촉 합　　　의 여 법 합
舌與味合하며 **身與觸合**하며 **意與法合**하야

이 육근은 각각 육진과 합하니, 눈은 사물과 귀는 소리와
코는 향기와 합하며, 혀는 맛과 몸은 촉감과 뜻은 법과 제
각기 합한다.

마음은 아주 신통방통합니다. 여러분은 이 강설을 읽으면서도
호주머니에 있는 전화기에 전화 온 것을 감지하기도 하고, 집안
일 걱정도 하고, 또 강의가 빨리 끝나야 다른 일 볼 텐데 하는 생
각도 하잖아요. 마음이라는 것이 색 · 성 · 향 · 미 · 촉 · 법 육진과
합하여 보기도 하고, 듣기도 하고, 손으로 쓰기도 하고, 전화 온
것을 알기도 하며, 집에 가서 할 일도 생각하고, 어제 있었던 일
도 생각하는 등 별별 신통을 다 부립니다.

비유를 하자면 밤에 불씨를 담은 깡통을 돌리면 불 바퀴가 만
들어지잖아요. 불 바퀴가 본래 있었던 것은 아니죠. 깡통이 빠르
게 도니까 그렇게 보이는 거죠. 그와 마찬가지로 우리 마음도 동
시에 여섯 가지를 다 해요. 여섯 가지를 동시에 너무 빨리 하니
까 한꺼번에 하는 것 같이 보이는 겁니다. 마음의 작용이라는 것
은 참으로 불가사의해요.

중간　생육식　　위십팔계
中間에 生六識하야 爲十八界하나니

약료십팔계무소유　　속육화합　　위일정명
若了十八界無所有하면 束六和合하야 爲一精明이니라

일정명자　　즉심야
一精明者는 卽心也니

거기에서 여섯 가지 인식작용이 생겨서 십팔계가 되니, 만약 십팔계가 있는 바가 없음을 알게 되면 육화합이 묶여서 일정명이라 하며, 일정명이란 곧 마음이다.

육근, 육진, 육식을 일러 '십팔계'라 합니다. 눈은 사물을 보는 능력이죠. 사물을 보지 않으면 눈은 아무런 소용이 없어요. 또 사물이 아무리 빼어나도 눈이 보지 않으면 소용이 없죠. 눈도 없고 사물도 없게 됩니다. 그러면 인식작용은 있을 수 없는 겁니다. 결국 한마음이 계합되어 분별하고 아는 겁니다. 그래서 『반야심경』에 '무안이비설신의 무색성향미촉법 무안계 내지 무의식계 무무명 역무무명진'이라 한 겁니다.

학도인　개지차　　단불능면작일정명육화합해
學道人이 皆知此하되 但不能免作一精明六和合解하야

수피법박　　불계본심
遂被法縛하야 不契本心이니라

도를 배우는 사람은 이것을 모두 알면서도, 단지 일정명과 육화합에 대해 알음알이 짓는 것을 능히 면하지 못하여 법에 속박되어 본래 마음에 계합하지 못한다.

도를 공부한다는 것은 불교를 공부한다는 것이며, 인생을 공부한다는 뜻입니다. 그런데 이 공부하는 사람들의 한마음이 안·이·비·설·신·의 여섯으로 화합했다는 알음알이에 갇혀 버린다는 거죠. 때문에 육근, 육진, 육식을 빼놓고 마음을 이해하지 못하는 겁니다. 사실 마음은 그것하고는 아무런 관계가 없습니다. 보고 듣는 것을 통해서 마음이 작동하지만 그렇다고 마음이 곧 보고 듣는 것이 아니라는 거죠. 보고 듣는 것이 마음이라 알고, 보고 듣는 것과 관계없이 존재하는 마음은 모르는 거죠.

이 이치가 바로 둘이면서 하나고, 하나면서 둘입니다. 보는 것과 보는 것도 아니고, 듣는 것도 아닌 그 마음이죠. 때문에 보고 분별하는 것을 떠나서 마음을 알아야 합니다. 보고 분별하는 것이 마음이지만 또 그 마음이 보고 분별하는 것만은 아니니까요. 만약에 그 마음이 보고 분별하는 거라면 냄새를 맡을 수 없어야 합니다. 보는 것만 해야 될 텐데 듣는 것도 하고, 냄새도 맡고, 촉감도 알고, 온갖 것을 다 하잖아요.

예를 들어 원숭이에다 비유를 한다면 방 안에 있는 원숭이가 창문으로 얼굴을 내밀 때만 원숭이가 아니잖아요. 방 안에 그대로 있어도 원숭이임에는 변함이 없어요. 마찬가지로 보고 듣지

를 않아도 마음은 있다는 이야기입니다. 보고 듣지 않아도 마음
이 있다는 사실을 아는 것이 본심에 계합하는 겁니다.

여래 현세　욕 설 일 승 진 법 칙
如來現世하사 **欲說一乘眞法則**하나

중 생　불 신 흥 방　몰 어 고 해
衆生이 **不信興謗**하야 **沒於苦海**요

여래가 세상에 출현하여 일승의 참된 법을 이야기하고자 하
나 중생들이 가르침을 믿지 않고 비방하여 고통의 바다에
빠지게 될 것이요.

거듭 말씀드리지만 『전심법요』의 종지는 '유전일심 갱무별법'
이라 했습니다. 일승이 바로 진법이고, 진법이 일심입니다. 그런
데 이것만을 중생들에게 이야기하면 문제가 많습니다.

부처님께서는 중생을 위해 좋은 가르침을 이야기했는데, 중생
들은 오히려 이를 믿지 않고 비방만 한다는 거죠. 옛말에 '자비가
짚 벗거지더라.'라는 말이 있듯 상대의 근기를 모르고 하는 소치
가 되어 상대에게 더 좋지 아니한 결과를 가져오게 되었다는 말
입니다.

약 도 불 설 즉 타 간 탐
若都不說則墮慳貪하야

불 위 중 생　　　부 사 묘 도
不爲衆生이라 하사 溥捨妙道하시고

수 설 방 편　　　설 유 삼 승
遂設方便하사 說有三乘하며

만약 전혀 설법하지 않는다면, 인색하고 욕심이 많은 간탐에 떨어져, 중생을 위하는 것이 못된다고 하여 현묘한 도를 제쳐 놓고 드디어 방편을 세워 삼승이 있음을 말씀하셨다.

그렇다고 아무 말도 하지 않는다면 어떻게 되겠어요?

부처님은 태자의 지위를 버렸죠. 태자로서의 의무를 이행하지 않았으니 얼마나 배은망덕하고 불효한 사람이 됩니까? 부모에게도 불효했고, 자식에게도 못할 짓했고, 그 어여쁜 야수다라에게는 더 못할 짓하고 출가를 했잖아요. 그리고 6년간 얼마나 많은 고생을 했습니까. 또 얼마나 많은 스승을 찾아다니면서 공부했어요. 그렇게 6년간 숱한 역경을 이겨내고 존재의 실상과 인생의 실상을 깨달았잖아요. 진짜 좋은 보물을 얻은 거죠.

그런데 이 좋은 걸 말하려니 중생들이 믿지를 않고, 비방만 하고, 오히려 좋지 않는 결과를 가져온 거죠. 그렇다고 아무 말도 하지 않으면 몹시도 인색하고 욕심이 많은 사람이 되는 거예요. 금은보화가 산더미처럼 쌓여 있는데도 하나도 나눠 주지 않는다면 간탐죄에 떨어지는 거죠. 결국 본인의 손해가 되는 겁니다.

내가 가지고 있으면서 그것을 나누지 아니하면 간탐죄에 떨어집니다. 능력이 있으면 그 능력만큼 남을 위해 베풀어야 합니다. 남을 위하는 것이 못된다면 야수다라를 버리고, 자식을 버리고, 부모를 버리고, 나라를 버리고 출가하여 그 많은 스승들을 찾아다니면서 공부한 모든 것들을 등져 버리는 것이니 보통 일이 아닌 거지요. 그래서 부처님은 어떻게 할까 하고 고민을 많이 하잖아요.

성문승, 연각승, 보살승은 모두 방편이거든요. 처음에는 방편으로 삼승만 이야기했는데 이제는 그 방편이 기하급수로 늘어났지요. 예를 들어 칠성단에 실을 올리면 명줄이 길어진다거나, 등불을 밝히면 총명하게 된다든가 하는 방편이 시대와 환경, 국가와 지역에 따라 다양하게 생기게 되죠. 특히 국제 교류가 활발한 지금은 방편적인 신앙 형태도 세계화되는 추세입니다. 한국에서 지장보살 신앙이 성행하는 것도 어찌 보면 일본불교와 중국불교의 영향이 큽니다.

승 유 대 소　　　득 유 천 심　　개 비 본 법
乘有大小하며 **得有淺深**이 **皆非本法**이라

그래서 대승, 소승의 방편이 생겼으며 얻음에도 깊고 얕음의 차이가 있게 되었으나 이것은 모두 근본법이 아니다.

사람에 따라 별별 소득이 다 있잖아요. 절에 와서 등산만 하고

가는 사람, 생수만 퍼 가는 사람, 절만 하고 가는 사람, 심지어 폐 초를 얻어 가거나 떡 하나 얻어 가는 사람 등 참으로 다양합니다. 또한 복 짓고 가는 사람, 봉사하고 가는 사람, 시주하고 가는 사람, 수행을 쌓고 가는 사람 등 별별 사람이 다 있잖아요.

그런데 이와 같이 방편으로써 얻어 가는 것은 근본법이 아니라는 겁니다. 부처님 마음에 있는 그 법이 아니라는 거죠. 부처님은 그와 같은 이익을 주려고 태자의 지위를 버리고 6년 고행해서 큰 도를 이루신 것이 아니에요. 이 점을 한번쯤 깊이 생각해 보면 부처님의 올곧은 진짜배기 법이 무엇인지에 대해 관심을 갖게 되겠죠.

고 운 유 유 일 승 도   여 이 즉 비 진
故云 唯有一乘道요 餘二則非眞이라 하시니라

그러므로 말씀하시기를 오직 일승의 도만 있을 뿐 나머지 둘은 참된 것이 아니다.

이 구절은 『법화경』의 요지인 '회삼귀일會三歸一'에서 인용한 말입니다. 오직 '일승도一乘道'만 있고 나머지 둘, 셋, 넷, 다섯 등과 중국 방편, 일본 방편, 한국 방편 등은 시대의 흐름과 중생들의 필요에 따라 펼쳐진 것으로 진짜가 아니라는 거지요. 부처님의 참마음은 그게 아닙니다.

금정산을 가는데 꼭 정상만을 위해 오르는 것은 아닙니다. 계

곡에서 쉬어도 금정산에 간 보람이 그 나름대로 있고, 주변 둘레 길을 한 바퀴 돌아도 보람이 있죠. 그렇듯이 불교라는 거대한 산에 누구든지 초입에만 들어와도 소득은 있습니다. 그런데 그중에서도 알짜배기를 얻어 가면 더 좋죠.

然이나 終未能顯一心法故로 召迦葉同法座하사

別付一心하시니 離言說法이라

그러나 일심의 법을 능히 나타내지 못했기에 가섭을 불러 법좌를 함께하시어 따로 한마음을 부촉하시니 말을 떠난 법이다.

불교의 진수를 최종적으로 정리하면 선불교라고 이야기할 수 있습니다. 선불교의 태두가 '영산회상 거염화靈山會上擧拈花, 다자탑전 분반좌多子塔前分半座, 사라쌍수하 곽시쌍부沙羅雙樹下槨示雙趺'로 부처님께서 일심법을 보인 것이죠.

법회를 하려는데 상수제자 가섭존자가 도착을 안 했어요. 늦은 가섭존자는 앉을 자리가 없었지요. 부처님은 그런 가섭존자를 보고 자신의 자리를 나누어 같이 앉았습니다. 그리고 그동안 언설로 많은 이야기를 했지만 말 이외 따로 일심을 전해 주죠. 가섭존자가 온 것도 일심이요, 자기 자리를 반 나눠 준 것도 일심입니다. 꽃을 든 것도 마음이요, 꽃을 든 것을 본 것도 마음뿐 그 외 다른 것은 없습니다.

선가에는 '답착비공踏着鼻孔', '콧구멍을 밟아 버렸다.'라는 말이 있습니다. 모태에서 콧구멍이 제일 먼저 생긴답니다. 콧구멍이 있어야 숨을 쉬잖아요. 그런데 그 콧구멍을 밟아 버렸다는 거죠. 이것은 근본을 타파했다는 뜻입니다. 근본을 보았다, 근본을 깨달았다는 뜻으로 이야기합니다.

그리고 또 앞에서도 말했습니다만 '한로축괴韓盧逐塊 사자교인獅子咬人', '사람이 흙덩이를 던지면 개는 날아오는 흙덩이를 쫓아가고, 사자는 흙덩이를 던진 사람을 공격한다.'라는 말도 선가에서 자주 씁니다. 개는 꽃을 들었다면 꽃에 뭐가 있는 줄 아는 거죠. "어떤 것이 부처입니까?" 물으니, "똥 막대기니라."라고 대답을 했잖아요. 그러면 똥 막대기에 무슨 뜻이 있는 양 거기에 쫓아가는 거예요.

그런데 사자는 어떻게 하겠어요? 똥 막대기라고 대답하는 그놈을 보는 거죠. 그게 근본이니까요. 똥 막대기라고 대답을 했든, 나무토막이라고 대답을 했든, 법당에 앉아 있든, 등신불이라고 대답을 했든, 걸어가는 사람이라고 했든 뭐라고 대답을 해도 상관없어요. 대답한 그놈이 진짜거든요. 여러분들이 여기 와서 내 말에 꺼들려 버리면 '개'가 되는 거예요. 그런데 수영하러 바닷가에 갔거나 어디를 갔든지 간에 주인공 자리만 놓치지 아니하면 '사자'가 되는 거죠.

부처님과 가섭존자도 마찬가지입니다. 가섭존자의 자리가 없으니 부처님께서 불러 자리를 내준 것뿐이에요. '가섭존자는 훌륭한 제자이니 둘 사이에 특별한 비밀이 있겠지.'라고 생각하는 순간 '개'가 되는 거지요. 그 자리에는 가섭이 있고, 부처가 있고, 보는 내가 있을 뿐이에요. 부처님이 누구를 불러 앉혀도 똑같아요. 부처님 주변에 꽃이 있으니까 꽃을 들었지, 안경이 있었으면 안경을 들었을 겁니다.

차 일 지 법　　금 별 행　　약 능 계 오 자
此一枝法이 **今別行**하니 **若能契悟者**는

변 지 불 지 의
便至佛地矣니라

이 한 가지의 법은 별도로 행해지는데, 만약 계합하여 깨달을 수 있는 사람은 즉시 부처님 지위에 이른다.

승가에 「소염시」라는 아주 유명한 시가 전해지고 있습니다.

일단풍광화불성(一段風光畵不成)
동방심처진여정(洞房深處陳子情)
빈호소옥원무사(頻呼小玉元無事)
지요단랑인득성(只要檀郎認得聲)
아름다운 그 맵시, 그림으로도 그리지 못하리니
깊고 깊은 규방에서 내 마음을 알리노라.

자주 자주 소옥을 부르지만 소옥에겐 일이 없고
오직 님께 제 소리를 알리려는 뜻이라네.

이 시는 오조 법연 선사가 진제형陣提刑 거사에게 선을 이해시
키기 위한 방편으로 처음 인용한 이후 선가에서 격외언어格外言語
로 널리 애용되고 있습니다. 법연 선사가 진제형에게 「소염시」를
들어 말할 때 제자인 원오 극근 선사가 창밖에서 이를 듣고 깨달
음을 얻었어요. 선지禪旨나 심요心要는 말이나 글로 표현할 것이
아닙니다. 말이나 글이나 어떤 행위는 불가피한 방편일 뿐이죠.
모든 화두가 방편에 해당합니다.

이 시의 소재는 당나라 현종 때 양귀비와 안록산의 일화에서
나온 이야기입니다. 양귀비는 소옥이에게 볼일이 없죠. 남들
은 자기의 몸종을 부르나 보다 이렇게 알아듣겠지만, 진짜 알
아듣는 사람은 담 너머 숨어 있는 안록산이잖아요. 소옥아라고
불렀건, 정전백수자라고 말했건 그 자체는 아무런 의미가 없어
요. 말하는 그 당사자를 알아야 합니다. 그걸 알아차려야 얼른
담을 뛰어넘어 볼일을 마칠 수 있는데, 못 알아들으면 '몸종을
왜 부르나, 기침이 나서 불렀나, 물 떠 오라고 불렀나, 차 따르
라고 불렀나'에 자빠지는 거예요. 이게 다 말을 쫓아가는 '개'인
거죠.

임제 스님이 황벽 스님에게 "불법이 뭡니까?"라고 묻습니다.
황벽 스님은 "불법이 뭐긴 뭐야. 묻고 있는 네놈이 불법이고, 지
금 묻는 이 사실이 불법이지."라 하면서 주장자로 스무 방망이

후려쳤잖아요. 한 대 때려도 좋고, 열 대 때려도 좋고, 손가락 세워도 좋지만 그것은 다 방편일 뿐입니다. 그냥 보여 주고 드러내 보이는 그것만이 진실입니다.

8. 도를 닦는다는 것
⋮

『전심법요』의 근본 종지를 '유전일심 갱무별법'이라 했습니다. 불교 경전 이야기를 듣다 보면 사이에 낀 이야기들이 많기 때문에 다른 길로 가기가 쉽습니다. 그럴 때마다 대지를 잘 기억해서 되새기면 딴 길로 가는 것을 막을 수 있습니다.

오로지 한마음의 도리만을 가르치고 그 외에 다른 법이 없다는 것은, 깨달은 분의 관점에서 보면 이 세상 모든 것이 마음 하나로 이루어졌다는 것입니다. 그래서 '일체유심조'라 하잖아요. 그러니 마음을 잘 알아 마음 운전을 잘하면 인생을 어떻게 살아야 하는가의 문제도 다 해결됩니다.

흔히 아는 짚신과 우산 장사하는 아들을 둔 어머니의 이야기가 있습니다. 날이 맑으면 짚신이 잘 팔리고, 비가 오면 우산이 잘 팔리잖아요. 그러니까 날이 맑아도 즐겁고 비가 와도 즐거운 길이 있는데도 불구하고, 맑아도 걱정 비가 와도 걱정하는 쪽으로 마음을 운전하는 거죠. 날이 맑으면 우산이 안 팔리는 아들 생각에 걱정이고, 비가 오면 짚신이 안 팔리는 아들 생각에 걱정, 걱정만 계속하는 겁니다. 때문에 불교에서 말하는 일체유심조의 이치를 잘 배워 마음의 운전을 잘해야 합니다.

마음의 이치를 잘 알고 살림살이로 숙성이 되도록 경전을 보거나 성인의 가르침을 배우는 거죠. 인연은 내가 하는 데 따라서 달라지는 거예요. 밭에 곡식을 심어 놓고는 풀도 안 뽑고, 거름도 안 주고, 그냥 내버려 두면 운명이 될지 모르지만, 풀도 뽑아 주고, 거름도 주고, 햇빛도 가려 줄 때 가려 주고, 물도 대 주면 곡식이 잘 성장하고 많은 결실을 얻을 수 있잖아요. 그렇게 많은 노력을 기울임으로써 좋은 결실을 얻는 것이 바로 인연입니다. 직접적인 원인은 씨앗이겠지만 그 주변에 태양, 땅, 거름, 물, 사람의 노력 등 온갖 것이 간접적인 원인이 되는 거죠. 이렇게 보면 간접적인 원인이 상당히 중요합니다.

'제법종연생 제법종연멸 아불대사문 상작여시설諸法從緣生 諸法從緣滅 我佛大沙門 常作如是說', '일체의 모든 것은 인연에 의해서 생기고 인연에 의해서 소멸한다고 부처님께서는 항상 말씀하신다.'라는 말이 있죠. 마승 비구가 사리불과 목건련에게 전한 부처님 말씀입니다. 인연의 이치를 이해하고 그에 맞게 생활한다는 것은 불자들만의 특권이면서도 대단히 중요한 일이에요. 유교를 포함하여 다른 종교에서도 선행을 권장하지만 어떻게 원인이 되고 결과가 되는지에 대한 인연의 이치에 대해서는 설명하지 않습니다. 공자나 맹자도 착한 일 하라고 하지만 인연의 이치에 대한 설명이 없기는 마찬가지이지요.

그런데 착한 일을 하는 것도 한마음이 좌지우지하는 거예요. 결국 주인은 한마음이라는 거죠. 한마음이 들어서 착한 일도 하고 나쁜 일도 하니까요. 한마음의 도리를 제대로 알면 견성성불을 하는 것이고, 중간 정도만 알아도 인생을 아주 밝고 긍정적으로 살 수가 있는 겁니다. 왜냐하면 모든 것은 마음먹기에 달렸다는 확신을 가지면 처지나 주변 환경이 나를 지배하지 못하기 때문입니다.

문 여 하 시 도   여 하 수 행
問 如何是道며 **如何修行**이닛고

배휴가 묻기를, 어떤 것이 도이며 어떻게 수행합니까?

공부하는 사람에게 '도道'는 가장 큰 관심사입니다. 불도라고
도 말할 수 있고, 그냥 불교라고 해도 좋습니다.

사 운 도 시 하 물   여 욕 수 행
師云 道是何物이관대 **汝欲修行**고

대사께서 대답하시기를, 도가 무슨 물건이기에 닦으려고 하
는가.

닦는 것은 나중 일이고, 도가 도대체 무슨 물건인지부터 가려
보자는 거죠. 이 말은 도를 아예 부정해 버린 겁니다.

문 제 방 종 사 상 승   참 선 학 도   여 하
問 諸方宗師相承하야 **參禪學道**는 **如何**닛고

배휴가 묻기를, 제방의 종사들이 서로 이어오면서 참선하여
도를 배우는 것은 무엇 때문입니까?

황벽 스님이 도를 부정하는 말씀을 하시니, 배휴 거사가 다시

묻는 거죠. 부처님으로부터 가섭, 아난, 사나화수, 우바국다, 제 다가 등등의 조사로 이어 오잖아요. 그리고 이 당시만하더라도 달마, 혜가, 승찬, 도신, 홍인, 혜능 스님으로 이어지지요. 종사 宗師라는 것은 그와 같이 훌륭한 도승들을 말하는 겁니다. 어느 한 지역에만 있는 것이 아니라 곳곳에 있으니까 '제방諸方'이라고 하는 거고요. 제방의 종사들이 참선 수행해서 도를 이어 온 사실 은 어떻게 하겠느냐, 참선을 해서 도를 배우고 있는데도 불구하 고 왜 부정하느냐고 묻는 겁니다. 사실 물을 만하죠. 곳곳에 절 이 있고 절마다 수행한다고 수천수만 명이 큰스승 밑에서 공부 하는 게 다 도 닦으려고 하는 것이 아니냐는 거죠.

사 운 인 접 둔 근 인 어   미 가 의 빙
師云 引接鈍根人語니 **未可依憑**이니라

대사께서 대답하시기를, 둔근기의 사람을 이끌어 주는 말이 니 의지할 것이 없다.

청천벽력 같은 소리죠. 그 당시 중국에는 도인들이 얼마나 많 았습니까? 또 수행하는 도량은 얼마나 많았습니까? 한 총림에 수 백 명씩, 많은 경우 3,000명까지도 있었다니 대단하잖아요. 현 재 우리나라도 상당해요. 경전 공부를 한다든지 참선을 한다든지 승속을 막론하고 700~800명씩 모여서 공부하고, 300~400명 씩 모여서 참선하고 있잖아요. 스님들도 보통 사찰에서 20~50

명 정도 모여 참선합니다. 그런데 황벽 스님은 이러한 수행에 대해 근기가 둔한 사람들을 끌어들이기 위한 방편이라고 한 것입니다.

　　운　차 즉 시 인 접 둔 근 인 어　　　미 심
　　云　此卽是引接鈍根人語인댄 未審커라

　　접 상 근 인　　　부 설 하 법
　　接上根人인댄 復說何法이닛고

배휴가 묻기를, 이것이 둔근기의 사람을 끌어들이기 위한 말이라면, 상근기의 사람을 이끌기 위해서는 어떤 법을 설하시는지요?

　총림에서 종사들이 많은 대중을 모아 놓고 참선학도參禪學道한다는데 전부 둔근기를 끌어들이기 위한 방편이라니, 상근기를 위해서는 무슨 법을 설하느냐는 도전적인 질문입니다. 이제 막 다른 골목으로 가고 있는 거죠.

　　사 운　약 시 상 근 인　　　하 처　갱 취 인 멱
　　師云 若是上根人인댄 何處에 更就人覓이리오

　　타 자 기　　상 불 가 득
　　他自己도 尙不可得이온

대사께서 대답하시기를, 만약 상근기의 사람이라면 어디 남에게서 찾으려 하겠느냐, 저 자신마저도 가히 얻지 못하거늘.

상근기는 무엇을 구하거나 찾는 일이 아예 없어요. 둔근기라 한마디라도 들을 욕심으로 이곳저곳을 찾아 헤매고, 참선, 염불 등을 한다는 겁니다.

사실 냉정하게 생각해 보면 자신도 못 찾고 있습니다. 나는 누구이고, 나는 무엇이고, 나의 실체는 무엇인가를 정밀하게 찾아야 손에 잡히지 않는다고요. 몸은 사대육신으로 이루어졌기 때문에 지·수·화·풍 사대가 각각 흩어지면 나라는 게 없어지는 거죠. 또 세포에 의해서 구성되었기 때문에 시간이 지나면 뿔뿔이 흩어져 버립니다. 흩어질 것은 지금도 공하죠. 마음도 역시 마찬가지입니다.

하 황 갱 별 유 법 당 정
何況更別有法當情이리오

불견 교중 운 법법하상
不見가 **教中**에 **云**하되 **法法何狀**고 하니라

어찌 별도로 뜻에 합당한 법이 있겠는가, '법이란 법이 어찌 형상이 있더냐?'는 가르침을 모르느냐.

세상 이치는 내가 있고 그 다음에 나의 것이 있습니다. 법당도

있고, 사람도 있고, 이웃도 있고, 부모도 있고, 자식도 있고, 친척도 있고, 온갖 세상이 '나'로부터 시작하는 거죠. 내가 있다는 데서 출발하면 부모가 나를 낳았지만, 그것은 상식적으로 하는 소리입니다. 냉정하게 보면 내가 있으므로 해서 부모가 있는 거죠. 그러니 나 자신도 없는데 마음의 작용이 있겠냐는 말입니다.

자신을 포함하여 온갖 현상은 공하지 않은 것이 없습니다. 왜냐하면 모든 현상은 연기이기 때문입니다. 몸이 사대육신으로 이루어졌고, 산에 있는 나무 한 그루도, 흘러가는 구름과 산도 일체가 여러 가지 조건에 의해서 이루어지지요. 그러므로 그 조건이 흩어지면 실체 역시 흩어져 없어지는 겁니다.

운 약 여 차 즉 도 불 요 구 멱 야
云 若如此則 都不要求覓也닛가

배휴가 묻기를, 만약 그렇다면 도대체 구하고 찾을 것이 없다는 것입니까?

수행을 하는 목적은 무엇입니까? 참선을 하고, 경전·어록을 공부하고, 염불·기도하는 것은 결국은 도를 통하고 지혜를 갖추는 견성성불을 위한 것이잖아요. 수행을 하는 이유는 목적이 있는 것이고, 그 목적을 찾고 구하는 것이죠. 그런데 스님의 말씀을 듣고 배휴 거사가 의문이 생긴 거지요.

사 운 약 여 마 즉 성 심 력
師云 若與麼則省心力이니라

대사께서 대답하시기를, 만약 그렇게만 된다면 마음의 힘을
더는 것이다.

만약 찾고 구할 바가 없다는 이치만 알게 되면 마음이 깃털처
럼 아주 가뿐해집니다. 불교를 통해서 뭔가를 얻으려는 마음과
는 반대의 길이죠. 우리의 깜냥대로 불교를 이해하려고 해서 그렇
지 부처님의 가르침이나 깨달은 사람의 가르침은 정반대입니다.

깨달은 사람의 눈에는 모든 현상이 환상, 환영, 그림자일 뿐
인데 우리는 그것을 끌어 모으려고 하는 거죠. 그래서 깨어 있는
사람이 꿈 깨라고 자꾸 이야기하는 겁니다. 다시 말해 우리는 길
몽을 꾸게 해 달라고, 악몽은 싫으니 길몽을 꾸게 해 달라고 부
처님께 비는 거죠. 그런데 깨달은 사람의 입장에서 보면 악몽이
나 길몽이나 모두 똑같은 거예요. 길몽이나 악몽이나 그 꿈에
서 깨라는 거죠. 자식이 공부 잘해서 좋은 학교 가는 것은 길몽
이고, 공부 못해서 대학에 떨어지는 것은 악몽이니 길몽 꾸게 해
달라는 것이거든요. 꿈 깨기를 바라고 꿈 깨기를 가르치는 부처
님의 입장에서 보면 얼마나 우스운 일이겠습니까?

길몽 꾼 사람이 왜 악몽은 꾸지 않겠어요? 길몽 꾸면 악몽 꾸
게 되어 있고, 그렇다고 악몽만 꾸는 것도 아니에요. 인생은 악몽
을 한참 꾸다 보면 간혹 길몽도 있는 법입니다. 그 재미로 안 죽
고 계속 살아가는 거지요. 그러다가 살 만하면 죽는 게 인생이죠.

'여마與麼'는 '도불요구멱都不要求覓'과 같은 뜻이죠. 아무것도 구하고 찾을 것이 없다는 말입니다. 마음의 힘을 들여 구할 도가 없다는 뜻이죠. 도도 구할 바 없는데 부귀공명은 말하여 무엇하겠습니까?

배휴 거사는 지금으로 말하면 국무총리와 같은 지위에 올랐던 사람입니다. 평생 부귀영화만을 누리고 살았으며, 재상까지 했으니 해 볼 것은 모두 해 본 사람이죠. 세상사 이것저것 다 해 보고 이제 마지막 남은 것은 도에 대한 관심뿐이었던 사람입니다. 그런 배휴이기에 처음 묻는 것이 도란 무엇이고 어떻게 수행해야 하느냐는 것이었죠. 거사의 입장에서는 너무나 당연한 생각이었을 겁니다. 그런데 '도를 구하려 하지 말라. 도를 구하지 않으면 마음의 힘이 들지 않아 가뿐해 질 것이다.'라는 답을 듣습니다.

云 如是則 渾成斷絶하야 不可是無也니다

배휴가 묻기를, 그렇다면 온갖 뒤엉킨 것이 끊어져 버려 없다는 것도 옳지 않겠습니다.

황벽 스님은 자기가 없는 텅 빈 자리에서 이야기를 하지만, 배휴 거사는 항상 자기라는 것을 밑자리에 깔고 이야기하는 그 차이예요.

사 운 아 수 교 타 무   타 시 아 수   이 의 멱 타
師云 阿誰敎他無며 他是阿誰관대 爾擬覓他오

대사께서 말씀하시기를, 누가 그것을 없다고 하였으며, 그
것이 무엇이기에 그대는 찾으려 하는가.

마음이 텅 빈 입장에서는 없다는 것도 옳지 않은 거죠. 있다거
나 없다는 것에 또 꺼들리게 되는 겁니다.

운   기 불 허 멱   하고   우 언 막 단 타
云 旣不許覓인댄 何故로 又言莫斷他닛고

배휴가 묻기를, 이미 찾는 것을 허락하지 아니할진댄 무슨
까닭으로 끊지도 말라 하십니까?

계속 반복되는 이야기입니다. 있다 없다, 찾다 끊다 등의 소견
을 내는 거죠.

사 운 약 불 멱   변 휴   즉 수 교 이 단
師云 若不覓이면 便休어늘 卽誰敎爾斷이리오

이 견 목 전 허 공   작 마 생 단 타
爾見目前虛空하라 作麼生斷他오

대사께서 대답하시기를, 만약 찾지 않으면 쉼이거늘 누가

너에게 끊으라 하겠느냐. 눈앞의 허공을 보아라. 어떻게 끊겠느냐.

마음이 텅 빈 자리, 즉 마음을 쉬어 버리면 나도 없고 너도 없게 되죠. 구하거나 찾을 것도, 끊거나 없앨 것도 없습니다. 마음을 쉬지 못하니 분별 망상이 일어나는 거죠. 마치 이름뿐인 허공을 끊을 수 없는 것처럼 마음을 쉬면 허공과 같습니다.

운　차법　가득변동허공부
云 此法은 **可得便同虛空否**닛가

배휴가 묻기를, 이 법은 가히 허공과 같다고 할 수 있겠습니까?

배휴 거사는 황벽 스님의 말씀을 계속하여 제대로 이해하지 못하고 있죠. 나다 너다, 같다 다르다, 찾다 끊다 등의 알음알이를 계속 내는 거예요.

사운허공　조만　향이도유동유이
師云 虛空이 **早晚**에 **向爾道有同有異**아

아잠여차설　이변향자리생해
我暫如此說하니 **爾便向者裏生解**로다

대사께서 대답하시기를, 허공이 너를 향해 같다거나 다르다
고 말하더냐? 내가 잠시 이와 같이 말하니 너는 당장 여기
에 알음알이를 내는구나.

아주 어려운 문답입니다. 마음을 가라앉히고 세밀하게 살피고
생각을 깊이 해야만 이해할 수 있는 문답입니다.
　허공 이야기를 잠깐 했다고 해서 금방 또 도가 허공하고 같은
가 다른가라며 알음알이를 낸다는 거죠. 허공이라는 비유를 들
었는데 허공에 바로 꺼들려 버렸다는 것입니다.

　운　응 시 불 여 인 생 해 야
　云　應是不與人生解耶닛가
배휴가 묻기를, 사람으로 더불어 알음알이를 내지 않아야
됩니까?

이렇게 저렇게 생각을 지어 가는 것은 모두 알음알이에 해당
합니다. 모두 분별심이고, 망상이라고 할 수 있죠.

사 운 아 부 증 장 이
師云 我不曾障爾어니와

요 차 해 속 어 정 　 정 생 즉 지 격
要且解屬於情이니 **情生則智隔**이니라

대사께서 대답하시기를, 나는 일찍이 그대를 장애하지 않았거니와 또한 요컨대 알음알이란 정에 속한 것이니, 정이 생기면 지혜가 막히게 되느니라.

마음 심心에 푸를 청青이 더해진 것이 '정情'이잖아요. 정이란 마음이 있는 그대로를 보지 않고 색칠이 더해진 것입니다. 때문에 정확하지가 않습니다. 생각은 학연, 지연, 종교, 친인척 등 온갖 것으로 덧칠해집니다. 빨강, 파랑, 노랑 선글라스를 써 푸른 산이 온통 빨간색, 파란색, 노란색으로 보이는 거죠.

부모 눈에는 자식 잘못된 것이 절대 보이지 않는다잖아요. 틀림없이 잘못했는데도 옳게 보이는 거죠. 자식 잘못한 것 보기가 정말 어려운 거예요. 엊그저께 한 번 더 봤던 사람과 오늘 처음 본 사람을 달리 취급하는 게 인간인데, 자기가 낳은 자식은 더 말할 나위 있나요. 얼마나 기울어지고 색깔이 덧칠해져 있겠어요. 나는 아니라고, 내 자식 절대 그렇게 안 본다는 사람은 색깔이 한 번 더 칠해진 사람이에요. 그 사람은 색깔을 칠하지 않았다고 착각하는 사람이니 더 심한 거죠.

이러한 정 때문에, 덧칠해진 색깔 때문에 바로 보는 판단력이 안 생깁니다. 예를 들어 아이들 둘이 싸우면 전부 자기 자식이 옳다고들 하는 거예요. 사사건건 막무가내인 사람이 있죠. 이런 사람은 이중, 삼중으로 안경에 색을 덧칠한 거예요. 온갖 색을 다 칠해 놓았으니 제대로 볼 수가 없는 거죠. 이러한 사람은 사건을 제대로 파악할 수 없습니다. 그 후속 처리야 더 말할 것도 없지요. 자식이 어디서 맞았다고 깡패까지 동원하는 일도 생기잖아요.

운 향 자 리　　막 생 정　　시 부
云 向者裏하야 莫生情이 是否닛가
배휴가 묻기를, 여기에 있어서 뜻을 내지 않는 것이 옳습니까?

배휴는 또 낸다, 안 낸다는 알음알이에 빠지죠.

사 운 약 불 생 정　　아 수 도 시
師云 若不生情이면 阿誰道是리오
대사께서 대답하시기를, 만약 정을 내지 않는다면 누가 옳은 것을 말하리오.

여기에서 '道'는 말할 도 자로 쓰입니다. 배휴는 거듭 속생각을 가지고 말을 하는 거죠. 알음알이가 없어 텅 빈 마음이라면 더 이상 옳으니 그르니 할 말이 없겠지만, 정에 꺼들려 알음알이를 내니 계속 말이 이어지는 겁니다.

9. 말에 떨어지다
⋮

　어떤 경전, 어떤 어록을 공부하든지 간에 그것이 가지고 있는 주된 뜻을 놓치지 않아야 공부가 효과적입니다. 세상을 살아가는 데 스스로 주인공이라는 것을 놓치면 엉뚱한 경계에 꺼들리면서 헤매게 되고, 그러다 보면 문제가 생기고, 문제가 생기면 고통을 받게 됩니다. 어떤 삶을 살든지 내가 이 세상의 주인이라는 것을 잃지 말아야 합니다.

　만약 내가 없다고 생각해 보세요. 무엇이 있는가. 그렇게 애지중지하고 가치 있고 소중하다고 생각했던 부모 · 자식이나 형제 · 자매가 되었든, 그동안 쌓아 놓은 업적과 명예가 되었든, 재산이 되었든지 간에 그와 같은 모든 것들은 '나'라는 존재의 부속물에 불과합니다. 부속물은 많이 있을 수도 있고 적게 있을 수도 있는 거죠. 또 있다가 없기도 하고 없다가 있기도 하거든요.

　내가 존재하는 한 영원히 변치 않는 것 하나는 자신이지 않습니까? 자신만이 주인공입니다. 때문에 모든 것을 책임져야 하고 모든 것을 이끌어가는 것은 어쩔 수 없는 거라고요. 이러한 이치를 잘 아는 것이 불교를 공부하는 보람이기도 합니다.

세상을 사는 데 있어서 내가 주인임을 잊지 말아야 하는 것처럼, 『전심법요』의 주된 취지인 '유전일심 갱무별법'을 잊으면 안 됩니다. 다른 경전과 달리 『전심법요』는 그 주제가 뚜렷합니다. 제목이 '전심법요' 아닙니까? 마음의 도리, 마음의 이치를 전하는 아주 요긴한 가르침이라 그것만을 전합니다. 진부하다는 생각이 들고 지루하게 느껴질 수 있지만 이것밖에 달리 없어요.

현대 사회는 과학 문명이 매우 발달되어 사실을 감추거나 신비롭게 포장하여 세인을 속이는 데는 한계가 있습니다. 이렇듯 비밀 하나 없는 세상에 살면서 아직도 세상의 중심이 무엇이고 주인공이 무엇인지를 모르고, 존재하지도 않으며 사실도 아닌 것에 경도되어 좌지우지되는 경우가 있습니다.

'단마기금鍛摩起金'이라는 말이 있습니다. 깊은 산골 마을에서 삼[麻] 농사를 짓는 두 농부가 있었습니다. 그들은 열심히 가꾸고 키운 삼나무의 껍질을 손질하여 모아 두었다가 장날에 내다 팔아 생활을 꾸려 갔었죠. 그날도 여느 장날과 다름없이 삼 몇 꾸러미를 지게에 지고, 산을 몇 굽이나 돌아 장터로 가던 중 길 언저리에 몇 덩어리의 금이 떨어져 있는 것을 발견한 거예요. 한 농부는 그 자리에서 바로 지게 위의 삼을 내려놓고는 금덩어리를 취합니다. 반면 다른 한 농부는 머뭇머뭇하면서 계속 망설이는 거예요. 여기까지 애써서 지고 온 수고가 아까워 삼을 버릴 수 없었던 것이었죠. 결국 그는 지고 온 삼을 가지고 장으로 갔습니다.

이것은 부처님이 비유로 가르침을 주신 내용이죠. 진리의 가르침, 참이치를 가르치는 곳이 있으면 언제든지 내 가르침 버리고 그곳에서 가르침을 받아도 좋고, 그것을 추종해도 좋다는 이야기입니다. 또 기존에 해 오던 일이나 추구해 온 가치관이 문제가 있거나 잘못되었다는 사실을 발견하고도 자존심, 기득권 혹은 명예심 때문에 끝까지 고집하는 어리석음을 경고하는 가르침이기도 하죠.

진리를 따르고 종교를 믿는다는 것은 인생과 세상에 대한 바른 안목을 가지고 보다 나은 삶을 살기 위한 것인데 보다 나은 가르침이 있다면 곧바로 그걸 취해야지요. 특히 불자들은 마음이 어디에도 구속되지 않고 자유로워야 돼요. 이웃집에 내 인생의 소중한 가르침이 있다면 얼른 쫓아가서 귀담아듣고 그것을 살림살이로 만들 줄 아는 용기가 필요합니다.

문　재　향　화　상　처　발　언　　　위　심　마　변　언　화　타
問 纔向和尚處發言하면 **爲甚麼便言話墮**닛고

배휴가 묻기를, 겨우 화상을 향해서 말을 하게 되면, 무엇
때문에 말에 떨어진다고 하십니까?

배휴 거사가 화가 난 모양입니다. 사실 배휴 거사가 물을 때마
다 알음알이에서 나온 이야기이고 말만 쫓는다고 지적했잖아요.
그래서 이렇듯 도전적으로 물은 거죠.

　사　운　여　자　시　불　해　어　인　　　유　심　마　타　부
師云 汝自是不解語人이어늘 **有甚麼墮負**리오

대사께서 대답하기를, 그대는 스스로 말할 줄 모르는 사람
이거늘 무슨 잘못에 떨어짐이 있겠느냐.

동문서답이네요. 황벽 스님은 배휴 거사의 말에 쫓아가지 않
는 거죠. 보통 사람이라면 배휴 거사의 말을 따라 이러니저러니
설명을 하고 변명을 할 거예요. 그런데 '자네는 말을 할 줄도 모
르는 사람인데 말에 떨어졌다고 하겠는가.'라고 거두절미해 딱
끊어지게 만드는 거죠. 황벽 스님의 큰 자비라고 할 수 있습니
다. 그래야 배휴 거사의 알음알이가 떨어질 수 있기 때문이죠.
그렇지 않고 이러니저러니 설명을 해 봐야 그 사람에게 일어나
는 망상에 휘발유를 붓고 불을 지르는 격이 되어 버립니다.

이게 선사들의 선문답이거든요. 이렇게 되어야 그 사람이 앞뒤가 끊어져 버리죠. '자네는 말할 줄 모르는 사람인데 내가 무엇 때문에 말에 떨어졌다고 하겠는가. 나는 말에 떨어졌다고 한 적이 없다. 말을 했어야 말에 떨어지지 말도 할 줄 모르는 사람에게 말에 떨어졌다고 하겠는가.'라고 한 겁니다.

10. 사문이란 무심을 얻은 사람이다
⋮

『전심법요』의 대지가 '유전일심 갱무별법'이라 했습니다. 오직 일심만을 전할뿐 다시 다른 법이 없는 도리를 드러내는 것이 『전심법요』라는 거죠. 모든 것을 운영하고 일체를 좌지우지하는 것이 바로 이 마음임에는 틀림없습니다.

본래 마음은 모든 분별과 차별심인 옳다 그르다, 나다 너다, 선이다 악이다 등과는 아무런 관계없는 평등하고 참된 마음 자리입니다. 물론 본래 마음을 가리는, 비유하자면 맑은 하늘을 가리는 구름과 같은 시비 갈등의 차별과 분별심도 근본 마음의 한 부분입니다. 그 차별과 분별심이 사라진 상태를 무심이라고 합니다. 무심은 나무나 돌처럼 된 상태를 말하는 것이 아닙니다. 목석처럼 되어 버리면 아무런 쓸모가 없는 거죠.

'사문이란 무심을 얻은 사람이다.'라고 할 때의 심心은 분별과 차별의 마음을 말하는 것입니다. 이해하기가 조금 어렵습니다. '여름이다 가을이다, 붉다 푸르다 등을 이해하는 것이 무슨 문제겠는가.'라고 생각할 수 있습니다. 왜냐하면 분별심인 것은 틀림 없으나 본심이 그대로 여여하게 나타나기 때문입니다. 다만 경중과 귀천을 따지기 시작하면 문제가 되는 거죠.

본래의 마음은 작용을 하지만 텅 비었기 때문에 그 텅 빈 마음을 이해함으로써 차별이나 알음알이 같은 마음의 작용은 여여한 무심을 통해 녹아 버리는 겁니다. 상당히 미묘하고 까다로운 이치입니다.

문 향래여허다언설   개시저적어
問 向來如許多言說은 皆是抵敵語라

도미증유실법지시어인
都未曾有實法指示於人이니다

배휴가 묻기를, 그렇다면 앞에서 허다하게 하신 많은 말씀은
모두 상대에게 맞추어서 대꾸하신 것이어서 도대체 일찍이
실다운 법이 있어 사람에게 가리켜 보이신 것이 아닙니까?

'래來'는 여래를 뜻하지 않고 '향래向來'로 '앞에서'라는 말로 쓰
입니다. '미증유未曾有'는 일찍이 있지 않았던 일이라는 뜻으로
『능엄경』에서 유래하였습니다.

모든 말씀이 상대에게 맞춘 것, 즉 방편으로 하신 말씀일 뿐,
정말 변하지 않는 실다운 법은 없느냐고 묻는 거죠.

사 운 실 법   무 전 도
師云 實法은 無顚倒어늘

여 금 문 처   자 생 전 도   멱 심 마 실 법
汝今問處에 自生顚倒로다 覓甚麼實法고

대사께서 대답하시기를, 실법은 잘못됨이 없어 뒤바뀌지가
않거늘, 그대는 지금 묻는 곳에서 스스로 전도되고 있다.
그러면서 괜히 실법을 찾으려고 하느냐.

『반야심경』의 목적이 원리전도몽상遠離顚倒夢想 아닙니까? 바른 이치를 깨달아 전도된 생각, 전도된 삶을 멀리 떠나자고 하는 것이 공부하는 목적입니다. 바른 이치란 무엇입니까? 세상은 공한 것이고 또 철저히 공해서 실다운 것이 없지만, 있다는 데도 집착할 것이 없고 없다는 데도 집착할 것 없이 활발발活潑潑하게 생활해 가는 것 아닙니까? 이렇게 아는 것이 전도를 떠나는 것인데 그와 반대로 아니까 전도된 것이죠.

『반야심경』의 첫 구절이 무엇입니까? '조견오온개공照見五蘊皆空', '오온이 다 텅 빈 것으로 본다.' 잖아요. 그러면 '도일체고액度一切苦厄', '일체의 문제가 없어진다.'라고 했습니다. 일체의 문제를 사라지게 하는 건 몸과 마음, 몸에 딸린 모든 것이나 마음에 딸린 모든 것이 텅 비어 공한 줄로 볼 줄 아는 데 있거든요. 그것만 제대로 갖추어져 있으면 일체 문제가 있을 수 없는데 그게 탈이라는 것입니다.

전도된 생각을 스스로 낸다는 것이죠. 실법이다, 아니다 라는 마음을 낸 것이 벌써 실법의 상대는 잘못된 것이고 허망한 법이라니까 결국은 전도가 되어 버린 것이죠. 전도된 상태가 되어 버리니까 옳다 그르다, 귀하다 천하다, 좋은 것이다 나쁜 것이다 등등이 벌 떼 일어나듯 일어납니다. 사실 어떤 실법이라는 것마저도 찾을 길이 있는 게 아니지 않느냐는 말입니다.

운 기시문처 　 자생전도 　　 화상답처여하
云 旣是問處에 自生顚倒인댄 和尚答處如何닛고

배휴가 묻기를, 이미 묻는 곳에서 스스로 전도된 것일진댄
스님께서 대답하신 것은 무엇입니까?

스님의 말씀도 결국 전도 아니냐는 것이죠. 배휴 거사도 보통
똑똑한 이가 아니죠. 대단한 질문입니다.

사 운 이 차 장 물 조 면 간 　　 막 관 타 인
師云 爾且將物照面看이언정 莫管他人하라

대사께서 대답하시기를, 그대는 또한 사물을 통해 얼굴을
비춰볼지언정 남의 일에는 관계하지 마라.

내가 무엇이라고 대답했든 그것은 모두 너의 문제이거늘 왜
나의 말꼬리를 물고 늘어지느냐는 것이죠. 내가 무슨 말을 하든,
전도를 하든 말든, 내가 이야기하는 것은 깨우쳐 주기 위해 부득
이하게 한 것이지 그렇다고 말 따라오고, 또 말꼬리를 물고 늘어
지면 그것은 결국은 너의 문제라는 거죠. 그러니 다른 사람 문제
에 대해서 이러고저러고 관계하지 말라는 겁니다.

우운 지 여 개 치 구 상 사　　견 물 동 처　　변 폐
又云 秖如箇癡狗相似하야 見物動處하고 便吠하니

풍 취 초 목　　야 불 별
風吹草木으로 也不別이로다

다시 말씀하시기를, 다만 일개 어리석은 개와 같아서 움직이는 것을 보면 문득 짖어대니, 바람에 움직이는 초목과 다를 게 없다.

다른 사람의 문제에 관계하는 것, 이것저것 쫓아가는 것은 마치 어리석은 개와 같다는 것이죠. 누가 되지도 않은 것 가지고 시비를 하면 날아가는 방귀 가지고 시비한다는 말이 있죠. 방귀는 이미 없어져 버렸는데, 그것 가지고 왜 뀌었냐며 시비하거든요.

남의 말 쫓든 안 쫓든 그것은 본인의 문제입니다. 또한 세상일에 대해서도 마찬가지입니다. 세상사를 마음속에 담아 이래저래 생각하고 끙끙거리면서 그만 본인의 살림살이가 되고 결국 옳다 그르다 하는 겁니다. 사실 본인의 인생하고는 아무런 관계가 없는 거죠. 어떻게 생각하면 세상사에 무관심하고 자기만 생각하는 이기주의에 빠져 있는 것처럼 보일 수도 있지만, 보살심으로 세상을 어떻게 시비합니까? 보살심으로 시비하는 게 아니에요. 대통령이 정치를 잘못했다든지, 어느 나라에서 어떤 문제가 일어났든지 간에 시시비비하는 것은 본인의 마음에 안 들어서입니다. 그 사람을 위해서 시비하는 게 아니라고요. 누굴 위해서 하는 말 같지만 전부 착각이에요. 마음에 안 들어 거기에 꺼들리는

것은 본인만의 손해가 아닙니다. 시간과 정력 낭비는 물론이고, 친구들끼리 어울려 불평하고, 그 친구들은 당치도 않은 이야기 듣느라 시간 버리는 거죠. 이런 소리 저런 소리 해 봐야 당사자의 귀에 들어가겠어요? 설령 그렇다 하더라도 고쳐지겠어요?

황벽 스님은 스승과 제자가 묻고 답하는 문제까지도 이렇게 표현하고 있습니다.

우 운 아 차 선 종   종 상 상 승 이 래
又云 我此禪宗은 從上相承已來로

부 증 교 인 구 지 구 해
不曾教人求知求解요

또 말씀하시기를, 우리 선불교는 위로부터 이제껏 이어 오면서 사람으로 하여금 알음알이를 구하게 한 적이 없었다.

교종은 부처님의 말씀을 통해 마음을 깨닫는 것이고, 선종은 말 없는 데서 말 없는 도리를 깨닫는 것입니다. 지금 공부하는 것도 어찌 보면 교종이라 할 수 있습니다. 경전을 통해, 즉 말 있는 데서 말 없는 도리를 아는 것이기 때문입니다. 선문 최고봉의 선사 황벽 스님의 가르침이라 하더라도 어록을 펴놓고 주고받는 이야기는 교라 할 수 있습니다. 그렇지만 이러한 과정을 통해서 결국 말을 떠난 도리를 이해하는 것이죠. 따라서 말은 수단이고, 방편이라 할 수 있습니다. 진짜 선은 혼자 묵묵히 앉아 있든지, 화두를 통해 말이 없는 데서 말 없는 이치를 깨닫는 것입니다. 때문에 말 없는 이치를 깨닫는 선종은 예로부터 지금에 이르기까지 말이나 사량 분별 등 알음알이로 도를 구하게 하지 않은 것이죠.

지 운 학 도   조 시 접 인 지 사
只云學道라 **早是接引之詞**라

다만 도를 닦으라고만 했을 뿐인데, 이 말도 사람을 끌어들이는 말에 불과하다.

부처님이 꽃을 들어 보인 것도 사실은 허물입니다. 꽃을 들어 보이기 전에 소식이 있어야 한다는 거죠. 그러나 부득이 그것마저도 없으면 어떻게 할 바가 없으니까 그렇게 한 거죠. '학도學道'라는 말도 만부득이해서 하는 것이지 맞는 말이 아닙니다. 학도라는 말을 해야 '아, 도를 배우는 구나!'라고 짐작을 하는 거지요. 정작 도는 배운다, 가르친다가 해당이 되지 않습니다.

연   도 역 불 가 학   정 존 학 해   각 성 미 도
然이나 **道亦不可學**이니 **情存學解**하면 **却成迷道**하니라

도 무 방 소   명 대 승 심
道無方所를 **名大乘心**이라

그러니 도 또한 가히 배울 수 없으니 뜻을 두고 알음알이를
배우게 되면 도리어 도는 어둡게 된다. 도에 방위와 처소가
없는 것을 이름하여 대승의 마음이라고 한다.

마음이 지식 등 알음알이를 배우는 데 있을 것 같으면 도와는
거리가 멀어지게 된다는 거죠.
　도에는 모양이나 처소, 방법이 있는 게 아닙니다. 대승의 마음
은 이것저것 따지지 않는다는 거죠. 굳이 언어를 빌려서 표현하
자면, 너다 나다라는 경계도 없고 아무런 차별심도 없는 가장 큰
마음입니다.

차심　　　부재내외중간
此心은 **不在內外中間**하며

실무방소　　　제일부득작지해
實無方所하니 **第一不得作知解**어다

이 마음은 안팎과 중간 어디에도 있지 않으며, 실로 방위와
처소가 없으니, 첫째로 지해를 짓지 말아야 한다.

이제 마음에 대해서 설명을 합니다. 마음 마음 하지만 참마음
은 가득 차 있습니다. 그런데 일정한 형체가 없어서 몸 안에 있
다거나 몸 밖에 있다거나 몸 중간에 있는 것이 아닙니다.
　『능엄경』에서도 부처님과 아난존자는 마음이 어디에 있느냐는

문제를 가지고 이야기를 합니다. '칠처징심七處徵心'이라 하여 아난은 일곱 곳의 마음 자리를 말합니다. 몸속, 몸 밖, 눈 속, 어두운 몸속, 육근과 육진이 합하는 곳, 육근과 육진의 중간, 안팎과 중간 어디에도 있지 않고 집착함이 없는 곳이 그곳입니다. 이 이야기는 아난존자가 탁발하러 갔다가 어느 미인에게 마음을 빼앗긴 것을 부처님이 살펴 문수보살을 통해 데리고 온 것으로부터 시작합니다.

부처님이 아난존자를 앞에 앉혀 놓고 묻습니다.

"너는 미인에게 빠지려면 왜 출가를 하였느냐?"

아난존자가 대답합니다.

"저는 부처님이 매우 훌륭해 보여 그 모습에 반해 출가했으나 어제는 그 미인에게 반했습니다."

부처님이 다시 묻습니다.

"그렇다면 너는 나를 보고 출가하려는 마음을 내었다니 무엇이 봤느냐?"

"제가 눈으로 보고 그 마음을 내었습니다."

"아! 그래, 눈이야 너의 얼굴에 있으니 나도 알겠다만 네가 마음을 냈다고 하는 그 마음에 대해 이야기해 보자."

아난존자는 처음에 그 마음이 몸 안에 있다고 말합니다. 그러면서 재내在內, 재외在外, 잠근潛根, 장암藏暗, 수합隨合, 중간中間, 무착無着 등 마음이 있는 일곱 곳을 이야기하죠. 그때마다 부처님은 그 각각의 곳에 대해 분석하여 마음이 일정한 곳에 있다고 말할 수 없는 것이라는 점을 드러내 보입니다. 이러한 과정을 통해 부처님은 삼라만상 우주법계가 온통 마음이라는 결론에 도달합니다. '오온에서 여래장을 밝혀 색·수·상·행·식 그대로가 마음이다. 또 육근에서 여래장을 밝히고 안·이·비·설·신·의 그대로가 마음이다. 그다음에 육진에서 여래장을 밝혀 색·성·향·미·촉·법 전체가 마음이다. 그리고 육근과 육진이 합해서 육식 그대로가 마음이다.'라고 밝힙니다. 곧 오온, 십이처, 십팔계에서 여래장을 밝히고, 인식할 수 있는 모든 존재 그대로 여래장이고, 그대로 마음임을 밝힌 겁니다.

마음 도리를 아는 제일 조건이 알음알이를 없애는 것이라 합니다. 마음이 밖에 있는가, 아니면 온갖 곳에 다 있다는데 등 머리를 굴리지 말라는 거죠. 이렇게 마음을 쓰는 것이 '지해知解'입니다. 지해는 머리로만 알거나 이해하는 지식에 불과합니다.

사격을 갖춘 사찰의 문에 들어가면 의례히 '입차문래入此門來 막존지해莫存知解', '불문에 들어와 불법의 도리를 알려거든 알음알이를 두지 마라.'는 주련이 있습니다. 마음에 있는 철학, 심리학 등 세속적으로 배운 모든 것을 놓아 버려야 진짜 큰마음, 텅 빈 마음, 허공과 같은 마음을 이해하게 되고, 텅 빈 마음, 허공과 같은 마음을 알았을 때 불교를 아는 것이라는 말이지요.

지 시 설 여　　여 금 정 량 진 처 위 도
只是說汝는 如今情量盡處爲道니

정 량　　약 진　　심 무 방 소
情量이 若盡하면 心無方所하니라

다만 그대에게 이야기하는 것은 뜻으로 헤아림이 다한 곳이
도이니, 만약 정량이 다하면 마음에는 방위와 처소가 없느
니라.

'정량情量'이란 분별하는 마음, 상대에 맞추는 방편을 뜻하며,
이것이 다한 곳에 도가 있다는 겁니다. '방소方所'란 고정된 모양,
고정된 장소, 고정된 형태를 뜻합니다. 본래 마음 자리에는 정량
과 방소가 없습니다. 다만 마음이 변색되는 거죠. 나는 이 당이
좋다거나 저 당이 좋다고 할 때 사돈의 팔촌이라도 그 당하고 관
계가 있으면 마음이 변색되기 시작하는 거예요. 학연과 지연 등
온갖 거미줄 같은 인연을 끌어다 그만 변색이 되는 거죠. 바로
볼 줄 모르는 겁니다. 이것이 바로 정량이죠. 만약 정의 양이 다
할 것 같으면 그것에 꺼들리지 않아 마음의 방소가 텅 비게 되어
바로 볼 줄 아는 겁니다.

차도　천진　　본무명자
此道는 **天眞**이라 **本無名字**이언마는

지위세인　불식　　미재정중
只爲世人이 **不識**하야 **迷在情中**일새

이 도는 천진하여 본래 이름이 없지만 사람이 그 도리를 알
지 못하여 미혹에 빠져 있다.

마음이 변색되어 있으면 불법과 도를 변색된 마음으로 알뿐
만 아니라 일체를 변색된 마음으로 이해하려 합니다. 한 번 변색
된 마음은 떨쳐 내기가 쉽지 않습니다. 기도하는 것도 마찬가지
입니다. 본래 기도는 무엇을 바라는 게 아니잖아요. 그래야 인연
도리에도 합당한 이치이고요. 콩을 심어 놓고 콩 나기를 바라야
지 심어 놓지도 않고 밭에 가서 목탁 친다고 콩이 올라옵니까?
마치 요행수儌倖數를 바라는 것처럼 알음알이에 빠져 정법을 보
지 못하고 바른 도리를 이해하지 못한다는 겁니다.

소이　　제불　　출래　　설파차사
所以로 **諸佛**이 **出來**하사 **說破此事**하사와

공여제인불료　　권립도명
恐汝諸人不了하야 **權立道名**이라 하시니

불가수명이생해고
不可守名而生解故로

이러한 연고로 모든 부처님이 나오셔서 이 일을 자상히 말씀하신 것이나 모든 사람이 깨닫지 못할까를 걱정하여 방편으로 도라는 이름을 세우셨으니 이름에 얽매여서 알음알이를 내서는 안 된다.

'권權' 자는 저울을 뜻합니다. 저울은 그 무게에 따라 추가 왔다 갔다 하면서 평행을 이루도록 하잖아요. 불교에서 저울은 방편을 상징합니다. 실다운 법을 가르친다 하여 '실교'라 하고, 방편의 가르침을 '권교'라 하는 거죠.

도라 말하니까 도라는 것이 진짜 있는 것으로 착각합니다. 사실은 도라는 이름도 할 수 없어서 억지로 세운 것일 뿐입니다. 때문에 도라는 이름을 지켜서 알음알이를 낼 까닭이 없다는 거죠.

운 득 어 망 전
云 得魚忘筌이라 하니라

그러므로 말하기를, 고기를 얻으면 고기 잡는 통발을 잊어버려야 한다.

'도'라는 이름도 통발이라는 방편에 해당될 뿐이죠. 고기 잡으려고 통발을 만들었지 그 용도가 아니면 통발을 무엇 하려고 만들겠습니까? 진짜 도를 알면 도라는 말이 필요 없는 겁니다. 사과를 먹고 있는데 사과라는 말이 왜 필요해요. 사과를 지금 먹으면 되었지, 그것을 사과라 하든 애플이라고 하든 무슨 의미가 있어요.

인생을 사는 바른 이치를 알면 부처님이나 경전이나 아무런 소용이 없어요. 옛날 도인 스님들도 경을 많이 봤지요. "스님 뭐 하려고 경을 보십니까?" 하면, "그럼 뭘 보면 좋겠느냐, 산천초목 보는 것보다야 경 보는 것이 좋지 않겠느냐?" 하시며 "눈가리개야."라고 말씀하셨어요. 이쯤 되어야 경을 보고 어록을 보는 게 참 재미 있죠.

신 심　　자 연 달 도　　식 심 달 본 원 고　　호 위 사 문
身心이 自然達道하고 識心達本源故로 號爲沙門이니

사 문 과 자　　식 려 이 성　　부 종 학 득
沙門果者는 息慮而成이요 不從學得이니

몸과 마음이 저절로 도에 통달하고 마음을 알아 본래 근원에 통달한 이를 사문이라 하니, 사문이라는 자리는 생각을 쉬어서 이루는 것이요, 배움을 따라 얻어지는 것이 아니다.

'사문沙門'은 인도에서 온 말로써 출가 수행자를 통칭하여 사용합니다. 사문을 번역하면 '근식勤息'입니다. 근식은 '근수정혜勤修定慧, 식제번뇌息諸煩惱', '부지런히 정혜를 닦고, 모든 번뇌를 쉬어버린다.'는 뜻이 있습니다. 마음은 본래 텅 비어 있어 인연 따라 있음을 알음알이로 이해하거나 마음을 조작하여 아는 게 아니죠.

그렇다고 전혀 배우지 않을 수만은 없습니다. 그나마 귀동냥이라도 해야 어느 상황에 맞부딪쳤을 때 마음 쉬기가 훨씬 쉽습니다. 경계에 부딪치는 순간 문득 배웠던 것이 생각나는 거죠. 경계에 매몰되어 한참 열이 올랐을 때는 생각이 안 나다가도, 한고비 넘어가면 그때야 생각이 나기도 합니다. 그나마 그때라도 생각이 나서 마음을 달래면 마음 비우기가 훨씬 쉽죠. 처음부터 생각하여 처방 약으로 쓸 줄 아는 사람이야 더욱 현명한 사람이지만, 한고비 넘은 뒤에 처방 약을 쓰면 훨씬 잘 낫습니다. 마치 감기 기운을 한고비 넘겼을 때 약 먹으면 더 잘 낫는 것처럼 말입니다. 감기가 성盛하려고 할 때는 어떤 소리도 들어오지 않습니다. 사실은 그때 소리가 들어와야 되거든요. 하지만 옆에서 누가 뭐라고 이야기해 줘도 귀에 들어오지 않습니다. 그런데 한고비 넘어가면 '너나 잘해.'라는 소리가 들어오죠. 그렇게 까지 화낼 일도 아니고, 일 처리를 그렇게 안 해도 되는데 등의 후회와 성찰이 따릅니다. 그때야 비로소 좋은 말씀이 생각이 나죠. 그러면 병이 아주 쉽게 잘 낫습니다.

여 여 금 장 심 구 심　　방 타 가 사
汝如今將心求心하며 **傍他家舍**하야

지 의 학 취　　유 심 마 득 시
秖擬學取하니 **有甚麼得時**리요

그대는 마음을 가지고 마음을 구하며 남의 집에 기거하면서 다만 배워서 취하려 하니 어느 때 얻겠는가.

다른 사람의 가르침을 가까이 하고 그것으로 마음을 삼는다는 거죠. 삼조 승찬 스님의 『신심명』에도 같은 가르침이 있습니다.

장심용심(將心用心) 기비대착(豈非大錯)
쓸데없이 마음을 가지고 마음을 쓰니 어찌 크게 잘못됨이 아니겠는가.

그렇다 하여도 할 수 있는 최선의 방법은 배우는 것이죠. 황벽 스님, 임제 스님의 말씀과 부처님 경전을 가까이하고 배우는 것입니다. 이게 옳은 길이 아닌 줄을 알면서도 또 이 길밖에 없습니다. 그런 줄 알고 공부하면 크게 집착하지 않을 수가 있는 거지요.

고인   심리   재문일언   변내절학
古人은 心利하야 纔聞一言하면 便乃絶學하나니
소이   환작절학무위한도인
所以로 喚作絶學無爲閒道人이니라
옛 사람은 아주 총명하여 겨우 한마디만 들으면 곧바로 배움을 끊어 버리나니, 그래서 그들을 배울 것이 끊어진 일 없는 한가한 도인이라 한 것이다.

'심리心利'는 매우 총명하고 영리하다는 뜻입니다. 그러한 사람은 마음을 찾기 위해 경전을 보거나 경전에 의지하지 않는다는 것이죠. 앞에서도 말씀드렸지만 특별함을 구하기 위해 경과 어록을 보는 게 아닙니다. 단지 산천초목을 보는 것보다 경 보는 것이 낫기 때문입니다. 다시 말해 연속극 보는 것보다 경 보는 것이 낫고, 심심하다고 놀러 가는 것보다 법회 나오는 것이 나을 뿐입니다.

'절학무위한도인絶學無爲閑道人'은 영가 스님의『증도가』첫 구절입니다. 해도 하는 게 아니죠. 즉 책을 읽어도 읽는 것이 아닙니다. 왜냐하면 책에 굴림을 당하는 게 아니고 책을 굴리기 때문이죠. 그래서 매사가 한가할 뿐입니다. 어떠한 분별과 망상이 없기에 조작과 인위가 붙지 않는 거죠.

금 시 인　　지 욕 득 다 지 다 해
今時人은 **只欲得多知多解**하며

광 구 문 의　　　환 작 수 행
廣求文義하야 **喚作修行**하고

부 지 다 지 다 해　　번 성 옹 새
不知多知多解가 **翻成甕塞**이로다

반면 요즘 사람들은 다만 알음알이만을 얻고자 하며, 널리 글의 뜻을 구하여 이를 수행이라 여기니, 지식을 쌓아가는 것이 오히려 장애를 키우는 것임을 알지 못한다.

황벽 스님은 서기 800년 경 당나라 때의 선사입니다. 그러고 보면 그때나 지금이나 똑같습니다. 교학적이고, 철학적이며 의리선에 빠진 사람은 동서고금의 철학서와 종교서를 다 뒤지고 외워서 어디에는 이렇다, 어디에는 저렇다는 등의 지식을 자랑합니다. 마치 그것을 수행 잘하는 것으로 착각하는 거죠. 정작 마음을 비우지는 않고 그 방법, 즉 논문 쓰고, 주해 달고, 번역하는 일만 잔뜩 쌓는 거죠. 지식을 쌓으면 쌓을수록 더 좁아지고 옹색해집니다. 옛날 정치하는 것을 보면 선비들이 세상 돌아가는 것은 모르고 고집불통이 되어 나라 망친 경우가 얼마나 많습니까? 전부 그 고집 때문입니다. 공부를 그렇게 많이 했는데도 생각이 옹색하여 글에만 집착하기 때문에 벗어나지를 못하는 거죠.

절에도 '파리똥 학인'이라는 말이 있습니다. 요즘 말로 '강원'에서 어느 학인이 경을 펴놓고 조는 사이 그만 파리가 똥을 쌉니다. 파리똥은 어떻게 보면 경전의 '라' 자 토와 같아 보이거든요. 그래서 학인 사이에 다툼이 생깁니다. '라' 자 토다, 아니다 '라라'라고 토를 달아야 한다, 또 '라가'로 토를 달아야 한다, 아니다 '라은'이라고 달아야 한다면서 싸움이 벌어진 겁니다. 한참 입씨름을 하면서 책을 밀고 당기다 보니 그만 파리똥이 떨어져 버린 거죠. 붓글로 찍어 놓은 줄 알았는데 아닌 겁니다. 그래서 '파리똥 학인'이란 말이 생겼습니다.

그래도 이 정도는 낫습니다. 고집으로 사람의 목숨까지 해하는 경우가 많잖아요. 조선시대 그 피비린내 나는 당쟁과 온갖 사화가 얼마나 많았습니까? 무고한 사람들이 수없이 죽었잖아요.

唯知多與兒酥乳喫_{하고} 消與不消_를 都總不知_{하나니}

<ruby>唯<rt>유</rt></ruby><ruby>知<rt>지</rt></ruby><ruby>多<rt>다</rt></ruby><ruby>與<rt>여</rt></ruby><ruby>兒<rt>아</rt></ruby><ruby>酥<rt>소</rt></ruby><ruby>乳<rt>유</rt></ruby><ruby>喫<rt>끽</rt></ruby>하고 <ruby>消<rt>소</rt></ruby><ruby>與<rt>여</rt></ruby><ruby>不<rt>불</rt></ruby><ruby>消<rt>소</rt></ruby>를 <ruby>都<rt>도</rt></ruby><ruby>總<rt>총</rt></ruby><ruby>不<rt>부</rt></ruby><ruby>知<rt>지</rt></ruby>하나니

<ruby>三<rt>삼</rt></ruby><ruby>乘<rt>승</rt></ruby><ruby>學<rt>학</rt></ruby><ruby>道<rt>도</rt></ruby><ruby>人<rt>인</rt></ruby>이 <ruby>皆<rt>개</rt></ruby><ruby>是<rt>시</rt></ruby><ruby>此<rt>차</rt></ruby><ruby>樣<rt>양</rt></ruby>이라 <ruby>盡<rt>진</rt></ruby><ruby>名<rt>명</rt></ruby><ruby>食<rt>식</rt></ruby><ruby>不<rt>불</rt></ruby><ruby>消<rt>소</rt></ruby><ruby>者<rt>자</rt></ruby>니라

오직 어린아이에게 우유만 많이 먹일 줄만 알고 소화를 하는지 못하는지를 도무지 알지 못하니, 삼승의 도를 배우는 사람들이 모두 이 모양이어 모두 먹고 소화시키지 못하는 자다.

옛날의 다시茶詩를 살펴보면 가장 좋은 차에 대해 색은 취색, 맛은 소락재호, 향은 진향·난향·순향·청향이라 말하고 있습니다. '소락재호'는 옅은 우유나 치즈 맛을 말하죠. 옛날에 우유는 매우 귀했습니다. 그 귀한 우유를 구했으니 덮어놓고 아이에게 먹이면 좋겠다는 생각뿐이라는 거죠. 소화가 되는지, 제대로 받아들이는지는 모른다는 겁니다.

성문, 연각, 보살과 같이 차제에 떨어져 공부하는 사람들을 '삼승학도인三乘學道人'이라 합니다. 그 사람들이 모두 우유가 좋다는 말만 듣고 덮어놓고 어린아이에게 먹이는 것과 같다는 겁니다. 그나마 방편의 가르침으로 삼승은 낫습니다. 우리나라에서 행해지고 있는 경전에도 없는 엉터리 가르침들이 횡횡하고 있는 게 더 문제입니다. 불자들은 이러한 방편을 전혀 소화하지 못하고, 그만 이리 꺼들리고 저리 꺼들려 생각과 사상이 잘못되는 경우가 많습니다.

먹기는 먹는데 소화를 시키지 못하는 사람이라고 했습니다. 표현이 매우 재미있죠. 예를 들어 우리나라에 펼쳐져 있는 거품불교, 지나치게 저급한 방편불교 등을 접하기는 하는데 소화를 못 시키는 겁니다. 특히 라디오와 텔레비전 등 대중매체와 교통의 발달로 수많은 불교를 접하게 됩니다. 그러한 불교에 대해 충분히 소화할 능력이 있어야지 그렇지 못할 경우 반드시 탈이 나게 되어 있습니다.

소 위 지 해 불 소　　개 위 독 약
所謂知解不消하면 皆爲毒藥이니

진 향 생 멸 중 취　　진 여 지 중　　도 무 차 사
盡向生滅中取요 眞如之中에는 都無此事하니

고 운　아 왕 고 내　　무 여 시 도
故云 我王庫內에 無如是刀라 하니라

이른바 알음알이를 녹이지 아니하면 모두 독약이 되니, 알음알이는 생명 중에 있는 것이요, 진여의 측면에서는 이러한 일은 전혀 없으니, 고로 말씀하시기를 우리의 왕궁 창고 안에는 이와 같은 칼이 없다.

소화시키지 못하면 탈이 나듯, 마음의 밭에 좋지 아니한 사상과 씨앗이 움트면 결국 독약 역할을 한다는 거죠. 그래서 여러분 자신이나 아니면 친척과 이웃에게 연민의 마음을 가지고 정법으로써 이끌어야지 그렇지 아니하면 불교를 믿지 않는 게 차라리 나을 수 있습니다.

삼승(성문, 연각, 보살)과 십이분교(계경, 중송, 고기송, 인연, 본사, 본생, 미증유법, 비유, 논의, 무문자설, 방광, 수기)뿐 아니라 닦아 올라가는 점수와 차제를 교학의 측면에서는 얼마나 소중히 여깁니까? 그러나 이러한 모든 것은 알음알이이고 지식을 쌓는 것이기 때문에 마음 가운데는 있을 수 없는 겁니다. 그런데 그것에 매달려 익히고 나면 그만 자기 살림살이가 되어 버리죠. 마음속에 하나의 형체가 형성되어 요지부동이 되는 겁니다. 참 신기한 일입니다.

칼이 없다는 것은 독약이 없다는 뜻입니다. 이 말은 '진여지중도무차사眞如之中 都無此事'와 같은 의미죠. 즉 진여의 측면에서는 지식이 오히려 독약이 되는 가르침은 없다는 의미입니다.

종 전 소 유 일 체 해 처　　진 수 병 각 령 공
從前所有一切解處를 **盡須併却令空**하고

갱 무 분 별　　즉 시 공 여 래 장
更無分別하면 **卽是空如來藏**이니라

이전에 일체 이해했던 모든 것을 모름지기 아울러서 텅 비워 버리고 더 이상 분별하지 아니하면 이것이 곧 공여래장이다.

불교는 공에 대해 이야기를 많이 합니다. 일심을 이야기하면서도 한편으로는 공이란 입장을 이야기하지 않습니까. 일심을 활발발하게 쓰고 있고 온 우주에 가득 찬 듯 존재하는 것은 사실이지만 찾아보면 없는 것이 마음입니다. 마음은 실제 존재하는 것이 아니죠. 이것을 '공여래장空如來藏', '텅 빈 여래장'이라고 합니다.

일체 괴로움과 번뇌 망상은 순간순간 지나가 버려 없는 것이나 마찬가지입니다. 때문에 지나간 것을 가지고 좋으니 나쁘니, 잘했니 잘못했니 해 봐야 괜한 시간 낭비입니다. 절대 그런 이야기를 할 필요가 없다고요. 공한 것이니 없는 거예요. 아무리 화려했던 과거, 아무리 눈물겨웠던 과거가 지금 이 순간에 있습니까? 아무것도 없는 거예요. 그 없는 것을 일부러 끄집어내는 것처럼 어리석은 짓도 없는 거죠. 현명한 사람에게는 지금 이 순간이 가장 중요합니다.

여 래 장 자　　갱 무 섬 진 가 유
如來藏者는 **更無纖塵可有**니

즉 시 파 유 법 왕　　출 현 세 간
卽是破有法王이 **出現世間**이니라

여래장이라는 것은 아주 작은 먼지 하나 가히 있을 수 없으니, 즉 이는 있음을 부수는 법왕이 세간에 출현함이다.

그 아팠던 과거가 지금 있습니까? 없잖아요. 그런데 없다고 생각할 줄 아는 사람에게는 정말 없는데, 그렇지 않다고 생각하는 사람들은 이야기만 나와도 금세 병이 도져 아파옵니다. 이는 마음에 실체가 없다는 것에 철두철미한 훈련이 덜 되어 있어서 그래요.

부처님이 이 세상에 오셔서 '일체개공'이라 했잖아요. 일체가 공으로 보이는데 어떻게 그 소리를 안 합니까? 안 하고 못 배기는 거죠. 마치 고려청자인줄 알고 애지중지했는데 눈 밝은 사람이 보니까 몇 년 전에 만든 모조품이에요. 모조품인줄 눈에 뻔히 보이는데 어떻게 가짜라고 안 합니까. 그 말을 듣는 사람이 상처를 받든 말든 그렇게 할 수밖에 없는 것과 마찬가지죠.

있음을 다 깨뜨린다는 것은 몸도 마음도 다 공이라는 것입니다. 일체가 공한 것이니 너의 마음속에 있는 슬픔, 아픔, 기쁨, 사랑, 미움 등 온갖 감정도 다 공이라는 겁니다. '파유법왕破有法王', '있다고 여기는 그 모든 것을 깨뜨려 버리는 진리의 왕'이 세상에 출현했다고 하면 세속적인 가치라 할 수 있는 아주 달콤하고 아기자기한 희망과 꿈을 가진 사람에게 찬물 끼얹는 소리지만, 찬물을 한 번씩 끼얹어야 시원함을 맛볼 수 있습니다. 사실 부처님은 세속적인 꿈을 가지고 살아가는 사람에게는 찬물 끼얹는 분입니다.

亦云 我於燃燈佛所에 無少法可得이라 하시니

此語는 只爲空爾情量이라

또한 말씀하시기를 나는 연등 부처님 처소에서 조금이라도 가히 얻은 법이 없다 하시니, 이 말씀은 오로지 그대의 알음알이를 비우기 위함이다.

이 구절은 『금강경』 「장엄정토분」의 '여래재연등불소 어법실무소득如來在然燈佛所 於法實無所得'의 구절과 같습니다. 이 구절은 설화 형식을 빌어 이야기한 겁니다.

지구도 생기기 훨씬 이전에 연등 부처님이 있었어요. 그때 수행자 한 분이 계셨는데 바로 석가모니 부처님의 전신前身입니다. 수행자는 연등불로부터 수기를 받습니다. "너는 공부를 잘한다. 너는 앞으로 부처가 될 것이다." 이렇게 인정을 받았는데 이게 얼마나 큰 재산입니까? 그런데 어떤 특별한 실체를 받은 게 있다는 말이 아닙니다. 그것은 모든 사람이 부처라는 뜻이죠. 수기라 하여 특별하고도 별도로 주고받는 게 없습니다. 내 안에 있는 부처를 확인한 것일 뿐입니다.

사람들의 마음은 변색되어 있어 있는 그대로를 보지 못하는 까닭에 그 마음을 비우기 위해 하신 말씀입니다. 마음은 변색되어 좋다, 나쁘다, 멀다, 가깝다 등 온갖 사량 분별과 알음알이로 가득 차 있다는 거죠. 그래서 그것을 비우기 위해 이와 같은 말을 했다는 겁니다.

지 해 단 소 용　　표 리 정 진
知解但銷鎔하고 **表裏情盡**하야

도 무 의 집　　시 무 사 인
都無依執하면 **是無事人**이니라

알음알이와 분별식이 다만 녹아 버리고 안팎으로 변색된 마음이 다하여 어디에도 의지하거나 집착함이 없을 것 같으면 이런 이를 일없는 사람이라 한다.

　예를 들어, "저 산이 관세음보살 누워 있는 것처럼 있는데 거기 가서 기도하면 영험이 있단다.", "응, 그래 잘 갔다 와라.", 이렇게 하면 바로 무사인無事人이죠. 이러저러한 상황과 조건에 꺼들리지 않는 겁니다. 이 세상을 좌지우지하는, 흥망성쇠의 주인공이 여기 앉아 있는 나라는 생각에 확신이 서 있는 사람이라면 헤맬 것이 없지요.

　심심하다고 바람 쐬러 가는 것까지는 좋아요. 그렇지만 영험하다는 말에 목을 매고, 끝내 기대처럼 안 되면 실망하거나 신심 떨어진다고 합니다. 그렇게 되면 개종을 한다든지 무당한테 의지한다든지 하게 되죠. 그러면 불교를 믿고 안 믿고의 문제가 아니라 소견이 잘못되어 버리는 게 문제입니다. 소견이 잘못되면 금생을 사는 데도 문제가 되고, 세세생생 문제가 됩니다.

삼 승 교 망　　지 시 응 기 지 약　　수 의 소 설
三乘教網은 秖是應機之藥이라 隨宜所說이요

임 시 시 설　　　각 각 부 동
臨時施設이라 各各不同하니

단 능 료 지　　　즉 불 피 혹
但能了知하면 卽不被惑이니라

제 일 부 득 어 일 기 일 교 변　　수 문 작 해
第一不得於一機一教邊에 守文作解니

그물 같은 삼승의 가르침은 근기에 맞춘 약일뿐 편의에 따
라 말한 것이요, 때에 따라 시설한 것이므로 각각 다르니,
다만 능히 알기만 하면 절대 미혹되지 않느니라. 제일 중요
한 것은 한 근기를 대상으로 하신 가르침의 변두리에서 글
자에 얽매여 알음알이를 짓지 말아야 한다.

팔만사천이 방편의 문이라고 하잖아요. 어린아이가 울면 호랑
이가 왔다고 하고, 그래도 그치지 않으면 곶감을 내놓습니다. 하
물며 삼승의 가르침도 응병여약應病與藥일뿐입니다. 병이 나으면
약은 더 이상 필요가 없겠죠. 오히려 약봉지를 소지하고 다니는
것이 불편할 뿐입니다. 그런데 저급하고 비불교적인 것에 의지
하거나 그것을 목숨처럼 소중히 여기는 것이야 오죽하겠습니까.
불교를 만난 것은 다이아몬드 광맥을 만난 것이나 마찬가지입니
다. 다이아몬드 광맥을 만나고는 엉뚱하게 그 옆에 있는 구리나
돌이나 철을 주워 가면 이 얼마나 마음 아픈 일입니까.

모든 방편의 가르침은 병을 치유하는 약일뿐이라는 사실을 깊이 알아야 합니다. 그런데 누가 뭐라고 한마디 하면 이를 엉뚱하게 이해하거나 금과옥조로 여긴다는 거죠. 그 말에 혹하고 그 글에 떨어져 다이아몬드 광맥을 저버리고 잡석만을 취하는 꼴이 됩니다. 자기 식의 알음알이를 짓지 말라는 것입니다.

하 이 여 차   실 무 유 정 법 여 래 가 설
何以如此오 **實無有定法如來可說**이니라

왜 이와 같은가? 실로 여래께서 가히 설할 만한 정해진 법이 없기 때문이다.

『금강경』「무득무설분」을 인용하였습니다. 실로 고정된 법이 있어서 여래가 가히 설한 게 아니라는 거죠. 그때그때 상황에 따라서 이야기했을 뿐입니다. 때문에 그 말에 쫓아가지 말라는 겁니다.

아 차 종 문   불 론 차 사
我此宗門은 **不論此事**니

단 지 식 심 즉 휴   갱 불 용 사 전 려 후
但知息心卽休요 **更不用思前慮後**니라

우리의 선종은 이 일을 논하지 않으니, 다만 마음을 그칠 줄 알면 곧 쉬는 것이요, 다시 앞뒤를 생각할 필요가 없다.

무유정법無有定法도 좋고, 또 부처님께서 말씀하신 것 다 좋지만 선종의 입장에서는 그것도 거추장스럽다는 겁니다. 다만 밖을 향해서 헤매는 마음만 쉬어 버리면 끝이라는 거죠. 더 이상 미래를 생각한다든지, 지나간 일들을 염려한다든지 하지 말라는 겁니다. 생각만 쉬면 다 쉬게 되는 거예요. 참으로 명쾌한 가르침이죠. 처방치고는 정말 멋진 처방입니다.

11. 마음이 곧 부처
:

범어사 불이문에는 다음과 같은 주련이 붙어 있습니다.

신광불매 만고휘유(神光不昧萬古輝猷)
입차문래 막존지해(入此門來莫存知解)
신령스러운 광명이 밝고 밝아서 만고에 빛나고 빛나는 도다.
불교에 입문하려거든 알음알이를 두지 말라.

변색된 마음만 버리고 들어오면 정말 큰 세상이 열린다는 뜻
입니다. 온 우주 법계가 전부 내 것이 되는 도리가 여기에 있다
는 말이지요. 그런데 이렇게 써 붙여 놓았건만, 그리고 문지방이
닳도록 그 문을 수없이 넘나들었건만 다른 생각을 가득 짊어지
고 드나듭니다. 자기 집에서 자기가 만든 불교 보따리를 싸가지
고 들고 와서는 그것 펴놓고 실컷 불교 하다가 또 그것 싸가지고
집에 갖다 놓기를 거듭 반복하는 거죠.

마음은 이미 변색되어 스님의 말씀과 경전의 가르침이 절대 귀에 들어가지 않습니다. 『금강경』이 아니라 더한 것을 읽어도 각자의 보따리에 싸 온 마음과 불교를 가지고 『금강경』을 읽고 『화엄경』을 읽지, 『금강경』의 『금강경』을 읽지 않습니다.

『금강경』은 불교의 뛰어난 이치를 밝혀 놓았음에도 그 이치를 알려고 안 해요. 『금강경』은 그냥 곁다리에 불과해요. '우리 아들 공부 못해도 좋은 학교 간단다.', 또 '부처님께서 알아서 다 해 주겠지.'라는 생각만 머릿속에 가득 차 있어요. 불교가 이렇게 비과학적이고 비논리적이라면 어떻게 지난 3,000년의 세월을 이어 왔겠습니까? 벌써 없어졌겠지요.

불교는 그런 것이 아닙니다. 왜 따지기 좋아하는 서양 사람들이 갈수록 불교를 좋아하고 인류를 구제할 최후의 대안으로 여기겠습니까? 부처님의 가르침은 모든 존재의 이치를 바로 보았고, 바로 본 대로 가르쳤기 때문입니다.

신광불매 만고휘유(神光不昧萬古輝猷)
입차문래 막존지해(入此門內莫存知解)

참으로 값진 가르침입니다. 모두들 이 게송은 외우시기 바랍니다.

문 종상래   개운즉심시불
問 從上來로 皆云卽心是佛이라 하니

미심   즉나개심   시불
未審커라 卽那箇心이 是佛이닛고

배휴가 묻기를, 예로부터 다 말하기를 마음이 곧 부처라 하
는데 어느 마음이 부처인지를 모르겠습니다.

불교 공부를 하다 보면 '즉심시불', 또는 '심즉시불心卽是佛'이라
는 말을 자주 접하게 됩니다. '마음이 곧 부처다.'에서 '즉심'은
지금 이 마음이에요. 공부하면 공부하는 이 마음, 말하면 말하는
이 마음, 싸우면 싸우는 이 마음, 웃으면 웃는 이 마음이 곧 부처
라는 말입니다.

물론 『화엄경』에서는 '심불급중생 시삼무차별'이라 했습니다.
마음과 부처와 중생, 이 셋이 차별이 없다는 거죠. 중생이라는
것이 무엇입니까? 온갖 탐심, 진심, 치심, 음모, 음해, 모략, 중
상 등 이 모든 것이 뒤범벅이 되어 있는 것이죠. 뿐만 아니라 팔
만사천 번뇌가 뒤범벅되어 있어 엉망진창인 인간 모습을 중생이
라 하잖아요. 그것하고 마음과 부처, 이 세 가지가 차별 없이 똑
같다는 겁니다.

배휴 거사가 '지금 어느 마음이 부처입니까?'라고 물었어요.
중요한 질문인데 바로 그 질문에 해답이 있습니다. 앞에서도 수
없이 이야기해 왔던 바입니다. 참불교는 정말 간단하고 쉬운 것
이고 이미 가지고 있는 것이라서 더 이상 공부할 것도 없이 그냥

그대로 알고 살면 끝이에요. 그대로 알고 피할 수 없는 삶을 충실히 이행하면서 사는 거죠.

피할 수 없는 삶이란 무엇이겠습니까? 아침에 자고 일어나 세수하고, 청소하고, 밥 짓고, 밥 먹고, 빨래하는 등의 온갖 일상입니다. 또 출근해 일하고, 장사하는 사람 장사하고, 무슨 일이 생기면 이리저리 의논도 하는 등 상황에 따라 임하는 것이죠. 이것은 누구든지 피하고자 하나 피할 수 없는 일상사입니다. 선에서는 '타피부득처彈避不得處'라고 합니다. 피할 수 없는 일, 즉 먹고, 자고, 옷 입고, 씻고, 빨래하고, 청소하는 것은 누구든지 다 하는 일이고 피할 수 없는 일입니다. 절이 되었든 속가가 되었든 간에 다 하는 일이죠. 또 동서고금을 불문합니다. 문명이 발달된 서양이라 하여 다르지 않습니다. 그 사람들도 빨래하고, 밥해 먹고, 청소하는 것은 피할 수 없는 일입니다. 자기 인연과 능력에 따라 처리해 나가는 것이죠. 수련소구업, 즉 인연 따라 업이 녹아진다고 했습니다. 업 때문에 걱정하지 말라는 거죠. 또 그것을 문제 삼지도 않습니다. 업이 있는 그대로 부처라고 했습니다. 만약에 사람이 달라져서 부처가 된다면 그동안 뭐가 달라져도 달라졌을 것 아니에요. 그런데 달라지는 것이 없잖아요. 똑같은 사람입니다. 석가와 달마가 그렇고, 마명과 용수가 그렇고, 황벽과 임제가 그렇고, 원효와 의상이 그렇습니다. 그냥 사람일 뿐입니다.

사 운 이 유 기 개 심
師云 爾有幾箇心고

대사께서 말씀하시기를, 그대는 몇 개의 마음을 가지고 있
느냐?

배휴 거사의 질문에 대해 황벽 스님께서 역으로 질문을 하는
거죠. 즉 어느 마음이 부처인지를 모르겠다는 배휴 거사의 질문
이 근본적으로 문제가 있다는 뜻을 내포하고 있습니다.

운 위 부 즉 범 심   시 불   즉 성 심   시 불
云 爲復即凡心이 **是佛**이닛가 **即聖心**이 **是佛**이닛가

배휴가 묻기를, 범부의 마음이 부처입니까, 성인의 마음이
부처입니까?

배휴 거사는 여전히 자기의 알음알이에 매여 범부와 성인을
나눠 놓고 다시 질문하는 것입니다. 범부니 성인이니 하는 것이
배휴 거사의 머리에 꽉 박혀 있는 거죠. 아무리 없다 없다 해도
그 차이야 있겠지 하는 관념입니다.

사 운 이 하 처　　유 범 성 심 야
師云 爾何處에 **有凡聖心耶**아

대사께서 말씀하시기를, 어느 곳에 범성의 마음이 있느냐?

배휴 거사에게 범부의 마음과 성인의 마음이 따로 있느냐고
반문하신 거죠.

운　즉 금 삼 승 중　　설 유 범 성　　　화 상
云 卽今三乘中에 **說有凡聖**이어늘 **和尙**은

하 득 언 무
何得言無닛고

배휴가 묻기를, 조금 전에 삼승 가운데서 범부와 성인이 있
다고 말씀하셨는데 스님께서는 어찌하여 없다고 말씀하십
니까?

즉심시불을 수천만 번 들었지만 가슴에 와 닿습니까? 그러니
할 수 있는 일은 마치 차돌에다 물을 붓는 것과 같습니다. 차돌
에 물을 부으면 흘러가고, 흘러가면 겉만 젖지 속으로는 들어가
지 않는데 그래도 끊임없이 붓다 보면 어느 날 그 차돌이 흙처럼
물을 먹고 무너져 버릴 때가 있습니다.

사 운 삼 승 중　분 명 향 이 도
師云 三乘中에 **分明向爾道**하되

범 성 심　시 망
凡聖心이 **是妄**이라 하였거늘

이 금 불 해　반 집 위 유
爾今不解하고 **返執爲有**하며

장 공 작 실　기 불 시 망
將空作實하니 **豈不是妄**이리오

대사께서 말씀하시기를, 삼승을 말하는 가운데 분명히 그대
를 향해 말하되 범성의 마음이 허망하다 하였거늘, 그대는
지금 이해하지 못하고 있음에 집착하며 텅 빈 것을 실다운
것이라 여기니 어찌 망령된 것이 아니리오.

범부의 마음이니 성인의 마음이니 그렇게 나누는 것은 다 거
짓이라는 거죠. 마음 하면 되는 거지, 범부의 마음 성인의 마음,
중생 마음 부처 마음 하느냐 이겁니다. 성인이다 범부다 하는 차
별에 집착하여 실제 있는 것으로 여긴다는 거죠. 이는 참으로 거
짓이고, 잘못된 것이고, 망상이다 이겁니다.

망고   미심   여단제각범정성경
妄故로 **迷心**이니 **汝但除却凡情聖境**하면

심외   갱무별불
心外에 **更無別佛**이니라

망상이기 때문에 마음이 미혹되는 것이니 그대는 다만 범부의 뜻과 성인의 경계를 제할 것 같으면, 마음 밖에 다른 부처가 없느니라.

마음 밖에 다른 부처가 없다는 것은 폭탄선언과도 같습니다. 이 말은 법당에 있는 부처는 말할 것도 없고 역사적인 석가모니 부처도 마음 밖의 일이라는 겁니다. 부처님을 생각하고 섬기는 것을 마치 다른 종교에서 신을 섬기듯하는 불자들이 얼마나 많습니까? 그것은 다 잘못된 거예요. 잘못 아는 거지요.

근래에 어떤 스님들이 「보살계 서문」을 공부하겠다고 왔어요. 영명 연수永明延壽 선사의 「보살계 서문」은 매우 뛰어난 글입니다. 그 서문에는 정말 파격적인 말씀이 많습니다. 누가 질문하기를 "보살계는 문수보살이나 보현보살과 같이 아주 뛰어난 보살들의 계율이지 우리 중생들에게는 해당되지 않는 것 아닙니까?" 라고 했어요. 그러니까 대답하기를 "만약에 그대 스스로 문수나 보현이 아니라고 한다면 이것은 부처의 종자를 없애 버리는 것이다. 네 마음을 없애 버리는 것이고, 네 부처의 종자를 없애 버리는 것이다. 왜 범부중생이 보현보살이 아니고 문수보살이 아니냐? 안 될 이유가 뭐가 있느냐?"고 했어요.

마음이 부처라고 했는데 문수, 보현, 관음, 지장이 별것이겠습니까? 이런 마당에 성인이다 범부다 하는 것은 다 헛소리다 이거죠. 방편으로 하는 소리입니다.

조 사 서 래 　　　직 지 일 체 인 전 체 시 불
祖師西來 하사 直指一切人全體是佛 이어늘

여 금 불 식 　　집 범 집 성 　　향 외 치 빙
汝今不識 하고 執凡執聖 하며 向外馳騁 하야

환 자 미 심
還自迷心 하니

달마 스님께서 서쪽에서 오시어 일체 사람이 부처라고 가르쳤거늘, 그대는 지금 알지 못하고 범성에 집착하며 마음을 밖을 향해 치달려서 도리어 스스로 마음을 미혹시키고 있다.

황벽 스님이 달마 스님의 뜻을 더 잘 드러낸 것이고, 달마 스님은 대승경전의 내용을 훨씬 더 잘 드러낸 것이며, 대승경전은 초기경전의 내용을 훨씬 더 잘 드러낸 것이라고 할 수 있습니다. 초기경전에도 일심 사상이 있지만 대승경전에서 그 사상을 잘 드러냈고, 대승경전도 잘 드러냈지만 달마 스님 이후로 선종에서 그것을 더 잘 드러낸 것이지요. 또 달마 스님의 가르침인 직지인심 견성성불直指人心 見性成佛을 아주 명확하고 가슴에 와 닿게 표현한 것이 황벽 스님의 말씀이라고 할 수 있습니다.

달마 스님이 서쪽에서 오셔서 바로 일체의 사람이 온전히 부처라는 것, 도둑놈이고 사기꾼이고 할 것 없이 일체가 부처라는 것을 가르쳤다는 것이죠.

'일체인전체시불一切人全體是佛'은 '직지인심 견성성불'과 그 뜻은 같지만 더 직접적이고, 대단한 표현이라는 생각이 들어요. 평생 나쁜 짓만 하고 남을 괴롭히기만 하고 온갖 폭행을 일삼는 사람들까지 일체인전체시불에 해당된다고 하니 의심을 지울 수가 없죠. 그런데 그 의심은 절대 잘못된 생각입니다.

『제법무행경諸法無行經』에 '탐, 진, 치, 이 세 가지 가운데 일체 불법이 다 갖추어져 있다.'라 했습니다. 『화엄경』에도 '심불급중생 시삼무차별'이라 했잖아요. 경전이나 조사 스님들의 이야기를 인용하는 것은 철저히 믿도록 하기 위해서입니다. 그래서 이것이 불교의 근본이고 정말 소중한 종지라는 것에 대한 확신이 서야 합니다. 그렇게 되면 악한 사람, 사기꾼, 도둑놈까지 부처라는 것을 조금씩 이해하게 될 거예요.

이는 선하다, 착한 일이다, 나쁜 일이다의 차원이 아닙니다. 선악의 차원은 불교 공부를 하지 않은 사람도 다 할 줄 아는 소리예요. 매우 상식적인 수준의 이야기죠. 이런 정도가 불교라면 부처님이 처자식 버리고 6년 고행해서 굳이 깨달을 필요가 없습니다. 세상 어지간히 산 점잖은 사람들은 다 그런 소리 한다고요. 석가모니 부처님이 그런 고생을 하여 큰 깨달음을 이루고 우리에게 전하고자 하는 것은 인간의 근본 마음 능력이 무궁무진하다는 것입니다.

소 이　　향 여 도　　　즉 심 시 불
所以로 **向汝道**하되 **卽心是佛**이라 하노니

일 념 정 생　　　즉 타 이 취
一念情生하면 **卽墮異趣**하니라

그러므로 그대에게 말하되 마음 이대로가 곧 부처라고 하노니 한생각 뜻이 생기면 그 즉시 다른 곳에 떨어진다.

한생각과 한순간에 '그래도 아닌데'라는 변색된 마음에 알음알이가 생기면 그 즉시 육도윤회를 한다는 것입니다. '화반탁출和盤托出'이라는 말이 있죠. 가진 것을 쟁반째로 모두 내놓는다는 의미입니다. 조사 스님들은 '일체인전체시불'이라고 마음속의 것을 모두 털어 놓았잖아요. 그런데도 한순간 마음이 변색되어 믿지 못하고 확신하지 못하는 생각과 뜻이 생깁니다.

무 시 이 래　　불 이 금 일　　무 유 이 법
無始已來로 **不異今日**하야 **無有異法**하나니

고　　　명 성 등 정 각
故로 **名成等正覺**이니라

아주 오랜 옛날로부터 오늘날과 다르지 않아 어떠한 다른

법이 없었으니 그러므로 이름하여 등정각을 성취했다 한다.

선악은 민족과 국가, 혹은 시대에 따라서 다르잖아요. 시간이 흐르니 악이 선이 되고, 선이 악이 되기도 합니다. 특히 정치 역사에서는 말할 것도 없습니다. 혁명에 성공하면 공신이 되어 떵떵거리고 살다가 어느 순간 뒤집어지잖아요. 반대파에 의해 죽은 지 수십 년의 세월이 지나도 역적으로 몰려 부관참시까지 당하는 게 세상사입니다.

이렇듯 절대적인 선악은 없습니다. 그런데 이 마음 도리 하나만은 '무유이법無有異法', 즉 '시대적 상황과 조건에 따라 달리 평가될 일이 없다.'는 겁니다. 이를 이름하여 '등정각等正覺'이라 한다는 거죠. 등정각은 언제 어디서나 평등하다는 뜻입니다.

운 화 상 소 언 즉 자 　시 하 도 리
云 和尙所言卽者는 是何道理닛고
배휴 거사가 묻기를, 스님께서 말씀하시는 즉(卽)은 무슨 도리입니까?

'즉卽'은 지금 이 순간 이 마음을 뜻합니다. '이 순간 이 마음이라는 것이 무슨 도리냐?'라는 것이죠.

사 운 멱 십 마 도 리   재 유 도 리   변 즉 심 이
師云 覓什麼道理오 **纔有道理**하면 **便卽心異**니라

대사께서 말씀하시기를, 무슨 도리를 찾는 것이냐, 잠깐이
라도 도리가 있다면 바로 곧 본래의 마음과 달라지느니라.

'즉심卽心'은 한순간의 매우 짧은 시간을 말합니다. 도대체 그
위치와 장소를 달리 할 수 없는 순간이죠. 즉석이란 말이 있죠.
즉석 구이 하면 바로 앉은 자리에서 구워 준다는 말이잖아요. 즉
심이라는 것도 즉석이라는 말과 연관시켜서 생각해 보면 정확하
게 알 수 있습니다. 즉 특별하거나 기이한 도리를 찾는 그 순간
곧바로 진리와는 천지 차이로 멀어져 버린다는 겁니다. 마음이
부처라 하여 거기에 사량 분별을 하는 거죠. 이리저리 궁리를 하
고 지식과 상식을 동원하여 이해하려고 하면 벌써 십만팔천 리
멀어져 버렸다고 볼 수 있는 거죠.

운 전 언 무 시 이 래   불 이 금 일   차 리 여 하
云 前言無始已來로 **不異今日**이라 하니 **此理如何**닛고

배휴 거사가 묻기를, 앞에서 말씀하시기를 무시이래로 오늘
과 다르지 않으니 이 이치는 무엇입니까?

배휴 거사가 조금 다른 질문을 하죠. 마음의 도리가 다르지 않
다면 그 이치가 무엇이냐는 겁니다. 보통 "아이고, 그전하고 마

음이 변했네."라고 하잖아요. 그 변하는 게 다르지 않습니다. 그걸 알아야 된다고요. 마음은 본래 변하도록 되어 있어요. 변하지 않으면 이상해요. 변하는 그 능력과 그 사실이 변하지 않는 거죠. 마음의 이치가 이렇다는 걸 잘 알아야 합니다. 그래서 마음의 실체에 대해 사유하고 느껴 보려는 노력이 있어야 합니다. 그게 참선이거든요. '마음은 어떤 속성을 가졌는가?'에 대해 잘 생각을 해 보아야 합니다.

오랜 세월 변하지 않는 마음의 이치란 좋아하던 마음이 변해 싫어졌다는 것이 아니고, 좋아하던 마음이 싫어질 수 있는 그 능력이 수억만 년 전이나 오늘이나 한결같아 다르지 않다는 것입니다. 수억만 년 전에도 변할 수가 있고, 오늘도 변할 수가 있고, 내일도 변할 수 있는 그 능력이 똑같습니다.

이것은 마음의 본성이 그렇다는 것을 뜻합니다. 예를 들어 나무를 보면 항상 그대로 있는 것 같죠. 그런데 춘하추동 사시사철 엄청 변하지 않습니까? 겨울에는 앙상한 가지만 있지만 머지않아 움이 트고, 연두색을 띠다가 녹색에서 검푸른 색으로 변합니다. 그러다가 금방 누런색, 붉은색으로 계속 변해서 잎이 져 버리잖아요. 무던히도 변하는 거예요. 그런데 나무는 그냥 있잖아요. 나무도 그냥 있을뿐더러 색칠을 달리해 가는 그 사실은 작년에도 그랬고, 금년에도 그랬고, 내년에도 그렇습니다. 수억만 년의 세월 동안 춘하추동 계절 따라 옷을 달리 갈아입는 그 능력과 작용은 똑같습니다. 바로 이것이 '무시이래 불이금일無始已來 不異今日'입니다.

사 운 지 위 멱 고　　여 자 이 타　　여 약 불 멱
師云 秖爲覓故로 **汝自異他**니 **汝若不覓**하면

하 처 유 이
何處有異리오

대사께서 말씀하시기를, 다만 찾기 때문에 그대 스스로 그
것과 달라지니 그대가 만약 찾지 않는다면 어디에 다름이
있겠는가.

　부분을 잘라 살피면 매우 달라 보이죠. 그런데 전체를 보면 달
라진 게 없어요. 예를 들어 '작년에도 잎이 피고 무성하다가 단
풍 들고 낙엽 지고 하더니 금년에도 똑같이 잎이 피고 무성하다
단풍 들고 낙엽 지네, 몇십 년 보아 왔는데 똑같네.'라고 전체를
보면 이렇게 말할 거예요. 또 예를 들어 나무가 자란다 하더라도
작년에 1센티미터 자라더니 금년에도 1센티미터 자랐으면 변한
게 없죠. 작년에도 자랐고 금년에도 자랐기 때문에 성장했다는
사실은 변한 게 없잖아요. 즉 자란다, 변한다는 사실이 똑같다는
겁니다.
　세상의 이치가 그렇고 마음의 이치가 그렇습니다. 특히 마음
은 더욱더 그렇습니다. 마음도 순간순간 변하잖아요. 말 한마디
에 웃고 울고 하잖아요. 금방 좋았다가 싫을 수도 있습니다. 그
순간만 잘라 놓고 보면 순간순간 변화무쌍합니다. 그런데 크게
보면 그전에도 웃고 울고 하더니 오늘도 웃고 울고 하는 거죠.
즉 감정의 변화가 많더니 늘 그렇다고 이야기할 수 있죠. 크게

보고, 근원적으로 보고 근본 자리에서 보면 변화가 없습니다.

한 부분만을 잘라서 특정 시간과 장소에 매여 그 마음을 찾으려니 어제 찾았던 마음과 오늘 찾았던 마음이 달라집니다. 때문에 그 마음만 찾지 않는다면 다름이 없다는 거죠. 결국 다르면서 다르지 않는 것이 되는 겁니다. 바로 중도입니다. 춘하추동 사계절은 달라지지만 사계절 동안 달라진다는 그 이치는 영원히 변하지 않아 작년에도 사시절 따라서 달라졌고, 금년도 달라졌으며, 내년에도 그럴 것입니다. 그 사실은 변하지 않는 거죠.

운 기 시 불 이   하 갱 용 설 즉
云 旣是不異인댄 何更用說卽이리오

배휴가 묻기를, 이미 다르지 않다면 어찌 곧 그대로라고 하실 필요가 있겠습니까?

다르지 않다고 하면 '즉卽'이라는 말, 지금 이 순간이라는 말도 붙을 수 없는 것 아니냐고 묻는 거죠.

사 운 여 약 불 인 범 성   아 수 향 여 도 즉
師云 汝若不認凡聖이면 阿誰向汝道卽이리오

즉 약 부 즉   심 역 불 심
卽若不卽이면 心亦不心이니

가 중　　심 즉　　구 망　　　아 이 변 의 향 하 처 멱 거
可中에 **心卽**을 **俱忘**하면 **阿爾便擬向何處覓去**리오

대사께서 말씀하시기를, 그대가 만약 법성을 분별하지 않으면 누가 그대에게 곧 그대로라는 말을 하겠으며, 만약 즉(卽)이 즉 아니면 마음 역시 마음이 아니니 그런 가운데 마음과 즉을 다 잊으면 그대가 더 이상 무엇을 찾겠는가.

　'인認'은 이거다, 저거다 분별하는 마음을 뜻하며, '도道'는 설하다, 말하다라는 뜻입니다.

　범부니 성인이니, 중생이니 부처니 하는 차별의 마음을 제대로 인식하지 못하니 불평등하게 보는 거죠. 그 분별하는 마음 때문에 '즉卽', '곧 그대로'라는 알음알이도 생긴다는 겁니다.

　배휴 거사는 황벽 스님에게 이렇게 저렇게 많은 질문을 합니다. 마치 『금강경』에서 수보리가 대중을 대표해 대중의 마음을 헤아려 부처님께 질문한 것과 같은 상황이라고 이해하면 되겠죠. 즉 배휴 거사는 알지 못하거나 뒷사람이 헷갈려 길을 잘못 들 수 있는 것을 염려하는 입장에서 세밀하고 깊은 질문을 이어가고 있습니다.

　세상의 이치와 마음은 변하면서 변하지 않는 것을 중도라고 말씀드렸습니다. 때문에 분별하고 차별하는 그 마음에 즉 하지만 않는다면 더 이상 구하고 찾을 것이 없습니다.

12. 마음으로써 마음에 전하다
⋮

　부처님이나 조사 스님들도 각자의 인생살이에 따른 큰 과제를 해결하기 위해 애썼습니다. 인생에서도 큰 과제는 '삶을 어떻게 보느냐, 어떻게 판단하느냐'에 있습니다. 그분들의 깨달음은 참답고 바른 이치에 들어맞게 인생을 어떻게 운영해 가느냐에 대해서 큰 희생과 난행고행을 통해 얻어낸 가장 명쾌한 답이라 할 수 있습니다.

　그와 같은 분들의 가르침을 통해 불교가 무엇인지, 진리가 무엇인지, 사람 사는 데 가장 요체가 되고 기본이 되며 그야말로 주인공 되는 것이 결국은 마음의 문제라는 것을 확실히 알 수 있습니다. 특히 『전심법요』는 그 제목만으로도 명철하게 깨달으신 불조의 가르침을 이해할 수 있어 참으로 다행입니다. 모든 부처님과 조사 스님들의 공부 살림살이는 결국 '직지심체', 마음을 바로 가르쳐 준 내용이지 그 외에 다른 것이 아닙니다. 『전심법요』도 똑같은 맥락이라 할 수 있습니다.

마음 마음이라 하니 우리 마음이구나 하고 마는 사람도 있는데, 사실 이 마음은 우주보다 더 크며 바다보다 더 깊고 에베레스트보다 더 높은 세계입니다. 정말 불가사의하고 알 듯 알 듯하면서도 도저히 알 수 없는 게 마음이기도 하죠. 매우 평범하고, 간단하며, 쉬운 것 같으면서도 무한한 능력, 가능성, 신통력을 다 가지고 있는 것이 마음입니다.

따라서 이 마음은 그렇게 단순한 것이 아니기 때문에 항상 마음을 이야기할 때는 진지하고, 온 우주를 들먹거리는 자세로 임해야 합니다.

문 망 능 장 자 심　　　미 심　　이 금
問 妄能障自心이라 하니 未審커라 而今에

이 하 견 망
以何遣妄이닛고

배휴가 묻기를, 망상은 자신의 마음을 장애하니 지금 어떻게 망상을 없앨 수 있겠습니까?

망상 때문에 공부 안된다, 망상 때문에 기도 안된다, 망상 때문에 참선 안된다고 이야기들을 많이 하잖아요. 그 얘기입니다. 그렇다면 어떻게 해야 자신의 마음을 가로막는 망념을 보낼 수 있냐는 것이죠.

사 운　기 망 견 망　　역 성 망
師云 起妄遣妄이 亦成妄이라

대사께서 말씀하시기를, 망상을 일으켜서 망상을 없애는 것은 또한 망상이다.

예를 들어 이 말은 물로써 물을 씻는 일과 같은 것이고, 기름으로써 기름을 제거하려는 것과 같아서 덧칠만 하게 되는 결과라는 거죠. 망상으로써 망상을 보내려는 것은 이치에 맞지 않아요. 공부하는 것도 망상으로써 망상을 보내려고 하는 어리석은 짓과 같다고 할 수 있습니다. 그런데 중생이 할 수 있는 것은 이 방법밖에 없습니다. 엎어지나 자빠지나 어차피 망상뿐이라면 이 망상을 잘 활용하는 방법밖에 없는 거지요.

『기신론』에 '인언견언因言遣言', '말을 통하여 말을 보낸다.'라는 구절이 있습니다. 비유를 들면, 학생들이 교실에서 떠들 때 선생님이 칠판을 두드린다든지, 조용히 하라고 고함치면 그 한마디에 학생들은 조용히 하잖아요. 그런데 선생님의 '조용히 하라.'는 것 역시 말이죠. 사실은 선생님의 말까지도 없어져야 되는 겁니다. '인언견언', '말로써 말을 보낸다.'는 것이 이와 같습니다. 우리가 할 수 있는 일은 이 방법이 최선이지요.

화두를 든다는 것, 기도를 한다는 것도 똑같습니다. 화두를 드는 것이 무엇입니까? 예를 들어, '이 뭣고, 이 몸을 끌고 다니는 주인공이 무엇인가?'라고 할 때 이것도 망상이거든요. 그런데 그 망상 하나에 일체의 잡다한 망상을 집계시키는 거죠. 다른 망상은 모두 쓰러져 버리게 됩니다. 친구하고 무슨 일이 있고 집안에 어떤 일이 있는 등등의 생각이 '이 뭣고?'라는 것에 의해 없어져 버리는 거예요. 그래서 화두를 드는 것도 망상으로써 망상을 보내는 것과 같은 이치입니다.

『서장』에 보면 대혜 종고 스님이 여사인 거사에게 답한 글에 '천의만의 지시일의 화두상 의파즉천의만의 일시파千疑萬疑 只是 一疑 話頭上 疑破則千疑萬疑 一時破'라는 구절이 있습니다. 천 가지 만 가지 망상이 오직 이 한 가지 망상이니 화두라는 그 망상이 깨지면 천 가지 만 가지 망상이 다 깨져 버린다는 겁니다. 마음 다스리는 공부 방법이 이렇습니다.

'만연도방하萬緣都放下 단념관세음但念觀世音', '세상사 모든 인 연 놓아 버리고 다만 관세음만 생각한다.'고 했습니다. 복잡한 가정사와 세상사가 있으면 관세음보살 하나에만 집중하는 거죠. 무엇을 구하겠다, 얻겠다, 빌겠다고 기도하는 게 아니에요. 본래 기도는 마음 깨닫기 위한 하나의 방편입니다. 기도를 지성으로 하면 온갖 소원이 이루어진다는 말은 그물에 걸려들게 하는 좋 은 방편입니다.

'만연도방하 단념관세음' 하면 '차시여래선此是如來禪 여기조사 선如其祖師禪'이라 했습니다. 즉 이것은 여래선이고, 곧 조사선이 라는 것이죠. 여래선과 조사선이라는 것은 불교에서 최상승선이 잖아요. 최고 높은 경지라는 이야기죠. 어떻게 보느냐에 따라서 관세음보살 부르는 것이나 화두 드는 것이 같다는 것입니다.

망 본 무 근 　　　　지 인 분 별 이 유
妄本無根이언마는 秖因分別而有니

이 단 어 범 성 량 처 　　정 진
爾但於凡聖兩處에 情盡하면

자 연 무 망 　　갱 의 약 위 견 타
自然無妄이니 更擬若爲遣他리오

망상은 본래 뿌리가 없지만 다만 분별 때문에 있는 것이니, 그대가 다만 범성의 상반된 두 곳에 뜻을 두지 않으면 자연 히 망상은 없어지는 것이니, 다시 그것을 어떻게 떨쳐 버리겠느냐.

'정情' 자를 보면 앞에서 이야기하였듯이 마음 옆에 푸를 청 자를 붙여 놓았습니다. 항상 말씀드리지만 마음은 본래 색이 없는 것인데 푸를 청 자가 붙으면 변색된 마음을 뜻합니다. 누구를 좋아하거나 싫어하는 게 본래 있었나요? 한 번 보고, 두 번 보고 자꾸 보니까 색깔이 덧칠해지는 거죠.

본래 사실대로 봐 주는 마음이 색깔 없는 마음인데 변색된 마음으로 보니까 말 한마디 들으면 그게 선입관이 되는 거예요. '저 스님 소문 들으니 어쩌고저쩌고하더라.' 그냥 스님만 보면 될 일을 왜 안경에 색을 칠해서 보느냐고요. 너도나도 어쩔 수 없는 병인데 큰 문제죠.

범부다, 성인이다, 중생이다, 부처다라는 변색된 마음만 없으면 망상은 자연히 없어져 버리는 것입니다. 그렇게 되면 떨치고 말고 할 것도 없어지는 것이죠.

도 부 득 유 섬 호 의 집
都不得有纖毫依執이

명 위　아 사 량 비　　필 당 득 불
名爲　我捨兩臂하야사 **必當得佛**이니라

털끝만큼도 의지하여 집착함이 없으면, 이름하여 내가 두 팔을 버렸으니 반드시 부처가 된다고 한 것이 되느니라.

'섬호纖毫'는 매우 가느다란 털인데, 가을이 되면 동물의 그 털이 더 가늘어진다고 합니다. 그 가는 털만큼도 의지하고 집착함이 없다는 것이죠. '양비兩臂'는 상대적인 것입니다. 부처니, 중생이니, 범부니, 성인이니 하는 것은 변색된 마음으로 다 헛소리예요.

제가 아주 존경하는 스님이 계시는데 어느 사찰 잡지에 이 스님의 글이 실려 있는 것을 모처럼 보게 되었어요. 법문을 하거나 글을 쓰는 경우가 거의 없거든요. 그 스님의 글에 '부처니 중생이니 하는 것은 허상'이라고 했더라고요.

그런데 허상이 아니고 헛말이거든요. 허상이라도 상이 있어야 허상이 되는 거잖아요. 부처니 중생이니 하는 것이 허상이라면 헛된 모양이라도 있어야 허상이라고 하는 것 아니겠어요? 저는 부처니, 중생이니 하는 것은 허상이 아니고 헛말이라고 봅니다. 부처니, 중생이니 하는 말로 표현했을 뿐이니 허상이 아니라 헛말이라는 거죠. 오직 사람이 있을 뿐 부처니, 중생이니, 성인이니, 범부니 하는 것은 말뿐입니다.

본문에 '양비'라고 나오는데 '방하착'이라는 말이 여기에서 연유하고 있습니다.

어느 날 외도가 부처님께 꽃을 공양하고자 왔습니다. 부처님께 드리려고 하자 "놓아 버려라[放下着]." 그랬어요. 그러니까 한쪽에 들고 있던 꽃을 내려놓았어요. 또 부처님이 "놓아 버려라." 하니 다른 쪽에 있던 것도 놓아 버렸어요. 그런데 부처님이 또다시 "놓아 버려라." 하시는 거예요. 양손에 든 꽃을 다 놓았는데 무엇을 놓으라는 말이냐고 묻는 거죠. 부처님은 네가 들고 있는 꽃을 놓으라는 것이 아니고 네 마음속의 너다 나다, 있다 없다, 범부다 성인이다, 중생이다 부처다라는 상대적인 갈등과 차별 의식을 놓으라고 말씀하십니다. 즉 양비는 상대적인 차별심을 말하는 것이고, 방하착은 그 마음을 놓아 버리라는 것이죠.

그런데 부처니, 중생이니 하는 것을 헛말이라고 해 놓고 '필당득불必當得佛'이라는 말로 또 부처를 이룬다라고 했습니다. 모순이죠. 말이라는 것은 그 자체의 한계 때문에 어쩔 수 없이 모순을 띨 수밖에 없습니다. 때문에 조사 스님들은 답답하여 설명 다 집어치우고 고함을 한 번 친다든지, 몽둥이로 한 번 후려친다든지, 꽃을 한 번 들어 보인다든지 하는 거죠. 알든 모르든 그것은 너희들의 일이라는 겁니다. 말에는 그렇게 모순이 있으니 어쩔 수 없이 그와 같은 동작이 나오는 거예요. 삼조 승찬 스님의 『신심명』에 나오는 '언어도단', '말의 길이 끊어졌다.'라는 구절이 바로 이런 이치입니다.

운 기 무 의 집   당 하 상 승
云 旣無依執인댄 **當何相承**이닛고

배휴가 묻기를, 이미 의지하여 집착함이 없는데 마땅히 어떻게 역대 조사들은 이어받았습니까?

부처님이 가섭존자에게 전하고, 가섭존자는 아난존자에게 전하여 상나화수존자, 우바국다존자 등에게 전해져 달마 스님까지 28대가 이어지죠. 제가 이렇게 설명하고 불자님들이 공부를 받아들이는 이게 법을 전하고 전해 받는 '상승相承'입니다. 그렇다면 무엇이 전해지느냐? 부처니, 중생이니 하는 것도 놓아 버리고 의지하고 집착할 게 아무것도 없다면 서로 전해 주고 받는 것이 도대체 무엇이냐고 묻고 있습니다.

사 운 이 심 전 심
師云 以心傳心이니라
대사께서 말씀하시기를, 마음으로써 마음에 전하느니라.

배휴 거사가 그 답답함을 물으니 '이심전심以心傳心'이라고 가르쳐 준 거죠. 그런데 마음으로써 마음에 전했다고 하지만 내 마음이 날아가서 누구 마음에 꽂히는 것도 아니에요. 표현하자니 이심전심일 뿐이지 이 말마저 없으면 부처님이 꽃을 들었고 가섭존자가 빙그레 웃었다는 것에 대해서 이 세상 사람 그 누구도 헤아리지 못할 거예요.

사실 이심전심이라는 말도 틀린 소리지만 이 말로 인해 그런가 보다 이해하는 거지요. '가섭존자가 부처님께서 꽃을 든 것을 보고 빙긋이 웃었구나, 이게 이심전심이구나.'라고 생각하는 거예요.

'이심전심', 부처님이 꽃을 들고 가섭존자가 빙긋이 웃었던 것은 부처님과 가섭존자에게만 있었던 것이 아닙니다. 늘 가까이 대하는 친구들은 척 보면 빙긋이 웃는 경우가 많잖아요. 그 속에는 상당히 많은 뜻이 담겨져 있습니다. 거기에 군더더기처럼 한 마디 '알았지?', '알았어.'라고 더하면 끝나잖아요. 이와 같은 경우가 얼마나 많습니까? 다른 사람은 알아듣지 못해도 보통 사람들 사이에 둘만은 다 아는 게 있잖아요. "알았지?" 하면 "알았어."라는 그 두 마디만 가지고는 무슨 꿍꿍이속이 오고 가는지 아무도 눈치챌 수가 없는 거예요. 그런데 두 사람에게는 상당한 음모가 그 속에 담겨 있을 수 있습니다. 부처님이 꽃을 들었는데 가섭이 빙긋이 웃었지요. 그게 어마어마한 음모가 담겨져 있는 거예요. 불교의 역사가 거기서부터 출발해 버렸잖아요.

운 약 심 상 전　　운 하 언 심 역 무
云 若心相傳인댄 **云何言心亦無**닛고
배휴가 묻기를, 만약 마음으로써 서로 전한다면 어찌 마음 또한 없다고 말씀하십니까?

마음으로써 마음을 전했다고 말을 하면서 왜 그 마음이 없느냐고 묻는 거죠.

사 운 부 득 일 법　　명 위 전 심
師云 不得一法이 **名爲傳心**이니

약 료 차 심　　　즉 시 무 심 무 법
若了此心하면 **卽是無心無法**이니라

대사께서 말씀하시기를, 한 법도 얻을 수 없는 것을 마음에
전하는 것이니, 만약 이 마음을 깨치면 마음도 없고 법도
없느니라.

편의상 이심전심 하지만 사실은 어떠한 도리도 없습니다. 하
물며 무슨 물질이 거기에 있겠습니까? 하는 수 없이 가사와 발우
를 표상으로 삼아 주고받는 것이죠. 그런데 그 내용을 은밀하게
들여다보면 아무런 이치도 있을 수 없어요. 한 법도 얻을 수 없
는 것을 다만 이름하여 '이심전심'이라고 할 뿐입니다.

마음은 참으로 미묘 불가사의微妙不可思議하여 아무리 설명해
도 누더기 입고 가시밭을 지나가는 것과 같아 이리 걸리고 저리
걸립니다. 그만 엉망진창이 되잖아요. 마음 역시 설명하려면 그
렇게 엉망진창이 되어 버립니다. 그렇지만 안 할 수가 없어서 그
런 것을 다 무릅쓰고 하기는 하죠.

운 약 무 심 무 법　　　운 하 명 전
云 若無心無法이면 **云何名傳**이닛고

배휴가 묻기를, 만약 마음도 없고 법도 없으면 어찌하여 전

한다고 하십니까?

　배휴 거사의 안목이 대단하죠. 황벽 스님을 상대로 매우 깊이 있게 따지잖아요. 어느 어록을 봐도 이렇게 야무지게 따지는 인물이 없어요. 때문에 『전심법요』처럼 마음의 이치를 깊이 있게 분석하고 헤집고 파헤쳐 놓은 것이 거의 없습니다. 왜 전한다고 합니까? 따질 수 있는 데까지 따져 보는 거예요.

師云 汝聞道傳心하고 將謂有可得也라 하나니

所以로 祖師云 認得心性時에 可說不思議라

대사께서 말씀하시기를, 그대는 마음에 전한다는 말만 듣고 장차 가히 얻을 것이 있다고 말하니 그래서 조사께서는 마음의 심성을 알 때에 불사의라고 말씀하셨다.

　'전심傳心'이라 하니 남이 보지 않는 가운데 비밀리에 주고받는 특별한 것이 있다고 생각한다는 거죠. 그래서 옛 조사 스님들은 마음의 성품을 깨달았을 때에야 미묘 불가사의하다고 말씀하셨다는 겁니다.

요요무소득   득시   불설지
了了無所得하니 得時에 不說知라 하니

차사   약교여회   하감야
此事를 若敎汝會인댄 何堪也리오

밝게 환하여 얻을 것이 없나니 얻었다고 할 때에도 안다고
말하지를 못하니, 이 일을 만약 그대로 하여금 알게 하여도
어찌 감당하겠는가.

'요요상지고了了常知故하니 언지불가급言之不可及이라.', '마음은
밝고 또 밝아서 스스로 다 알고 있으니 말로써 미칠 수 없다.'라
는 말이 있습니다. 이 말은 달마 스님이 혜가 스님의 공부를 점
검하는 질문에 혜가 스님께서 대답한 말입니다. 마음의 이치는
미묘 불가사의하여 언설로 다 담을 수 없다는 뜻이죠. 마음을 전
하는 이치는 스스로 알 때 다 해결되는 것이지 설명도 못하고 감
당도 못한다는 말이에요.

13. 마음과 경계
:

　불교의 어떤 경전이든 어록이든 스스로가 본래로 아주 위대한 존재, 지극히 존귀한 존재, 세상 그 무엇과도 바꿀 수 없는 값진 존재라는 사실을 가르치는 것이지 그 외에 다른 것을 가르치진 않습니다.

　정법을 선양하는 데 노력을 게을리해서는 안 됩니다. 대승의 가르침이나 최상승의 가르침이나 선불교의 가르침이나 표현이 달라서 그렇지 불교 안에서 깨달으신 분들은 가장 중요하고, 요긴하고, 핵심이 되고, 근본이 되며, 가장 우선적으로 밝혀야 할 이치를 중심으로 공부를 해 왔어요.

　현대 사회는 불교를 접할 수 있는 인연이 매우 많습니다. 특히 매스컴과 인터넷의 발달로 불교를 무수히 접할 수 있게 되어 안목을 가진 사람이라면 스스로도 자유롭게 취사선택을 할 수 있게 되었습니다. 그래서 정법이 아닌 것은 도태될 수밖에 없고 정법만이 진짜 불교라는 것을 매스컴으로부터 자연스럽게 판명받

기도 합니다.

보통 일반적인 지식인들이나 사상가들이 인간의 존엄성에 대해 많이 이야기를 하지만 깨달으신 분들이 말씀하시는 인간에 대한 깊이와 넓이에 비할 수 없다는 것을 불자들은 알아야 합니다.

신앙의 제일 스승으로 모시는 석가모니 부처님은 깨닫기 위해서 얼마나 큰 희생을 치렀습니까? 진리를 깨닫기 위해서 태자의 지위를 버리고, 마누라 버리고, 자식도 버리고, 아버지도 버리고, 그야말로 누구도 따를 수 없는 피나는 고행을 6년이나 하셨잖아요. 또 당시 인도 사회에 있어서 내놓으라는 종교 지도자를 찾아다니면서 공부했다고요. 그래도 부족함이 있어 스스로 보리수 아래에서 좌선을 통해 이전까지 누구도 경험하지 못한 큰 깨달음을 성취한 분이 우리의 스승입니다. '시아본사 석가모니불'이라 하잖아요. 많은 스승이 있지만 근본이 되는 스승은 석가모니 부처님이라는 말입니다. 그와 같은 석가모니 부처님을 스승으로 모시고 그 이후 불교 역사에는 깨달으신 수많은 분들이 계셨기 때문에 본래 가지고 있는 매우 고귀한 가치를 알 수 있고 확신할 수 있게 된 거예요.

부처님이 이 세상에 오신 것도 그렇고 달마 대사가 인도에서 동쪽으로 특별히 오신 것도 결국은 인간의 지고한 가치인 '우리는 부처다.'라는 사실을 일깨우기 위해서입니다. 즉 '직지일체인 전체시불直指一切人全體是佛', '모든 사람들이 전체 그대로 완전무결한 부처'라는 사실을 바로 가리켜서 알려 주려고 이 땅에 왔다 이거예요. 그 지고한 가치를 가진 것이 특정인에 한정된 것이 아닙니다. 사람이면 누구나 개개인이 부처라는 사실을 바로 가리켜 보이기 위해서 부처님도, 달마 스님도 이 땅에 오셨지요. 선불교, 대승불교, 최상승 불교를 가지고 이야기를 하더라도 간추려서 간단하게 요약하면 '사람이 부처다.'라는 것입니다.

저는 이러한 소중한 가르침을 마음속 깊이깊이 심기 위해서는 사경을 해 보는 게 좋다고 생각합니다. 한 구절만이라도 뿌리 깊게 심어 놓으면 세세생생 가지 않겠나 하는 생각을 해요. 특히 10년 이상 불교 공부를 했어도 경전 구절 하나 가족과 주변 사람에게 소개하지 못하는 경우가 있어요. 가족들에게 불교 경전 구절 하나 이야기하지 못하면 도대체 누구에게 전법 활동을 하겠습니까? 다른 종교를 믿는 사람들은 수준이 다른 가르침인데도 불구하고 그 가치를 느끼니까 배우자마자 길거리를 다니면서 포교 활동을 하잖아요. 이처럼 가장 수승한 가르침인 불법을 배우면서 이를 널리 알려야 할 의무가 우리에게 있습니다. 그러기 위해서라도 혼신의 노력이 필요한 거죠.

문　지　여　목　전　허　공　　가　불　시　경　　기　무　지　경　견　심　호
問 秖如目前虛空을 **可不是境**가 **豈無指境見心乎**닛가

배휴가 묻기를, 눈앞의 허공을 경계가 아니라고 할 수 있겠
습니까? 어찌 경계를 가리켜 마음을 보는 것이 없다고 하
겠습니까?

마음은 경계에 따라 보고, 듣고, 느끼고, 인식하는 등등에 계
합되어 있을 터인데 그 경계를 빼 버리면 도대체 마음을 지적할
수 있겠냐는 물음입니다.

사　운　심　마　심　　교　여　향　경　상　견
師云 甚麼心을 **教汝向境上見**고

설　여　견　득　　　　지　시　개　조　경　저　심
設汝見得이라도 **只是個照境底心**이니

대사께서 말씀하시기를, 어떤 마음을 그대로 하여금 경계
위에서 보게 하느냐, 설사 그대가 본다 하더라도 다만 경계
를 비추는 마음일 뿐이다.

예를 들어 잔을 들고 "이 잔이 마음이다."라고 해야 옳은지 매
우 애매모호한 거예요. 찻잔은 찻잔일 뿐이지 마음은 아니란 말
이에요. 그렇다고 그 마음 없이는 또한 찻잔이 존재할 수 없다는
사실을 알기는 아는데, 그것이 쉽게 납득이 되지 않거든요.

여인   이경조면   종연득견미목분명
如人이 以鏡照面하야 縱然得見眉目分明이라도

원래지시영상   하관여사
元來秖是影像이니 何關汝事리오

어떤 사람이 거울로써 얼굴을 비추어 눈썹과 눈을 분명히 볼 수 있더라도 이것은 원래 그림자일 뿐이니 어찌 그대의 일과 상관이 있으리오.

거울을 아무리 깨도 얼굴에는 상처 하나 나지 않습니다. 거울은 얼굴을 환하게 사실대로 비추지만 그 거울을 산산조각 내어도 얼굴에는 상처가 나지 않는다고요. 묘한 도리 아닙니까?

사물을 보는 데 마음이 들어서 보면 그 사물이 그대로 마음이라고 생각할 수가 있어요. 그러나 사물에 상처 난다고 마음에 상처 나는 것은 아니잖아요. 또 사물에 마음이 개재되지 않으면 아무것도 인식할 수 없고 느낄 수도 없습니다. 참 묘한 이치입니다.

운 약불인조   하시득견
云 若不因照하면 何時得見이리오

배휴가 묻기를, 만약 거울로 얼굴을 비추어 보지 않는다면 어떻게 얼굴을 볼 수 있겠습니까?

경계에 따라 마음이 일어나는데 그 경계를 인식하지 아니하면 어떻게 마음을 알 수 있느냐는 말이죠. 예를 들어 마음이 잔을 인식하지 아니하면 언제 마음을 알 수 있느냐는 겁니다.

사운 약야섭인　　상수가물　　유십마료시
師云 若也涉因하면 **常須假物**이라 **有什麼了時**리요

대사께서 말씀하시기를, 만약 무엇을 의지함을 원인으로 한다면 항상 의지함을 빌려야 한다. 그렇게 해서 언제 깨달을 수 있겠느냐.

어떤 경계나 사물에 의지함이 없이 마음을 알아야 하는데, 사물에 의지해야만 마음을 알 수 있다면 이것은 끝날 길이 없다는 거지요. 사물을 보거나, 말을 듣거나, 행동을 하는 것에 마음이 개재되어 있다는 측면은 이해가 됩니다. 그러나 그러한 사실을 통해서만 안다면 마음을 제대로 알 길이 없다는 겁니다.

여불견　　타향여도　　살수사군무일물
汝不見가 **他向汝道**하되 **撒手似君無一物**하니

도로만설수천반
徒勞謾說數千般이라 하니라

그대는 '손을 털고 그대에게 내보일 아무것도 없으니, 수천 가지로 말한들 모두 헛수고로다.' 하는 말을 들어 보지 못

했는가?

'실수撒手'라는 말은 모든 분별과 망상을 놓아 버리는 것을 뜻합니다. '득수반지미족기得樹攀枝未足奇', '나뭇가지에 올라가서 가지 끝에 서는 것은 별로 기특한 것이 아니다.'라는 말이 있죠. 아주 높은 천길만길 되는 벼랑에서 그것도 한 손으로 나뭇가지 하나 잡고 매달린다는 게 대단한 일이죠. 아무나 할 수 있는 일이 아닙니다. 그 낭떠러지 가까이에 서는 것만으로도 겁이 나는데, 낭떠러지 쪽으로 뻗은 나뭇가지 하나 잡고 매달린다는 것은 대단한 일이죠. 그러나 그게 귀한 것이 아니고 거기서 손을 놓아 버려야 진짜 장부라는 옛말이 있어요[현애살수장부아(懸崖撒手丈夫兒)]. 주관과 객관, 나와 너, 옳고 그름, 선과 악, 마음과 경계, 마음과 물건 등 모든 것들을 부정해 버리고 놓아 버린 상태가 '살수'입니다. 이 말은 『경덕전등록』에 나오는 '백척간두진일보百尺竿頭進一步'와 같은 의미입니다.

때문에 한 물건도 없는 거죠. 모든 분별을 놓아 버리면, 즉 일체개공에 이르면 어떤 설명도 쓸데없는 소리가 된다는 이야기입니다.

운 타 약 식 료   조 역 무 물 야
云 他若識了 하면 照亦無物耶 닛가

배휴가 묻기를, 마음을 분명히 알았다면 비출만한 아무것도

_357

없는 것입니까?

'조照'는 어떤 경계를 보고, 듣고, 느끼고, 인식하는 것을 뜻합니다. 마음을 분명히 알았다면 어떤 경계에 따라서도 그 마음이 작용하지 않는다는 것이냐고 묻는 거죠.

사 운 약 시 무 물   갱 하 용 조   이 막 개 안 예 어 거
師云 若是無物인댄 更何用照리오 爾莫開眼囈語去하라
대사께서 말씀하시기를, 만약 사물이 없다면 다시 어찌 더 비출 필요가 있겠느냐. 눈을 뜨고 잠꼬대 같은 말을 하지 말라.

잠을 자면서 잠꼬대하는 것은 봐줄 수가 있지만 초롱초롱한 정신으로 잠꼬대하는 것은 봐줄 수가 없는 거죠. 그렇게 잠꼬대하지 말라는 겁니다.

14. 구함이 없음

:

　자연을 좋아하고 자연을 마음에 받아들이면 딱딱한 마음이 굉장히 부드러워지고 순화되어 자연스러워집니다. 일상생활을 하는 데도 그렇고 세상사를 보는 데도 상당한 보탬이 됩니다. 그렇다고 특별한 안목이 생긴다는 게 아니라 자연의 이치를 통해 순리를 이해하게 된다는 거죠. 무리수를 두지 않는다는 것, 또 세상을 사는 데 무리하지 않는 것이 그런대로 현명하게 사는 길입니다.

　자연의 이치는 훌륭한 성인의 가르침과 다를 바 없다고 생각할 수 있어요. 불교에서는 '나무대자연보살마하살'이란 표현을 쓰기도 합니다. '대자연보살마하살에게 귀의합니다.' 대자연의 이치에 따르고 그것을 받들어 존경한다는 뜻이죠. '나무대자연보살마하살'과 '나무관세음보살마하살'은 어떠한 차이가 있는지 마음속으로 잘 저울질해 보시기 바랍니다.

『전심법요』의 '유전일심 갱무별법'은 오직 한마음의 도리를 잘 이해해서 그것으로 사는 것이지 달리 특별한 법은 없다는 겁니다. 한마음의 도리라는 것은 바로 사람이 살아가는 도리입니다. 마음이 없으면 사람이라고 하지 않잖아요. 마음 그대로가 사람이고 사람 그대로가 마음이거든요. 그래서 마음이라고 쓰다가 사람이라고 쓰다가 이제 자기가 익숙한 대로 쓰기도 합니다. 표현하기에 따라서 불성이라고도 하고, 자성이라고도 합니다. 깨달은 분들이 표현할 때 자기 상황에 따라서 자기 마음에 드는 용어를 수시로 구사하는데 단지 표현의 차이만 있을 뿐이죠.

상 당 운 백 종 다 지   불 여 무 구 최 제 일 야
上堂云 百種多知가 **不如無求最第一也**니라

대사께서 상당에서 말씀하시기를, 백 가지로 많이 아는 것이 구함이 없는 가장 제일인 것만 같지 못하다.

상당법문입니다. 법상에 올라가서 정식으로 법문을 하는 것이죠. 지금까지의 이야기와는 다른 단락이 되겠어요.

이 세상에서 제일은 아무것도 구함이 없는 겁니다. 하늘로 올라가고, 땅을 뒤집는 신통묘용을 구하고, 그와 같은 이치를 공부한다손 치더라도 그것마저 필요를 느끼지 않는 사람이 제일입니다. 예를 들어 돈을 많이 갖는 게 제일이 아니라 돈이 필요 있느니 없느니 하는 생각마저 없는 사람이 제일입니다.

도 인   시 무 사 인
道人은 **是無事人**이라

도인이란 일 없는 사람이다.

일이 있기 때문에 이렇게 왔다 갔다 애를 쓰는 것 아닙니까? 공부할 일이 있고 깨달아야 할 일이 있고, 인생을 확실하게 알아야 되겠고 인생의 가치를 제대로 알아야 되겠고, 성인의 가르침을 통해서 인생의 본질이 뭔가를 알아야 되겠다는 것이 모두 구하는 것이거든요. 그것마저 끊어져 버린 사람은 정말 도인이

에요.

그렇다고 최상승의 불교 공부조차 하려는 생각이 없는 사람을 무조건 덮어 놓고 '최제일最第一'이라 하지 않습니다. 그러한 사람은 다른 것을 구한다면 더 못합니다. 그런데 세속적인 것, 속된 일 등에 정신없으면 더 못한 사람입니다. 구하는 데도 차원이 있기 때문에 어차피 구하려면 좋은 것을 구해야 되고, 구하지 않으려면 일체 구하는 것이 없어야 제대로 구하지 않는 사람이 되는 겁니다.

불법만 구하지 않는다 하여 다른 것은 기를 쓰고 구하면 말도 아니죠. 공부하는 사람들 중에도 더러 이와 같은 사람이 있어요. 불법을 공부하는 것에 대해서는 너무 게으른데 속된 일에는 기를 쓰고 눈을 붉히며 덤비는 사람이 있죠. 이러한 사람은 앞뒤가 맞지 않는 사람입니다.

실 무 허 다 반 심　　　역 무 도 리 가 설　　　무 사 산 거
實無許多般心하며 亦無道理可說하니 無事散去하라
실로 허다한 마음이 없으며 또한 도리를 설할 만한 말도 없으니 헤어져 돌아가라.

도인의 마음은 무상하여 이런저런 허다한 마음이 없습니다. 또한 이치가 어떻고, 불법이 어떻고, 선이 어떻다는 도리에 대한 것도 설할 것이 없죠. 법상에 올라 간단명료한 법문을 했습니다.

15. 머문 바 없이 마음이 나면
곧 부처님의 행

:

　불교에 입문하기 전에는 세속적인 가치에 중심을 두고 살아왔죠. 부와 명예, 가족과 자식, 사업과 사랑 등을 쫓으면서 희로애락을 줄타기하며 살아왔습니다. 불교 공부를 하면서 세속적인 가치보다 더 중요하고 우선하는 게 있음을 알게 되죠. 세속적인 관심사에 조금씩 초탈하는 삶으로 변합니다. 그 다음에는 훌륭한 법을 열심히 전파하고, 포교하고, 전법하는 데 누구보다도 앞장서게 되죠. 또 누구보다도 열심히 치열하게 인생을 살아가는 것이 불교적인 삶의 과정이라고 할 수 있습니다.

　'십우도十牛圖'에 대해 잘 아시죠. 처음에는 소를 찾느라고 열심히 정진하는 장면이 나오지만 나중에는 소도 없어져 버리고 사람도 없어진 둥그런 그림만 하나 있죠. 그리고는 '입전수수入廛垂手'라 하여 시장 바닥으로 다시 들어가는 장면이 나옵니다. 산을 내려가 시장 사람들, 즉 세상 사람들을 구제하는 것으로 그림이 그려져 있어요. 이게 인생을 정상적으로 사는 것이고, 가장 가치 있게 사는 것이며, 성인의 삶이라고 할 수 있는 겁니다.

모든 사람은 돈을 열심히 벌려고 합니다. 돈을 벌었으면 잘 써야죠. 자식을 주든지, 어디에 희사를 하든지, 자선단체에 내놓든지 등의 방법으로 돈을 쓰게 됩니다. 죽을 때 한 푼도 남기지 않고 쓰고 갈 줄 알면 제일 잘 산 사람입니다. 죽은 뒤에 송장을 갖다 버리든지 태우든지 하는 것은 살아 있는 사람의 몫이지요. 죽은 사람은 아무런 상관이 없어요. 그 까짓것 내버려 두어도 상관없어요. '죽은 뒤에 화장할 돈이라도 남겨 두고 가야지.'라고 하잖아요. 천만의 말씀, 절대 잘못 생각하는 겁니다. 화장할 돈 남기지 않아도 어떻게든 화장해 줘요.

부처님도 팔십 생애 동안 당신이 번 돈 달달 끊어 쓴 거예요. 죽는 순간까지 '수발다'라는 사람에게 법문해 주고 열반하셨잖아요. 세속에서의 삶의 모습이나 수행을 통해서 중생을 제도해 가는 부처님의 모습은 결국 똑같아요. 일체가 그 과정은 같지요. 중요한 것은 돈이냐 도냐의 차이뿐입니다. 돈 벌어서 죽을 때는 결국 다 주고 가듯, 불교 공부를 하는 것도 남에게 베풀고 진리의 가르침을 전해 주려고 하는 것이죠.

문 여하시세제
問 如何是世諦닛고

배휴가 묻기를, 어떤 것이 세간의 진리입니까?

배휴 거사는 여전히 분별의 마음을 떠나지 못하고 있죠. 이것
은 중생의 마음을 대변한다고 했습니다. 세간이다 출세간이다,
범부다 성인이다 등의 마음을 내는 거지요.

사운 설갈등작십마
師云 說葛藤作什麼오

본래청정   하가언설문답
本來清淨이어늘 **何假言說問答**이리오

대사께서 말씀하시기를, 갈등을 논하여 무얼 하겠느냐? 본
래 청정한 것인데 어찌 언설을 빌려 문답을 하겠는가?

세간의 이치가 무엇입니까? 얽히고설킨 것이 세상의 이치죠.
그런데 따지고 보면 세상이 아무리 어지럽고 그르다 하더라도
내면의 세계는 본래 청정합니다. 때문에 언어 문자에 얽매여 묻
고 답할 이유가 없다는 겁니다.

단 무 일 체 심 　　즉 명 무 루 지
但無一切心하면 **卽名無漏智**니라
다만 일체 마음이 없을 것 같으면 번뇌 없는 지혜라 한다.

일체의 마음이 많으니, 즉 새로운 것을 받아들이고 새로운 데를 기웃거리고, 이것저것 계산해야 되고 분별해야 되는 등 온갖 마음이 많으니 금방 공부한 것도 다 새어 나가 버립니다. 이렇듯 분별하고 차별하고 계산하는 일체의 마음만 없으면 번뇌 없는 지혜의 마음이라는 겁니다.

여 매 일 행 주 좌 와 　　일 체 언 어
汝每日行住坐臥와 **一切言語**에

단 막 착 유 위 법 　　출 언 순 목 　　진 동 무 루
但莫著有爲法하면 **出言瞬目**이 **盡同無漏**니라
그대가 매일 일체 말에 있어서 유위법에 집착하지 않는다면 말하고 눈 껌뻑이는 것이 모두 번뇌 없는 지혜와 같으니라.

일상생활을 살펴보면 먹고 자는 것보다 더 많이 하는 것이 말입니다. 말이 중요한 만큼 일상에서 시간적으로, 양적으로 많은 부분을 차지하고 있다는 거죠.

유위법은 조작이 있는 법, 조작이 있는 일들, 조작이 있는 이치를 말하고 무위법은 조작이 없는 것, 저절로 그러함, 자연이라

고 말할 수 있습니다. 조작하는 마음만 없다면 어떠한 일을 하든지 무루의 법, 즉 지혜로운 삶을 살 수 있다는 거죠.

여금 말법 향 거   다 시 학 선 도 자
如今末法向去에 **多是學禪道者**가

개 착 일 체 성 색   하 불 여 아 심
皆著一切聲色하나니 **何不與我心**고

지금 말법 시대에 접어들면서 도를 배우는 사람들이 온갖 소리와 색에 집착하고 있으니 어찌 자기의 마음과 함께한다고 하겠는가?

참선을 한다고 하면서 온갖 경계인 밖의 소리와 사물에 집착하는 경우가 더욱 치성熾盛한다는 거죠.

심 동 허 공 거   여 고 목 석 두 거
心同虛空去하며 **如枯木石頭去**하며

여 한 회 사 화 거   방 유 소 분 상 응
如寒灰死火去하야사 **方有少分相應**이니

마음이 허공 같고 고목과 돌멩이 같으며 타고 남은 재와 꺼진 불처럼 되어야 도에 상응할 분이 조금 있는 것이다.

'고목석두 한회사화枯木石頭 寒灰死火'라 하여도 완전한 도에 이른 것은 아니죠. 불이 다 꺼져 타다 남은 재와 같은 마음이 되는 것이 방편이기는 합니다. 이와 같은 과정을 거쳐야만 어느 정도 가까워질 수 있다는 말이지요.

대개 세속적인 것을 '유有'라고 합니다. 산도 있고 물도 있죠. 그런데 한 단계 더 높이 올라가면 산도 아니고 물도 아닙니다. 『반야심경』에 '무안이비설신의 무색성향미촉법 무안계 내지 무의식계'라는 구절이 있잖아요. 전부 부정입니다. 이와 같은 이치가 바로 여기에서의 '고목석두 한회사화'입니다.

꺼진 불과 같고 식은 재와 같은 정신 상태의 고비를 넘기면 그때 큰 부정을 넘어서 큰 긍정이 살아나는 단계가 오죠. 즉 활발발한 부처로서의 삶이 제대로 전개되는 겁니다. '대사일번大死一番, 절후소생絕後蘇生', '크게 한 번 죽어서 앞뒤 생각이 끊어져야 다시 살아난다.'고 했습니다.

부처님도 세속 생활을 했죠. 그러다가 6년 고행을 했는데 그것이 고목과 같고 석두와 같고 한회사화와 같은 생활이었다고 할 수 있습니다. 그리고 깨닫고 나서는 중생 제도를 위해 누구보다도 치열한 인생을 살았어요. 이를 대 긍정으로 다시 돌아온 삶이라 할 수 있습니다.

약 불 여 시　　타 일 진 피 염 라 로 자 고 이 재
若不如是면 他日盡被閻羅老子拷爾在하리라

만약 이와 같지 않다면 뒷날 모두 염라대왕에게서 문책을
받을 때가 올 것이다.

마음의 이치를 깨닫기 위한 노력을 경주하지 않으면 안 된다
는 뜻이죠.

이 단 리 각 유 무 제 법
爾但離却有無諸法하면

심 여 일 륜　　상 재 허 공
心如日輪이 常在虛空인달하야

광 명　　자 연 부 조 이 조　　불 시 성 력 저 사
光明이 自然不照而照니 不是省力底事아

그대들이 다만 있다 없다는 법을 떠나기만 하면, 마음은 항
상 허공에 떠 있는 태양과 같아 태양이 비추지 않아도 자연
히 비추니 이 어찌 힘 덜리는 일이 아니겠는가?

'유무제법有無諸法'은 '있다, 없다'의 분별과 차별의 마음이죠.
나름의 잣대를 가지고 옳다 그르다, 있다 없다, 나다 너다 등으
로 저울질을 합니다. 이와 같이 치우친 소견을 떠나는 것이 아주
급한 문제입니다.

하늘에 떠 있는 태양이 두루 비추듯 평등하게 볼 줄 알아야 하는데 그게 어렵습니다. 나하고 조금 친하다거나 혈연, 학연, 지연 등의 관계가 있게 되면 치우치게 됩니다. 변색된 마음으로 세상을 보게 되어 제대로 보지 못하는 겁니다.

이렇게 공부를 하는 것도 큰 공덕이고 다행한 일입니다. 주변에서 항상 마음 비우라 하고 제삼자의 입장에서 어쩌고저쩌고 하지만 저절로 되는 것이 아니잖아요. 때문에 가르침을 자꾸 들어야 합니다. "내가 혹시 치우치는 것은 아닌가, 내 자식이라고 치우쳐 보는 것은 아닌가?"를 항상 염두에 두어야 합니다. 옳은 것은 옳은 것이고 자식에 대한 정은 정이지, 정 있다고 틀린 것을 옳게 보면 안 되지요. 옳은 것과 그른 것을 보되 정은 정대로 두고 보라는 것이지 정마저 없애라는 뜻이 아닙니다. 애쓰고, 조작하고, 계산하여 만들지 않아도, 즉 힘을 쓰지 않아도 태양이 만물을 비추듯 세상을 보게 된다는 것이죠.

도 차 지 시　　　무 서 박 처　　　즉 시 행 제 불 행
到此之時하야는 無棲泊處라 即是行諸佛行이며

변 시 응 무 소 주　　　이 생 기 심
便是應無所住하야 而生其心이니

차 시 이 청 정 법 신　　　명 위 아 뇩 보 리
此是爾淸淨法身이며 名爲阿耨菩提니라

이러한 경지에 이르러서는 어디에도 기댈 곳이 없어서 모든

부처님이 행한 행이며 머문 바 없이 그 마음을 내는 것이니, 이것이 바로 그대의 청정한 법신이며 최상의 깨달음이다.

옳은 것은 옳은 것이고, 그른 것은 그른 것이지, 자식이라고 해서 정은 정대로 가고, 정에 치우쳐 잘못된 행동도 옳게 본다면 '응무소주 이생기심'이 아니라는 거죠.

최상의 깨달음이 별것 있나요. 마음이 '이단리각유무제법爾但離却有無諸法', '있다 없다는 모든 법에서 떠나 버리는 것'이 되면 마음이 태양과 같아 골고루 비춘다는 겁니다. 미워하는 사람의 논밭이라고 태양이 비치지 않나요? 태양은 그런 게 없잖아요. 그와 같이 미워하는 사람이라도 옳은 것은 옳은 것이고, 내 자식이라고 해도 그른 것은 그른 것이라고 볼 줄 아는 마음이 되면 '응무소주 이생기심'이 되는 거죠. 그 마음이 바로 청정 법신이며 최상의 깨달음이라는 겁니다.

약 불 회 차 의　　종 이 학 득 다 지
若不會此意하면 縱爾學得多知하며

근 고 수 행　　초 의 목 식　　불 식 자 심
勤苦修行하며 草衣木食이라도 不識自心이라

만약 이 뜻을 알지 못한다면 많은 지식을 배워 얻고 부지런히 고행 수행하며 풀로써 옷을 해 입고 나무로써 밥을 삼아 먹는다 하더라도 자기 마음은 모르는 것이니라.

사람은 마음 하나 가지고 사는데 마음 도리를 제대로 알아야 현명한 삶이고, 지혜로운 삶이고, 제대로 된 인생을 사는 것이며, 행복하게 인생을 사는 겁니다. 때문에 마음이 어떻게 생겨 먹은 것인지를 제대로 알아야 됩니다. 마음은 알고 보면 매우 부자입니다. 비록 몸은 거지 생활을 하더라도 마음의 풍요로움을 제대로 알면 더 이상의 부자가 없을 정도입니다. 이와 같은 이치를 모를 것 같으면 아무리 난행고행을 한다 하여도 마음을 알지 못합니다.

진 명 사 행　　　정 작 천 마 권 속
盡名邪行이오 **定作天魔眷屬**이니

여 차 수 행　　　당 부 하 익
如此修行하면 **當復何益**이리오

이는 모두 삿된 수행이며 정작 천마의 권속이 되는 것이니, 이와 같이 수행할 것 같으면 마땅히 무슨 이익이 있겠느냐?

마음의 이치를 모르니 엉뚱하게 요행수나 바라는 거죠. 모두 삿된 행위입니다. 불교를 통해서 이상하게 된 사람들이 아주 많습니다. 차라리 불교를 믿지 않았으면 좋을 사람도 있어요. 불교를 접하다가 정법에 들어서지 않고 요상한 데로만 관심을 기울이는 거죠. 목표하는 바가 있으면 어떤 노력을 기울이고 어떤 공을 들이면 이루어질 것인가를 연구해야지 요행수만 바라는 것은 문제가 많은 거죠. 삿된 행을 따라가면 이와 같다는 말입니다. 때문에 유무有無의 상대적이고 차별적인 마음을 쉬어야 하는 거죠. 어느 쪽에도 치우치지 않고 보는 것을 '중도정견中道正見'이라 합니다. 치우치지 않고 볼 줄 아는 마음은 쉽지가 않는데 자꾸 훈련을 해야 됩니다. 훈련을 함으로써 삿된 행을 하지 않게 되는 것이죠. 사실은 이것이 꼭 옳다, 이것은 꼭 틀렸다고 어느 한쪽에 치우친 것이 모두 삿된 행입니다.

지공   운
誌公이 云

불   본 시 자 심 작   나 득 향 문 자 중 구
佛은 本是自心作이어늘 那得向文字中求리오

지공 화상이 말하기를 부처란 본래 자기 마음으로 짓는 것인데 어찌 문자로 인해 구해지겠는가?

서두에 달마 스님도 일체 사람이 부처님이라는 사실을 바로 가르치려고 이 땅에 왔다고 말씀드렸죠. 지공 화상도 마찬가지입니다. 부처는 본래 자신이 만든 겁니다. 부득이하여 문자에 의지해 이런저런 설명을 듣는 것까지는 좋지만 문자 그 자체는 부처가 아니라는 점을 알아야 합니다. 문자를 보고 옳다 그르다, 좋다 나쁘다 하는 지금 활발하게 살아 있는 그 모습이 부처입니다. 때문에 문자 안에서 부처를 구하려고 하면 안 되죠.

요 이 학 득 삼 현 사 과   십 지 만 심
饒爾學得三賢四果와 **十地滿心**이라도

야 지 시 재 범 성 내 좌
也秖是在凡聖內坐라 하니라

설사 그대가 삼현 사과 십지만심의 지위를 얻는다 해도 그
것은 범부와 성인의 테두리를 벗어나지 못한 것이다.

'삼현三賢'은 '체중현, 구중현, 현중현'을 말합니다. 수행의 단
계를 뜻하는 것이죠. '사과四果'는 '수다원, 사다함, 아나함, 아라
한' 네 단계의 지위를 말합니다. '십지十地'는『화엄경』에서 말한
십신, 십주, 십행, 십회향, 십지의 수행 단계의 십지로 '환희지,
이구지, 발광지, 염혜지, 난승지, 현전지, 원행지, 부동지, 선혜
지, 법운지'를 말합니다. 이 모두는 온갖 불교 수행의 방편을 이
야기하는 거죠.

그런데 이 모든 것이 범성의 범위를 벗어나지 못한다고 하였
습니다. '범성내좌凡聖內坐'는 바로 우리를 두고 하는 소리입니다.
범부도 되고 성인도 되는 거죠. 때로는 성인 노릇도 잘해요. 항
상 중생 노릇만 하는 것이 아니죠. 관세음보살 이상으로 행동하
는 경우도 있어요. 그렇지만 무지막지한 범부일 때도 있습니다.
'일념삼천一念三千', '한순간에 삼천 가지의 차별된 삶이 존재한
다.'고 이야기를 합니다. 즉 마음은 부처 노릇도 가능하고, 보살
노릇도 가능하고, 성문·연각도 가능하며, 지옥·아귀·축생·
아수라·인·천도 가능하다는 이야기입니다.

불견도　제행무상　시생멸법
不見道아 **諸行無常**이라 **是生滅法**이니

세력진전환추　초득래생불여의
勢力盡箭還墜라 **招得來生不如意**하리니

그대는 보지 못했는가? 모든 것은 항상 하지 않으니 이것
은 나고 없어지는 법이다. 힘이 다한 화살은 다시 떨어지니
여생에 여의치 못함을 초래할 것이다.

'제행무상諸行無常'은 불교의 진리이죠. 고정불변하여 항상 하
는 것은 없다는 것입니다. 변화무쌍한 도리죠. 또한 세상의 본모
습은 생하고 멸하기를 끊임없이 반복합니다. 생로병사, 성주괴
공, 생주이멸이 다 그렇습니다.

쟁사무위실상문　일초직입여래지
爭似無爲實相門에 **一超直入如來地**리오

어찌 하염없는 실상의 문에 한번 뛰어넘어 여래의 지위에
바로 드는 것만 같으리오.

지금까지 『전심법요』를 통해 최상의 가르침을 끊임없이 이야
기해 왔듯 '실상문實相門', '여래지如來地'는 결코 멀리 있는 것이
아니고, 현재 보고, 듣고, 아는 삶에 있다는 거예요. 그 사실을
알면 영원한 생명이 여기에 있음도 알게 됩니다.

예를 들어 금은 어떤 모양을 취하고 있습니다. 그런데 그 모양 자체가 금은 아니죠. 금으로 반지를 만들었든 비녀를 만들었든, 아니면 금괴를 만들었다 하더라도 그것은 어디까지나 모양일 뿐 금은 아니라고요. 모양과 금은 결코 둘이 아닌 하나입니다. 그런데 모양만 보는 거죠. 그래서 가짜를 가지고 금처럼 해 놓아도 속는 거예요. 안목이 여기까지입니다. 금을 볼 능력이 없어요.

'실상'이니 '여래지'니 하는 것도 금의 성질과 같은 것입니다. 무상한 인생을 사는 삶이 결국은 실상이고 여래지라는 겁니다. 금 모양이 무엇이 되었든 그것은 언제든지 바뀔 수가 있는 거죠. 변화무쌍합니다. 외형은 언제나 그래요. 그런데 실상과 여래지는 변치 않습니다. 금의 모양은 끊임없이 변하지만 금 자체는 결코 변하지 않는 것이죠. 그러니까 생멸하는 데서 무생멸, 즉 생사 해탈을 보아야 합니다. 생멸하는 곳을 떠나 다른 데서 찾을 길이 없습니다. 금은 어떠한 모양이든 그 모양 안에서 찾아야지 그 모양을 떠나 찾을 길이 없듯, 생로병사에서 불생불멸을 찾아야 합니다. 이와 같은 이치는 참으로 어렵고 납득이 안 되지만, 경전에서는 끊임없이 이 얘기를 하고 있습니다. 석가, 달마를 포함하여 그 어떠한 도인도 생멸해 갔어요. 그러나 그분들은 불생불멸을 보고, 깨닫고, 누리며 살다가 간 사람입니다. 그러함에도 불구하고 그것은 그분들의 문제입니다. 금은 어떤 모양을 하고 있든지 금의 일이에요. 동이나 철의 문제가 아니라고요. 이것은 불교에서 가장 많이 이야기되는 것이면서 또 제일 어려운 문제이기도 합니다.

위 이 불 시 여 마 인
爲爾不是與麼人 일새

수 요 향 고 인 건 화 문 　 광 학 지 해
須要向古人建化門 하야 廣學知解 로다

그러나 그대는 이러한 정도의 근기가 아니므로 옛사람이 세
운 교화의 문에서 지해를 널리 배워야 한다.

옛사람들은 앞에서 설명한 경지를 제대로 모르는 사람 때문에
할 수 없이 교화하기 위한 가르침을 펼쳤다는 겁니다. 그래서 우
리는 경전과 어록을 공부하고, 이래 부딪쳐 보고 저래 부딪쳐 보
고, 이 생각도 해 보고 저 생각도 해 보고, 좌선도 해 보고 기도
도 해 보는 등의 온갖 방편을 다 동원합니다. 이를 통해 궁극적
으로는 마음의 이치를 아는 것이죠. 그것은 바로 사람이 고귀하
고 존귀한 존재임을 깨닫는 것입니다. 또한 부처님이나 조사 스
님들도 결국은 그것을 일깨우려고 한 것이지 그 외에 다른 것은
아무것도 없습니다.

지 공 　 운 불 봉 출 세 명 사 　 왕 복 대 승 법 약
誌公 이 云 不逢出世明師 하면 枉服大乘法藥 이라 하니
지공 스님이 말하기를 세간을 뛰어 넘는 명철한 스승을 만
나지 못한다면 대승의 법약을 잘못 먹는 것이라고 하였다.

경전을 해설한 조사 스님들의 말씀에는 밝힌다는 말이 많습니다. '명明'은 이치를 밝힌다는 뜻이죠. 그런데 밝은 스승을 만나지 못하면 대승의 훌륭한 가르침이 있더라도 제대로 이해하지 못한다는 것입니다.

예를 들어 『법화경』에는 부처님의 진실한 뜻이 담겨 있는데 그것을 잘못 받아들이면 아주 삿되게 되는 경우가 많습니다. 그래서 우리나라에서 『법화경』을 공부한다고 하면 이상하게 여기는 풍조가 없지 않다고요. 경전이나 어록에 어떤 가르침이 나오면 무슨 뜻인가를 확연하게 드러내서 밝히는 일이 중요합니다. 그것은 조사 스님들과 같은 눈 밝은 뒷사람의 일입니다. 요즘은 라디오나 텔레비전, 테이프 등을 통해 경전 강의와 법문 등을 얼마든지 볼 수 있고, 들을 수 있는 시대가 되었습니다. 그런데 문제는 경전에 있는 뜻을 제대로 밝히지를 못하는 경우가 더러 있다는 점입니다. 그 밝히는 일이 뒷사람들의 일인데도 말입니다.

밝다는 것을 다시 생각해 보면 낮을 의미하고, 태양도 밝고 하니 더 이상 밝힐 게 없죠. 그런데 캄캄한 밤, 전등도 없고 빛도 없는 상황이라면 어떻게 되겠어요? 어디가 공간이고 어디에 물건이 있는지를 전혀 알 길이 없잖아요. 『금강경』에 '범소유상 개시허망凡所有相 皆是虛妄'이라는 구절이 있습니다. 글자 그대로만 해석하면 한문 읽는 거나 다를 바 없기 때문에 그 이치를 밝히는 일이 참 중요합니다. 깜깜하면 아무것도 모르잖아요. 그런데 전깃불을 밝히면 환하게 볼 수 있어요. 어디에는 무엇이 있고, 사람은 누가 있고, 어디로 가면 벽인지를 훤히 알 수 있는 것과 같이 조사 스님들이 이치를 밝힌다는 말입니다. 그래서 아주 뛰어난 밝은 스승을 만나지 못할 것 같으면 『화엄경』을 만난다 하더라도 이익이 없다는 겁니다. 대승의 법의 약을 제대로 먹으면 몸보신이 되고 영원히 살 수 있게 될 텐데도 불구하고 잘못 먹게 된다는 거죠.

불교는 인간의 존엄한 가치를 밝혀내는 일입니다. 부처님께서 6년간 고행을 하셔서 깨달음을 이루었다는 것은 결국 우주와 인생의 진리를 깨달았다는 것이죠. 즉 사람이 가지고 있는 지고한 가치를 밝혀낸 분입니다. 그렇다면 경전은 그 지고한 가치를 드러내는 실다운 것이지요.

인간은 참 기기묘묘한 존재라서 눈으로 보고 다 알 수 있는 존재가 아닙니다. 무궁무진하고 불가사의한 존재가 또 인간이기도 합니다. 부처님은 그것을 완전히 꿰뚫어 보고 밝혀낸 분이고 그 후대 조사 스님들도 모두 그와 같은 분이죠.

이여금일체시중행주좌와
爾如今一切時中行住坐臥에

단학무심   구구   수실득
但學無心하야 **久久**하면 **須實得**이어늘

위이력량소   불능돈초
爲爾力量小하야 **不能頓超**로다

그대가 지금 일거일동에 다만 무심을 배워 오래오래 되면

반드시 얻을 것이 있을 것이다. 그러나 그대의 역량이 작기 때문에 단박에 뛰어넘지 못한다.

'행주좌와行住坐臥'는 일거수일투족, 즉 일상의 삶을 뜻하죠. '무심'이란 일체 마음이 없는 것이 아니라 온갖 잡다한 망상심이 없다는 겁니다. 일상의 삶이 무심의 상태를 지속적으로 유지할 수 있다면 실다움이 있다는 거죠. 그런데 무심의 도리는 멀리 있는 것이 아니고 바로 이 순간 생활하는 여기에 있다는 사실을 제대로 알면 순식간에 마친다는 겁니다. '돈오頓悟'라는 말을 쓰잖아요. 여기서는 '돈초頓超'라고 했습니다. 몰록 뛰어넘는다는 말이죠. 그런데 역량이 부족하기 때문에 몰록 뛰어넘지 못한다고 했습니다.

단 득 삼 년 오 년 혹 십 년
但得三年 五年 或十年하면

수 득 개 입 두 처   자 연 회 거
須得箇入頭處하야 **自然會去**하리라

위 이 불 능 여 시   수 요 장 심 학 선 학 도
爲爾不能如是하고 **須要將心學禪學道**하니

불 법   유 심 마 교 섭
佛法에 **有甚麼交涉**이리오

다만 3년이나 5년, 혹 10년만 하면 반드시 들어갈 곳을 얻

어 저절로 이해해 갈 것이다. 그러나 그대는 능히 이와 같지 못하기 때문에 굳이 마음을 가지고 선과 도를 배워야 하니 불법과 무슨 교섭함이 있겠는가?

'입두처入頭處'는 본래 텅 빈 마음 자리를 말하며 깨달음을 의미하죠. 마음의 이치를 깨닫는 데『선요』에서는 '대한大限은 구순九旬이요, 소한小限은 칠일七日'이라 했어요. 여기서는 늘려 잡아도 3년이나 5년 또는 최대한 10년이면 마쳐야 한다는 거죠. 그러면 틀림없이 눈뜨는 곳이 있다는 겁니다. 소신이 확실하게 생긴다는 겁니다.

'장심將心'이라는 말이 참 중요합니다.『신심명』에도 '장심용심 기비대착將心用心 豈非大錯', '쓸데없이 마음을 가지고 마음을 쓰고 있으니 어찌 크게 잘못됨이 아니겠는가.'라는 구절이 있죠. 공부하는 데 마음 없이 공부할 수는 없어요. 마음 가지고 도 배우고, 마음 가지고 참선하고, 마음 가지고 기도하고, 마음 가지고 경 읽지만 그렇다고 마음을 붙들고 하면 그것은 불법과 십만팔천 리나 멀어지는 거지요.

유심有心과 무심無心의 차이점이 여기에 있습니다. 그러니까 무심으로 하라는 말입니다. 무심으로 선도 배우고, 도도 배우라는 말입니다. 결국 유심에서 무심으로 가닿아야 하지만 사실 매우 어려운 일이죠.

고　　운 여래 소 설　　개 위 화 인
故로 云 如來所說은 皆爲化人이라

여 장 황 엽 위 금　　지 소 아 제　　결 정 불 실
如將黃葉爲金하야 止小兒啼요 決定不實이니라

그러므로 여래가 말한 바는 모두 사람을 교화하기 위한 것
이다. 마치 누런 나뭇잎을 금이라 하여 어린아이의 울음을
그치게 하는 것과 같이 법이란 결코 실다운 무엇이 있는 것
이 아니다.

　부처님께서 말씀하신 팔만사천의 법문이 모두 방편의 문이라
는 겁니다. 때문에 부처님의 가르침을 '응병여약應病與藥, 대기설
법對機說法'이라고 하잖아요.
　아무런 값어치가 없는 누런 낙엽을 황금이라 속여 어린아이의
울음을 그치게 했어요. 그 어린아이가 성장하면 똑같은 방법을
통해 어린 동생을 달래죠. 그런데 생각해야 할 지점이 있습니다.
철없는 어린아이였을 때에는 그와 같은 방법이 통하지만 조금만
나이 들고 철이 들면 통하지도 않고 속지도 않아요. 소신과 안목
을 가져야 비로소 부처님 만날 면목이 있다는 겁니다. 몇십 년을
그저 달라고만 해서는 크게 소득도 없고, 부처님이 주신 낙엽 하
나 겨우 얻어 그것을 황금으로 여기는 데 그친다면 너무 한심하
잖아요. 사실 남의 일이라 생각해 보면 실소를 금치 못할 일입니
다. 그래서 올바르게 공부해 안목이 열린 불자들은 이웃이나 인
연 있는 사람들을 정법으로써 깨우쳐 줘야 할 필요가 있는 거죠.

약 유 실 득　　비 아 종 문 하 객
若有實得하면 非我宗門下客이라

차 여 이 본 체　　유 심 교 섭
且與爾本體로 有甚交涉이리오

고　　경 운 실 무 소 법 가 득　　명 위 아 뇩 보 리
故로 經云 實無少法可得이 名爲阿耨菩提라 하시니

만약에 실로 얻은 것이 있다면 그 사람은 우리 종문의 사람
이 아니다. 또한 그대의 본체와 더불어 무슨 교섭이 있겠는
가? 그러므로 경에 이르기를 실로 얻을 만한 조그마한 법
도 없는 것을 최상의 깨달음이라 한다.

『반야심경』에 '이무소득以無所得', '실로 얻는 것이 없다.'라고
했잖아요. '무소득無所得'이라는 사실을 아는 게 안심입니다. '안
심법문安心法門'은 마음을 편안하게 하는 거죠. 결국 마음이 편안
하다는 것은 열반이고, 행복이고, 성불입니다.

　마음을 편안하게 한다 하여 그 편안함을 얻고자 특별하고 기
이한 무엇을 구한다면 이는 이치에 맞지 않습니다. 설사 그렇다
고 생각하여 무엇을 얻었다 합시다. 이는 마치 목마를 때 바닷물
을 마시는 것과 같습니다. 바닷물을 다 마셔도 갈증은 없어지지
않습니다. 오히려 배가 터질 지경에 이릅니다. 이러한 이를 중생
이라고 하는 거죠. 때문에 유소득有所得은 중생의 마음으로 마음
의 이치를 밝히고자 하는 본분사의 입장과는 아무런 관계가 없
습니다.

'실무소법가득 명위아뇩보리實無少法可得 名爲阿耨菩提'는『금강
경』에 나오는 구절입니다. 실로 얻을 바 없는 도리를 알면 제일
편안한 거지요. 설사 얻을 것이 있다 하더라도 얻는 순간 돌아서
면 목마르기 마련입니다. 그래서 부처님은 이것에 답이 없다고
확신하고 정반대의 길을 간 겁니다.

어느 날 부처님이 탁발을 나갔는데 전혀 밥을 얻을 수 없는
사건이 있었습니다. 제자들은 모두 탁발과 포교하러 가고, 마
을 사람들은 마침 축제일이라 전부 축제장에 구경을 가게 되어
마을은 텅텅 비었던 거죠. 그 사실을 모르고 탁발하러 나갔다가
빈 발우만 들고 돌아오던 날이었어요. 그때 하늘에서 누군가의
목소리가 들려옵니다. 당신이 정치를 잘할 것 같으면 설사 축제
일이라 하더라도 모두 배부르게 먹을 수 있고 당신도 걸식하지
않아도 얼마든지 잘 먹을 수 있을 텐데 정치를 해 보는 것이 어
떻겠느냐는 거죠. 내게 무슨 능력이 있어서 정치를 하란 말이냐
고 자문자답 형식으로 부처님이 말을 합니다. 그러자 또 하늘에
서 당신은 신통력도 있고, 지혜도 있고, 자비도 있고, 갖춘 게
많지 않느냐, 그것을 가지고 정치를 하면 누구보다도 잘할 수
있지 않느냐는 말이 들려옵니다. 부처님께서는 아무리 정치를
잘하여 국가를 부유하게 만들고, 저 히말라야 설산을 변화시켜
황금으로 만들고 그것을 두 배로 불린다 하더라도 한 사람의 욕
심도 채울 수 없는 것 아니냐고 말합니다. 경전에는 하늘의 천
신이 말했다고 하지만 한편 본인의 마음에서 일어나는 생각일
수도 있겠죠.

정치적으로 인간의 행복을 해결하는 것, 복지를 잘하고, 사업을 잘하여 사람들을 풍요롭게 하는 것은 세속의 길이잖아요. 그것은 세속에서의 해결책이죠. 그렇게 한다고 하더라도 끝내 한 사람의 욕망도 채우지는 못합니다. 행복에 이르는 세속의 길과 부처님이 인도한 길은 이렇게 다릅니다.

약 야 회 득 차 의　　방 지 불 도 마 도 구 착
若也會得此意하면 方知佛道魔道俱錯이니라

만약 이 뜻을 이해할 것 같으면 부처님의 도와 마구니의 도가 모두 잘못되었음을 알게 될 것이다.

집착하면 그렇습니다. 부처님의 가르침도 결국 집착하여 황금으로 여기면 무소득無所得이 아닌 유소득有所得이 되어 버리는 거죠.

본 래 청 정　　교 교 지　　무 방 원 무 대 소
本來淸淨하야 皎皎地에 無方圓無大小하며

무 장 단 등 상　　무 루 무 위　　무 미 무 오
無長短等相하며 無漏無爲하며 無迷無悟라

요 요 견 무 일 물　　역 무 인 역 무 불
了了見無一物하며 亦無人亦無佛이라

대 천 사 계 해 중 구   일 체 성 현   여 전 불
大千沙界海中漚요 一切聖賢이 如電拂이로다

본래 깨끗하여 환히 밝아 모나고 둥근 것도 없고, 크고 작은 것도 없으며, 길고 짧은 모양도 없으며, 번뇌도 작위도 없고, 미혹됨도 깨달음도 없다. 밝고 밝게 보아 한 물건도 없나니 중생도 없고 부처도 없다. 항하사 대천세계는 바다의 물거품이요, 모든 성현들은 번갯불과 같다.

영가 스님의 『증도가』에 나오는 구절입니다.

'심중무일사心中無一事'라 했습니다. 마음 가운데 한 물건도 없고, 마음 가운데 한 일도 본래 없다는 도리를 이해하면 마음이 편안해지는 거죠. 무심이 되면 인연 따라 분 따라 억지 쓰지 않고 순리대로 살 수 있게 됩니다. 순리를 거슬러 가면서 살지 않는 것, 그러면서 자기 분과 이치대로 살면서 다른 사람과 비교할 필요 없이 마음 편안히 살게 되는 거죠.

일 체 불 여 심 진 실   법 신   종 고 지 금
一切不如心眞實이라 法身은 從古至今토록

여 불 조 일 반   하 처 흠 소 일 호 모
與佛祖一般이니 何處欠少一毫毛리오

기 회 여 시 의   대 수 노 력
旣會如是意인댄 大須努力이어다

진금생거　　출식　　불보입식
盡今生去에 出息이 不保入息이니라

일체가 진실한 마음만 같지 못하다. 법신은 예로부터 지금까지 불조와 더불어 마찬가지여서 어디 털끝만큼이라도 부족함이 있겠는가? 이미 이와 같은 뜻을 알았다면 모름지기 크게 노력해야 한다. 금생이 다할 때 숨 내쉬는 것이 숨 들이쉬는 것을 보장하지 못한다.

　진실한 마음이란 텅 빈 마음입니다. 텅 빈 마음이 바로 법신이죠. 그 법신 자리는 부처님이나 조사와 마찬가지라는 거예요. 어떤 차별도 없으며 부족함도 없이 똑같다는 겁니다. 목숨이란 목으로 숨이 들고나는 것입니다. 목으로 숨을 쉬지 못하면 죽은 목숨이죠. 목숨은 한 호흡지간에 있습니다.

16. 육조는 어째서 조사가 되었는가?

:

제가 경험한 이야기를 하나 하겠습니다.

어느 날 밀양에 산다는 오십 대 후반의 보살님이 『임제록』을 들고 찾아왔습니다. 평생 절에 다니면서 공부했다고 고백을 하는 거예요. 젊어서부터 절에 다녔는데 남들과 마찬가지로 기도 수행을 열심히 했다고 합니다. 하루는 기도를 하다가 문득 의심이 들더라는 거예요. 부처님에게 무엇을 얼마나 맡겨 놓았으면 수십 년을 달라고만 하는가? 이게 부처님의 진심일까? 무엇을 달라고 조르고 바라는 게 올바른가? 이러한 수많은 의심이 일어난 거죠.

사실 그간 얼마나 많은 시간과 노력을 절에 투자했겠습니까? 한때는 절에서 공양주 소임도 살았다는 거예요. 어쩌면 인생 전부를 절에 바쳤다 해도 과언이 아니겠죠. 그러한 일상의 삶에서 어느 날 갑자기 뒤통수를 맞은 거죠.

그러던 어느 날 이러한 의심에 대해 지인과 상의를 했답니다.

'지난 수년간 불교를 신행하면서 살아왔는데 이것은 아닐 거라는 의심이 생겼다. 어떻게 하면 좋겠는가?' 하고 물었겠죠. 그랬더니 『임제록』을 사서 읽어 보라고 권하더라는 거예요. 『임제록』을 사서 읽고는 마음이 환하게 밝아져 고개를 수없이 끄덕이며 무릎을 수십 번도 더 치면서 이거구나 하고 감탄하다가 저를 찾아온 겁니다. 보살님에게는 남다른 감동이 있었던 거겠지요.

그래서 감명 깊게 읽은 부분을 초록해 오라고 숙제를 주었죠. 그래야 공부가 제대로 되니까요. 시간이 얼마나 흘렀을까, 아무 소식이 없다가 노트 한 권을 들고 찾아온 거예요. 그 노트에 마음에 드는 글귀를 한 글자 한 글자 아주 정성껏 써 가지고 찾아왔어요. 그 보살님이 그것을 쓰면서 몇 번을 읽었겠으며, 얼마나 환희심이 났겠어요. 그때부터는 그 이전의 불교 생활하고는 180도 달라지는 거죠. 부처님에게 무엇을 달라고 매달리고 조르는 게 없어지고, 구하는 바 없는 마음을 그대로 쓰는 거죠. 오히려 주변 사람들에게 베풀고 배려하고 봉사하는 삶이 자연스럽게 나오는 겁니다.

이와 같은 변화는 모든 불자들의 마음에서 일어나야 합니다. 평생을 불교와 인연을 맺고, 부처님과 인연을 맺고 살아오면서 이런 정도의 정성과 관심은 누구나 있어야 될 일입니다. 그렇게 해야 불교에 대한 이해도 높아지고 또 생각이 바로 되거든요. 자기 성찰의 계기가 되어 결국은 소득이 증대되는 거죠. 진정한 마음으로부터의 행복이 비로소 크게 불어날 수 있는 계기가 되기 때문입니다.

저는 깨달음의 가르침인 불교 경전 내지 좋은 말씀을 읽을 때
는 반드시 메모하고, 나아가 사경하는 것이 좋다고 생각합니다.
그렇게 되면 공부도 더욱 깊어질 수 있습니다.

문 육조 불회경서 하득전의위조
問 六祖는 不會經書어늘 何得傳衣爲祖며

수 상좌 시 오 백 인 수 좌
秀上座는 是五百人首座라

위 교 수 사 강 득 삼 십 이 본 경 론
爲敎授師하야 講得三十二本經論이어늘

운 하 부 전 의
云何不傳衣닛고

배휴가 묻기를, 육조 스님은 경서를 알지 못했거늘 어찌 가
사를 전해 받고 조사가 되었으며, 반면 신수 스님은 오백
대중의 수좌이고 교수사로서 삼십이본의 경론을 강의하는
데 왜 가사를 전해 받지 못했습니까?

육조 스님에 대해서는 잘 아시죠? 일자무식이었잖아요. 그와
같은 사람이 어떻게 의발을 전해 받고 조사가 되었냐는 것이죠.
　오조 스님 밑에 신수 스님과 육조 스님이 같이 있었죠. 그런데
그 역할은 천지현격했잖아요. 일반 대중은 당연히 신수 스님이
법을 이어받을 줄 알았는데 난데없이 나타난 떠꺼머리총각 노행
자가 그만 법을 이어 받은 겁니다.
　특히 신수 스님은 잘생겼을 뿐 아니라 복도 많아요. 천자가 삼
대로 내려오면서 왕사와 국사로 모셨고, 이경법주二京法主라고
해서 수도를 옮기는데 두 곳의 서울에서 법주를 했어요. 그만큼
당시에는 명망 있고 훌륭한 스님이었죠.

사 운 위 타 유 심
師云 爲他有心이라

시 유 위 법　　소 수 소 증　　장 위 시 야
是有爲法이니 **所修所證**으로 **將爲是也**라

대사께서 말씀하시기를, 신수 스님에게는 마음이 있었기 때
문이다. 이는 유위법이니 닦고 깨닫는 것을 옳다고 여겼기
때문이다.

조사선과 같이 정통 선문의 입장에서는 경전 보고, 염불하고,
참선하고, 기도하고, 육바라밀 닦아 증득해서 되는 부처는 인정
하지 않습니다. 오직 본래 부처만 인정합니다. 사람이 태어나 특
별한 기능이 있다고 그 사람의 가치를 매기는 것이 아닙니다. 사
람이 태어나 호적에만 올리면 한 인간으로서 법적 보호를 받는
것과 마찬가지입니다.

수행은 말을 할 줄 아느냐 못하느냐, 신체가 정상이냐 비정상
이냐, 외국어를 몇 개 하느냐, 어느 대학을 나왔느냐, 장관이냐
대통령이냐 등 사람 뒤에 붙은 명칭에 비유할 수 있어요. 그런
데 이러한 조건들은 법적 보호를 받기 위한 조건이라 할 수 없습
니다. 이와 같이 제대로 된 불교는 무엇을 닦아서 된다거나 많이
알아서 된다는 것은 인정하지 않습니다. 본래 부처라는 사실에
눈을 뜨라는 이야기입니다.

소이   오조부육조   육조   당시   지시묵계
所以로 五祖付六祖하시니 六祖는 當時에 秖是默契라

득밀수여래심심의   소이   부법여타
得密授如來甚深意하시니 所以로 付法與他니라

그러므로 오조께서 육조에게 부촉하셨으니 육조는 당시에
다만 묵묵히 계합하여 여래께서 은밀히 주신 매우 깊은 뜻
을 얻으셨으니 이러한 까닭으로 육조 스님에게 법을 부촉하
셨느니라.

법을 주고받는다고 했습니다만 표현에 불과하지 사실 주고받
는 실체는 아무것도 없습니다. 본래 텅 빈 마음의 이치를 알면
되는 거죠. 육조 스님이 묵묵히 계합했다는 것도 바로 이와 같은
이치입니다. 무엇을 구하고 얻고자 했다면 유위법에 떨어지는
거죠.

여 불견 도   법본법무법   무법법   역법
汝不見道아 法本法無法이라 無法法이 亦法이로다

금 부 무 법 시   법법   하 증 법
今付無法時에 法法이 何曾法고 하니라

그대는 듣지 못했는가? 법은 본래 법이 없는 법이니 법 없
는 법이 또한 법이다. 지금 법 없음을 부촉할 때에 이 법이
다 저 법이다 하는 것이 어찌 일찍이 법이겠는가?

석가모니 부처님의 전법게입니다. 말이 좀 알쏭달쏭하지만 무법이라는 것에 초점을 두고 해석하면 이해가 쉽습니다. 법이라할 만한 법이 없는데 온갖 법들을 어찌 법이라 할 수 있겠냐는 것이죠.

若會此意하면 方名出家兒며 方好修行이니라
약회차의 · 방명출가아 · 방호수행

만약 이 뜻을 알면 바야흐로 출가한 사람이라 이름하며 수행을 잘하는 사람이라 할 수 있다.

무엇을 조작해서 되거나, 닦아서 되거나, 육바라밀을 해서 되는 것은 전부 유위법입니다. 때문에 그것은 무너지는 법입니다. 진짜 부처가 할 게 아니라는 거죠. 진짜 부처는 본래 있는 그대로의 모습을 말합니다. 사람을 예로 비유했듯 사람이 태어나면 바로 사람으로서의 법적 보호를 받는 거예요. 무슨 학교를 다니냐, 나이가 얼마이냐 하는 것으로 법적 보호의 대상이 되고 안 되고 하는 것은 아닙니다. 우리가 그냥 본래 사람이면 되는 거예요. 수행을 얼마나 했느냐, 복을 얼마나 지었느냐는 아무런 의미가 없습니다. 이것을 정말 정확하게 알고 있어야 합니다.

약 불 신
若不信이면

운 하 명 상 좌　　주 래 대 유 령 두　　심 육 조
云何明上座가 **走來大庾嶺頭**하야 **尋六祖**하니

만약에 그와 같은 도리를 믿지 못할 것 같으면 어찌하여 도
명 상좌가 대유령까지 달려와서 육조를 찾았겠는가?

오조 스님으로부터 법을 이어받은 육조 스님은 가사와 발우를
들고 밤을 틈타 도망을 갔잖아요. 오백여 명이 육조 스님이 가지
고 떠난 가사와 발우를 빼앗겠다고 합니다. 그중 장수 출신이었
던 도명이라는 스님이 육조 스님을 제일 먼저 찾습니다. 그때 대
유령까지 쫓아온 거죠.

육 조 변 문　　　여 래 구 하 사　　위 구 의　　위 구 법
六祖便問하되 **汝來求何事**오 **爲求衣**아 **爲求法**가

육조 스님이 묻기를 그대는 무엇을 구하러 왔는가? 가사를
구하는가, 법을 구하는가?

『육조단경』을 그대로 인용한 것은 아니고 뜻으로 차용한 구절
입니다. 육조 스님이 도명 스님에게 묻는 거죠. 육조 스님은 출
가한 지 8개월밖에 안된 행자에 불과하지만 도를 통한 분이라 느
낌이 다르겠죠. 아무리 힘센 장수 출신에 무력을 쓰던 도명 스님

이라도 오조 스님 밑에서 여러 해를 보냈기 때문에 그러한 느낌
을 직감적으로 알 수 있었겠죠.

　　　　명 상 좌 운　불 위 의 래　　단 위 법 래
　　明上座云　不爲衣來ㅇ 但爲法來니다
　　도명 상좌가 말하기를, 옷이 아니라 법을 위하여 왔습니다.

　처음 도명 스님은 육조 스님이 가지고 간 오조 스님의 가사와
발우를 빼앗으려고 했죠. 그런데 육조 스님을 보자마자 그만 한
순간 마음이 바뀌게 된 겁니다. 거짓말이 아니죠. 진실을 이야기
하는 겁니다. 육조 스님을 보자마자 무언가를 느끼고는 마음이
변한 것입니다.

　　　　육 조 운　여 차 잠 시 염 념
　　六祖云　汝且暫時斂念하고

　　　　선 악　　도 막 사 량　　　명　　내 품 어
　　善惡을 都莫思量하라 明이 乃稟語한데
　　육조 스님이 말씀하시기를, 그대는 잠시 동안 진정하고 선
과 악을 모두 생각하지 말라 하시니 도명 상좌가 말씀을 받
들었다.

도명 스님은 육조 스님의 가사와 발우를 빼앗으려고 했던 그 마음을 악이라고 생각하고, 다시 법을 구하려는 마음을 선이라고 생각하였던 거죠. 육조 스님은 이를 아시고 선과 악이라는 알음알이를 짓지 말라는 말씀을 하십니다.

<ruby>六祖云<rt>육 조 운</rt></ruby> <ruby>不思善不思惡<rt>불 사 선 불 사 악</rt></ruby>하라

<ruby>正當與麼時<rt>정 당 여 마 시</rt></ruby>하야 <ruby>還我明上座父母未生時面目來<rt>환 아 명 상 좌 부 모 미 생 시 면 목 래</rt></ruby>하라

육조 스님께서 말씀하시기를 선도 생각하지 말고 악도 생각하지 말라. 바로 이러할 때 부모가 낳기 이전 명상좌의 본래 면목을 나에게 가져와라 하셨다.

선과 악, 옳고 그름, 이것과 저것 등 세상은 모두 상대적으로 되어 있다는 관념에 사로잡혀 삽니다. 그런데 상대적인 관념에 사로잡혀 산다는 것이 옳은 게 아니거든요. 정말 깊은 진리는 상대적인 것을 초월해 있습니다. 육조 스님의 선도 생각하지 말고, 악도 생각하지 말라는 말은 선과 악을 초월했을 때 진짜 당신의 참모습이 살아난다는 뜻입니다. 선과 악이라는 상대적인 양변을 떠나서 부모가 낳아 주기 이전 너의 참모습을 가져오라고 했습니다. 그것은 가져온다고 해서 가져올 수 있는 것도 아니고 가져와지는 것도 아니죠. 아주 차원 높은 법문입니다.

명　　어 언 하　　홀 연 묵 계
明이 於言下에 忽然默契하고

변 례 배 운　여 인 음 수　　냉 난　　자 지
便禮拜云 如人飮水에 冷煖을 自知니라

도명 상좌는 이 말을 듣고 홀연히 묵묵히 계합하고 문득 절
하며 말하기를 "물을 마심에 차고 더운 것을 저절로 아는
것과 같습니다." 하였다.

차고 더운 것은 물을 마셔 본 사람만이 알 수 있습니다. 얼마
나 차고 뜨거운지를 말로 들어 알 수 없는 이치이지요. 도명 상
좌는 육조 스님의 가르침을 깨달았고 그 깨달았다는 것을 뭐라
고 표현할 길이 없어 혼자만 알고 있다는 뜻이죠. 그렇지만 이
정도는 육조 스님이 딱 느끼고 있는 거죠.

모 갑　　재 오 조 회 중　　　왕 용 삼 십 년 공 부
某甲이 在五祖會中하야 枉用三十年工夫타가

금 일　　방 성 전 비
今日에 方省前非니다

"제가 오조 스님의 문하에 있으면서 30년 동안 잘못 공부
하다가 오늘에야 비로소 지난날의 잘못을 반성하게 되었습
니다."

도명 상좌도 빠른 걸음 덕택에 가사 뺏으러 쫓아와서는 큰 법문 듣고 또 그 자리에서 바로 깨닫게 되는 참 귀한 인연이죠. 30년 동안 오조 스님 회상에 있었는데도 인연이 맞지 않았는데 그 인연이라는 게 참으로 묘한 거예요.

모든 사람이 마찬가지입니다. 공부하는 시간을 많이 갖다 보면 어느 순간 밥을 짓다가도 마음이 열릴 수가 있고, 빨래를 하다가도 마음이 열릴 수가 있고, 청소하다가도 열릴 수가 있고, 누구하고 대화를 하다가도 열릴 수가 있습니다. 그냥 눈뜨는 일은 인연만 맞아 떨어지면 간단해요.

육 조 운 여 시   도 차 지 시
六祖云 如是니라 하니 到此之時하야

방 지 조 사 서 래
方知祖師西來하사

직 지 인 심 견 성 성 불   부 재 언 설
直指人心見性成佛이 不在言說이로다

육조 스님께서 "그렇도다." 하셨다. 이러한 때에 이르러 조사께서 서쪽에서 오시어 사람의 마음을 바로 가리켜 성품을 보아 부처를 이루게 하심이 언설에 있지 않음을 알 것이로다.

'여시如是'는 깨달음을 인정하는 소리죠. '직지인심견성성불直指人心見性成佛'은 선문의 종지입니다.

기 불 견　　아 난　　문 가 섭 운
豈不見가 阿難이 問迦葉云하되

세 존　　전 금 란 외　　별 전 하 법
世尊이 傳金襴外에 別傳何法이닛고

그대는 듣지 못했는가? 아난이 가섭에게 "세존께서 금란가사 이외에 전하신 별도의 어떤 법이 있습니까?" 하고 물었다.

선종에서의 선맥은 부처님이 가섭존자에게 법을 부촉하고 아난존자는 가섭존자로부터 법을 이어받죠. 법을 주고받음에 특별한 무엇이 있느냐고 아난존자가 가섭존자에게 묻는 거죠.

가 섭　　소 아 난　　아 난　　응 낙
迦葉이 召阿難하대 阿難이 應諾이어늘

가 섭　　운 도 각 문 전 찰 간 착
迦葉이 云 倒却門前刹竿著하라 하니

차 변 시 조 사 지 표 방 야
此便是祖師之標榜也니라

가섭이 아난을 불렀다. 아난이 대답하자 가섭이 말하기를 "문 앞의 깃대를 거꾸러뜨려 버려라." 하였으니 이것이 바로 조사의 표방이니라.

가섭존자가 청천벽력 같은 격외소식格外消息을 한마디 척 던집니다. 사실 아난존자가 가섭존자에게 철없는 질문을 한 거죠. 이를 지켜보던 가섭존자는 문 앞에 있는 간대를 넘어뜨리라고 말합니다. 괘불대와 간대는 달라요. 간대는 하나이고, 괘불대는 두 개로 구성되어 있습니다. 간대는 깃발을 높이 세우는 데 필요한 것인데 우리나라와 같이 계곡이 깊고 산이 높은 곳에서는 별 의미가 없습니다. 인도나 중국과 같이 산이라고는 전혀 보이지 않는 대평원에 있는 사찰에서 수십 미터짜리 깃발을 세워 놓으면 멀리서도 볼 수 있잖아요. 일종의 사격寺格을 나타내는 거죠. 부처님이 여기서 법을 펴고 있다는 것을 깃발을 통해 알리는 겁니다. 그런데 그 간대를 부셔 버리는 것이 조사의 뜻이라는 실로 엄청난 말을 하고 있는 거죠.

심심아난   삼십년위시자   지위다문지혜
甚深阿難이 三十年爲侍者하야 秖爲多聞智慧라

피불가운 여천일학혜   불여일일학도
被佛訶云 汝千日學慧가 不如一日學道라 하시니

약불학도   적수   난소
若不學道하면 滴水도 難消니라

깊고 깊은 아난이 30년 동안 시자로 있으면서 다만 많이 들어 얻은 지혜 때문에 부처님으로부터 '천 일 동안 닦은 너의 지혜는 하루 동안 도를 닦느니만 못하다.'고 꾸지람을 들었다. 만약에 도를 배우지 아니할 것 같으면 한 방울의 물도 소화하기 어렵다.

아난은 부처님 옆을 떠나지 않고 30년 동안 시봉했습니다. 부처님께서 법문하신 것을 다 들었지요. 때문에 경전을 결집할 때 아난이 부처님으로부터 들은 바를 그대로 외웠죠. 그 외운 내용이 틀렸다면 교정을 해서 경전이 성립됩니다. 그만큼 아난은 들은 것도 많고 기억하고 있는 것도 많았죠. 그런데 부처님께서 꾸짖는 말씀을 하십니다. 천 일 동안 알음알이를 배운 것이 하루 동안 도 배우는 것만 같지 못하다는 것이죠.

출가 수행자에게 가장 중요한 것은 도를 이루는 것이죠. 도를 이루지 못하면 시주의 은혜를 저버리고, 부모의 은혜를 저버리게 됩니다. 도를 이루지 못해 소가 되는 등 그것 갚느라고 야단법석을 떠는 이야기가 많잖아요. '혜慧'는 지식을 뜻합니다. 혜가 유심한 것이라면 도는 무심한 것이라고 할 수 있습니다.

문 여 하 득 불 락 계 급
問 如何得不落階級이닛고
배휴가 묻기를, 어떻게 하면 계급에 떨어지지 않습니까?

'계급階級'은 하나하나 닦아 올라가야 한다는 생각을 뜻합니다. 닦아 올라가서 되는 것은 반드시 내려오게 되어 있습니다. 때문에 닦을 것이 없는 본래 사람, 본래 부처에 관심을 가지고 눈을 떠야 답이 나옵니다. 구하는 것과 구하지 않는 것의 관계도 마찬가지입니다. 무심으로써 편안함을 누리는 것과 욕심을 채워 가면서 만족을 누리는 것은 정반대의 길이죠.

師云 終日喫飯하되 未曾咬著一粒米하며

終日行하되 未曾踏著一片地니 與摩時에

無人我等相이라

終日不離一切事하되 不被諸境惑하야사

方名自在人이니라

대사께서 말씀하시기를, 종일토록 밥을 먹되 일찍이 한 알갱이 쌀도 씹지를 아니했으며, 종일토록 행하되 일찍이 한 쪽의 땅도 밟지를 아니했으니, 이러한 때에 나와 남이라는 상이 없었다. 하루 종일 일체 사를 떠나지 아니했으되 모든 경계의 미혹에 떨어지지 아니하여 자유자재인이 되었다.

음식물을 씹지 않거나, 땅을 밟지 않을 수가 있나요? 유심의 집착하는 바가 없었다는 뜻이죠.

'일체사一切事'를 떠나 살 수가 없습니다. 잠에서 깨어 화장실 가야지, 세수해야지, 밥 지어야지, 옷 갈아입어야지, 식구들 할 일 챙겨야지, 전화하고 만날 일 있으면 만나고, 출근해서 자기 맡은바 일 수행하는 모든 것이 '불리일체사不離一切事'입니다. '타 피부득처', '피하려 해도 피할 수 없는' 일이 바로 일상사입니다. 부처님이나 어떤 도인도 하지 않을 수 없습니다. 그런데 일이 많고 적고 간에 여러 가지 경계, 여러 가지 일에 미혹을 입지 않아야 합니다. 속지 말아야 한다는 거죠. 나를 빼앗기거나 내가 팔리지 않아야 합니다.

'수처작주隨處作主'는 어떤 일을 하든지 주인공임을 잊지 않고 사는 것입니다. 중심을 잃지 않기 위해서는 의식적으로라도 노력하는 길밖에 없어요. 의식적으로 훈련을 자꾸 하다 보면 어려운 상황이 생겼다거나 누구하고 시비가 붙어 큰 싸움이 일어난다 해도 그것에 말려들지 않고 정신을 차릴 수 있습니다. 세상일이 어찌되었든 휘말리지 않으면 자유롭게 됩니다.

옛날 대학생 시위가 한창이던 시절의 이야기입니다. 시골에서 서울대에 합격한 학생이 있었어요. 평소 공부만 했지 시위에 참여한 적이 한 번도 없었던 학생입니다. 그런데 우연히 시위대가 있던 길을 지나가다가 최루탄에 맞아 죽은 거예요. 얼마나 가슴이 아팠는지 모릅니다. 그럴 줄 알았으면 서울대고 뭐고 학교를 보내지 말 걸 그랬어요. 세상일은 알 수가 없습니다. 그러니까 어느 일이 꼭 좋다고 말할 수가 없어요. 잘 되어도 흔들릴 것 없고, 못 되어도 흔들릴 것 없습니다. 그래야 자유롭습니다.

갱 시 시 념 념　　불 견 일 체 상　　　막 인 전 후 삼 제
更時時念念에 **不見一切相**하며 **莫認前後三際**어다

전 제 무 거　　　금 제 무 주　　　후 제 무 래
前際無去하고 **今際無住**하며 **後際無來**하야

다시 순간순간에 일체 상을 보지 말며 전후 삼제를 잘못 알지 말라. 과거는 지나감이 없고 현재는 머물지 아니하며 미래는 올 것이 없다.

'삼제三際'는 과거, 현재, 미래를 뜻합니다. 과거, 현재, 미래를 실체가 있는 것처럼 오인하죠. 항상 현재입니다. 그런데 그 현재라는 것도 끊임없이 흘러가고 있죠.

안 연 단 좌　　　임 운 불 구
安然端坐하야 **任運不拘**하야사

방 명 해 탈　　　노 력 노 력
方名解脫이니 **努力努力**이어다

편안하게 단정히 앉아 자유롭게 걸림이 없는 것을 해탈이라 이름하니 노력하고 노력할지어다.

특별히 노력해야 한다, 부지런히 해야 한다는 말은 자주 쓰지만 염불을 해야 된다, 화두를 들어야 된다는 등의 말은 한 마디도 없어요. 마음의 이치를 깨닫든지 아니면 앉아서 이를 깊이 사

유해야 합니다.

차 문 중 천 인 만 인　지 득 삼 개 오 개
此門中千人萬人에 **只得三箇五箇**니

약 부 장 위 사　　수 앙 유 일 재
若不將爲事하면 **受殃有日在**니라

이 문중 천인만인에 다만 세 개 내지 다섯 개만 얻으니 만
약에 일삼지 아니하면 재앙을 받는 날이 있을 것이다.

불법을 만났을 때 열심히 공부해서 눈을 뜨라는 말입니다. 어
떤 상황이든지 무엇을 쌓아 가는 게 절대 아닙니다. 앉아서 눈을
뜨든지 좌선을 해서 뜨든지 경을 봐서 뜨든지 마음이 밝아지고
안목이 열리는 것이 제일입니다. 이것뿐이에요.

고 운　착 력 금 생　　수 료 각
故云 著力今生에 **須了却**이니

수 능 루 겁 수 여 앙
誰能累劫受餘殃이리오 하니라

그러므로 힘을 붙여서 금생에 모름지기 마쳐 버릴지니 누가
감히 세세생생토록 남은 재앙을 받겠는가 하였다.

부처님 가르침과 깊은 인연이 되었을 때 세상과 인생의 실상을 꿰뚫어 마음이 편안해져야 합니다. 내일의 일도 보장하지 못하는데 어떻게 다음 생을 이야기할 수 있겠습니까?

황 벽 산 단 제 선 사 전 심 법 요 종
黃檗山 斷際禪師 傳心法要 終

『진심법요』 강설이 끝났습니다. 『전심법요』의 가르침을 평생 두고두고 음미하면서 마음의 이치를 제대로 깨치는 데 힘써야 할 것입니다. 그리고 가능하면 사경을 통해 그 가르침을 가슴속 깊이 새기다 보면 무릎을 탁 치고 눈을 확 뜰 날이 있을 겁니다.

무비 스님의 전심법요 강설

초판 1쇄 펴냄 2015년 10월 21일

강   설 | 무비 스님
발 행 인 | 이자승
편 집 인 | 김용환
펴 낸 곳 | (주)조계종출판사
출판부장 | 이상근
책임편집 | 김재호
편   집 | 오유진, 김소영
디 자 인 | 오시현, 윤나라
제   작 | 윤찬목, 인병철
마 케 팅 | 김영관

출판등록 | 제300-2007-78호.(2007.04.27.)
주   소 | 서울시 종로구 우정국로 67 대한불교조계종 전법회관 2층
전   화 | 02-720-6107~9
팩   스 | 02-733-6708
홈페이지 | www.jogyebook.com
구입문의 | 불교전문서점 02-2031-2070~3 / www.jbbook.co.kr

ⓒ 무비 스님, 2015

ISBN 979-11-5580-062-1 03220